Matthew und Dennis Linn SJ

Beschädigtes Leben heilen

Matthew und Dennis Linn SJ

Beschädigtes Leben heilen

Was Gebet und Gemeinschaft helfen können

Verlag Styria

Ins Deutsche übertragen von P. Michael Marsch OP.
Der Titel der amerikanischen Originalausgabe lautet:
HEALING LIFE'S HURTS:
HEALING MEMORIES THROUGH FIVE STAGES
OF FORGIVENESS
und erschien 1978 bei Paulist Press, New York.
Anhang II der deutschen Ausgabe erschien 1979
als eigene Broschüre unter dem Titel:
HEALING THE DYING
(von Mary Jane, Matthew und Dennis Linn)
ebenfalls bei Paulist Press, New York.

Die Bibelzitate sind der
Einheitsübersetzung entnommen.

CIP-Kurztitelaufnahme der Deutschen Bibliothek

Linn, Matthew:
Beschädigtes Leben heilen : was Gebet u.
Gemeinschaft helfen können / Matthew u. Dennis Linn. – 3. Aufl. –
[Ins. Dt. übertr. von P. Michael Marsch].
Graz, Wien, Köln : Styria, 1984.
ISBN 3-222-11349-1

NE: Linn, Dennis:

Einheitssacht.: Healing life's hurts ‹dt.›

3. Auflage, 1984
1981 Verlag Styria Graz Wien Köln

Printed in Austria
Umschlaggestaltung: Christoph Albrecht
Gesamtherstellung:
Druck- und Verlagshaus Styria, Graz
ISBN 3-222-11349-1

Inhalt

Erster Teil
Was geschieht bei Heilung von Erinnerungen?

Gehen wir in Gedanken in unsere alte Schule zurück: Die Stufen hinauf, durch die ächzende, krächzende Tür, den langen dunklen Flur entlang zu der Klasse, die wir am wenigsten mochten. Gehen wir hinein, setzen wir uns auf die Bank, die wir endlos heiße Sommertage lang drückten. Schauen wir das Schwarze Brett mit unseren Zeichnungen an, die Spuckflecken auf dem Boden, die Wandtafel mit dem Kreidestaub, den kichernden Burschen, der uns andauernd ärgerte. Schauen wir im Pult die Bücher an: Rechnen, Geschichte, Erdkunde, Englisch, Naturkunde. Nehmen wir das Buch in die Hand, das uns am wenigsten gefiel.

Und jetzt Kopf hoch: Du wirst aufgerufen. Schau dir den Lehrer an, wie er dich anschaut! Du gibst die falsche Antwort – und die Kameraden kichern. Der Lehrer zieht die Brauen hoch. Der beste Schüler lächelt mitleidig. Er sagt bereitwillig auf, was du nicht wußtest. Der dich geärgert hat, flüstert den andern etwas ins Ohr, daß sie glucksen müssen.

Solche *Erfahrungen* haben uns verletzt. Es fiel uns noch schwerer, das aufzusagen, was wir auswendig können sollten. Unser Bild von uns selbst wurde dabei entstellt. Krank gespielt oder einfach geschwänzt haben wir, wenn es um Prüfungen ging. Manche Fächer haben wir gehaßt, vielleicht stoßen sie uns heute noch bitter auf. Vielleicht haben wir heute noch Lampenfieber, wenn wir vor einer Gruppe sprechen müssen. Das Gekicher der Kameraden ist längst nicht vergessen. Es bleibt in unserer Erinnerung haften.

Und solche Erinnerungen tun weh. Aber sie können geheilt werden. Ja, sie können zu Gaben werden, anstatt uns zu verkrüppeln (1. Kapitel). Wir können ein besserer Lehrer werden, der niemanden verletzt, niemanden auslacht, sondern *mit* ihm lacht. Wir können auf die Verunsicherten zugehen oder uns besser vorbereiten, damit man uns nicht auslacht.

Wir können unseren Halt eher bei Gott finden als bei Menschen, die uns verletzen.

Wie aber wird eine Erinnerung geheilt? Wie wird sie zur Gabe? Christus heilt Erinnerungen ähnlich, wie eine Mutter ihr Kind lehrt, sich nicht vor der Dunkelheit zu fürchten. Wenn mein dreijähriger Vetter Paul nachts unheimliche Geräusche hört, schläft er einfach im Bett seiner Eltern weiter. Wenn die Sonne wieder ins Zimmer scheint, nimmt die Mutter ihn bei der Hand und geht mit ihm in sein „verhextes" Zimmer. Sie schauen zusammen in alle Ecken und Winkel, unters Bett und in den Wandschrank. Dann liest sie ihm eine Geschichte vor, und sie spielen zusammen mit seinen Sachen, bis wieder Friede herrscht. Abends versteckt sie ein Stück Schokolade unter dem Bett oder im Wandschrank. Weil Paul sein Zimmer wieder in Ordnung findet, hat er auch nichts dagegen, nachts allein zu schlafen.

Bei der Heilung von Erinnerungen erleben wir etwas Ähnliches – nur eben mit dem Herrn. Wir lassen uns von ihm bei der Hand nehmen und zurückführen zu einer Verletzung, die wir nicht gern allein ansehen. Jetzt aber sehen wir sie im Licht seiner Gegenwart und entdecken das Gute daran – so wie Paul die Schokolade unterm Bett! Die Heilung einer Erinnerung nimmt uns die alten Angstgefühle und beschenkt uns neu mit der Gegenwart Christi. Daß *Christus* uns an die Hand nahm, wissen wir nicht schon, wenn wir sagen: „Das ist jetzt in Ordnung für *mich*", sondern erst, wenn wir uns dazu durchringen, *andern* zu vergeben, die uns verletzten. Dieselben fünf Stufen des *Nicht-wahrhaben-Wollens,* des *Zornes*, des *Verhandelns*, der *Depression* und schließlich der *Zustimmung* durchschreiten die Sterbenden, wenn sie Gott, dem Nächsten und sich selbst vergeben für ihr erlöschendes Leben (2. Kapitel). Geheilt sind wir dann, wenn wir nicht nur sagen können: „Das ist jetzt in Ordnung für mich", sondern: „Ich vergebe *dir,* daß du mich verletzt hast. Es hat mich wachsen lassen. Ich bin *dankbar,* daß es geschehen ist."

Wem das ein happiger Brocken scheint, der sollte bedenken, daß dieses Buch nicht zum Schnuppern da ist, sondern durchgekaut werden will, um es zu verdauen.

1. Kapitel
Was bedeutet Heilung von Erinnerungen?

Drei Uhr morgens. Wer kann um diese Zeit schon anrufen? Er muß sich in der Nummer geirrt haben!

„Herr Pater, ich kann nicht mehr. Ich schaffe den neuen Tag nicht mehr. Was ist schon dabei, wenn ich mir das Leben nehme?"

Der Kloß im Hals wuchs noch, als Cäcilia sagte, sie lebe allein in einer grauen Ein-Zimmer-Wohnung. Sie hasse ihre Einsamkeit, die nervtötende Arbeit als Lehrerin. Freunde habe sie auch keine, ihr ganzes Leben drehe sich um die blöde Schule. Sie würde bombardiert von Elternanrufen, sie solle doch endlich ihren Mann stellen als Frau! Warum die Kinder, die sich zu Hause so mustergültig benehmen, mit zerrissenen Kleidern und fehlenden Zähnen aus der Schule kämen? Sie arbeite bis spät abends und bleibe auch noch häufig in der Schule, um mit einer anderen Lehrerin die Stunden von morgen früh durchzusprechen. Dann schleppe sie sich nach Hause, um allein noch weiter vorzubereiten.

Cäcilia hat es nicht leicht gehabt im Leben. Als Kind hatte sie oft nicht zur Schule gehen können, mußte auf dem Bauernhof helfen und wurde ausgelacht, weil sie begriffsstutzig war. Ihre Mutter starb, als sie vier oder fünf war. Fünfzehn Jahre versuchte sie recht und schlecht mit ihrem jähzornigen, trinkenden Vater auszukommen. Sie durfte kaum mit ihren Altersgenossen spielen, hatte nie eine Verabredung und kannte kaum jemanden, der sich um sie kümmerte.

Um drei Uhr morgens versicherte ich ihr am Telefon, daß sie mich interessiere und daß ich sie sofort sehen wolle oder am frühen Morgen. Sie meinte, sie wäre jetzt zu erschöpft für ein Gespräch. Ein Stoßseufzer der Erleichterung entfuhr mir. Ich war ebenso erschöpft und hatte keine Ahnung, wie ich ihr helfen sollte.

Nach einer reichlich kurzen Nacht wußte ich immer noch

nicht weiter. Als Cäcilia vor der Tür stand, war sie immer noch erschöpft. Sie ließ die Schultern hängen, ihr eingefallenes Gesicht war arg verkrampft. Wir sprachen von ihren Schwierigkeiten. Mir wurde immer klarer: Wenn ich Cäcilia wäre, würde ich auch Selbstmord machen. Ich fragte sie, was sie all die Jahre am Leben erhalten hätte. Sie sagte: „Ich weiß nicht." Ich sagte ihr, sie solle im Gebet fragen, welchen Augenblick sie am meisten geschätzt habe. Dann ging ich hinaus, um einige Anrufe zu erledigen. Als ich wiederkam, hatte ich nicht nur telefoniert, sondern auch gebetet. Ich hatte mit dem Herrn gewettet, daß Cäcilia ihm die kalte Schulter zeigen würde. Aber diese Wette hatte ich verloren. Cäcilia sagte, besonders in Erinnerung gekommen wären ihr im Gebet jene Momente, wo drei ältere Menschen sie gebeten hatten, ihnen in ihrer Sterbestunde beizustehen.

Daß Cäcilia sich in die Situation von Sterbenden einfühlen konnte, schien mir verständlich. Alle Ängste und alles seelische Leiden des Sterbens hatte auch sie durchlitten. Sterbende sind oft voller Zorn. Sie fragen: „Warum gerade ich, mein Gott?" Es fällt ihnen schwer zu vergeben: sich selbst zu vergeben, daß sie das Leben nicht mehr ausgekostet haben; andern zu vergeben, von denen sie sich enttäuscht oder verlassen fühlen. Oft fühlen sie sich hilflos und abhängig von andern: von Krankenschwestern oder Geistlichen. Cäcilia hatte das alles am eigenen Leib erfahren. Ein Leben lang hatte sie voller Zorn gefragt: „Warum gerade ich, mein Gott?" Ein Leben lang hatte sie um Vergebung gerungen: darum, sich selbst zu vergeben, daß sie dem Leben böse war; andern zu vergeben, daß sie tranken wie ihr Vater und nörgelten wie die Eltern ihrer Schüler. Sie wußte, was es heißt, hilflos zu sein und abhängig von andern, wie jetzt von mir oder sonst von einer Lehrerin.

Cäcilias Depression wich während der nächsten Monate, als sie langsam, aber sicher entdeckte, wie ihre so schmerzliche Vergangenheit ihr zum Segen wurde: Sie ermöglichte ihr, sich in die inneren Kämpfe anderer einzufühlen.

Heute ist Cäcilia frei von Selbstmordgedanken. In einer Klinik leitet sie ein ständiges Seminar über den Umgang mit

Sterbenden. In den sechs Jahren dieser Arbeit hat sie schätzen gelernt, wie die todbringenden Momente der Vergangenheit ihr ermöglichten, Hunderten von Todgeweihten in ihrem Todeskampf beizustehen. Heilung von Erinnerungen geschieht dann, wenn wir wie Cäcilia entdecken, daß die schmerzlichen Augenblicke der Vergangenheit uns nicht notwendig entstellen müssen, sondern uns zum Segen werden können: wenn wir schätzen lernen, wie jeder Augenblick uns zur Gabe werden kann. Dann entdecken wir für uns selbst, was die Kirchenlehrer aller Zeiten und heute die Psychologen als Schlüssel jeder Heilung erkannt haben, nämlich daß jedes Ereignis auf zweierlei Weise erlebt werden kann: als entstellender Fluch oder als segensreich für das Wachstum.

Mir wurde das bei meiner Tätigkeit als Seelsorger und Psychotherapeut an der Wohl-Klinik in St. Louis deutlich. Aus dieser Zeit erinnere ich mich an drei depressive Patienten: Die erste klagte, sie habe eine erhebliche Summe an der Börse verloren, die zweite war von ihrem vierten Freund verlassen worden und fürchtete, ihr Leben lang allein zu bleiben, dem dritten war die sklavische Langeweile seines Fließband-Jobs zuwider. Die erste wollte Selbstmord begehen, die zweite lief von zu Hause fort, der dritte ließ seinen Arbeitsplatz im Stich und seine Familie ohne jede finanzielle Unterstützung.

Bei Wochenend-Exerzitien beschrieben mir drei andere Menschen ganz ähnliche Situationen. Sie wurden dadurch aber nicht depressiv, sondern schöpften aus diesen Schwierigkeiten neue Lebenskraft. Die älteste Dame sprach von der Rezession im Jahre 1929 als ausgesprochenem Geschenk für die Familie, obwohl sie eine erhebliche Summe an der Börse verloren hatte. Sie und ihre beiden Brüder, die seit Jahren nicht miteinander gesprochen hatten, kamen sich wieder näher, als sie stundenlang über die Erhaltung eines zusammenbrechenden Familienunternehmens debattierten. Sie hielten nicht nur das Unternehmen aufrecht, sondern taten schließlich ihr Geld zusammen, um einem weiteren Bruder das Studium zu ermöglichen und der Schwester ein Haus zu bauen.

Eine andere Dame empfand es als Segen, daß sie vor 16 Jahren annehmen konnte, unverheiratet zu bleiben. So war es ihr möglich, ihr Haus Behinderten zu öffnen. Denn erst durch die Behinderten wurde ihr klar, wieviel sie bisher als selbstverständlich hingenommen hatte. Wenn sie jetzt mit zwei Blinden spazierengeht oder ihnen kochen hilft, wird ihr lebendig bewußt, wie sie sich in ihre Welt des Riechens, Fühlens und Hörens hineinversetzt.

Der dritte Patient sagte, er wäre dankbar dafür, seine Position als Verkaufsleiter eines Konzerns verloren zu haben und nun Straßenarbeiter zu sein. In der Arbeitskolonne könne er sein Selbstwertgefühl kaum vom Beruf und den Kollegen herleiten; die Entwurzelung aber verhalf ihm dazu, das Gebet als Wert zu erkennen. Bevor er Christus begegnete, war ihm sein schaler Alltag immer sinnlos erschienen. Jetzt arbeitet er schon 16 Jahre lang mit Straßenarbeitern zusammen; sein Optimismus dabei wurde ihm selbst und anderen zur Frage: Was macht das Leben eigentlich lebenswert?

Auch die Heilige Schrift begnügt sich nicht mit der Darstellung von negativ erlebten Situationen wie Kinderlosigkeit, Besitzlosigkeit, Abhängigkeit, sondern sie berichtet von der Geschichte Israels als Geschichte des *Glaubens*. Die Autoren der biblischen Bücher erwähnen immer wieder fünf Ereignisse als Kern von Israels Glaubensgeschichte: die Berufung Abrahams, die Knechtschaft in Ägypten, die Wüstenwanderung, die Gabe der Tora (Gesetzesübergabe am Sinai) und die Landverheißung (Ps 105; Dtn 26,1). Einige davon, zum Beispiel die Landverheißung, wurden sofort als Gabe erkannt, andere erst später.

Auch die Geschichte unseres eigenen Glaubens kennt Erinnerungen wie die Landverheißung: der Tag, an dem wir aus der Schule entlassen wurden oder den wir mit einem guten Freund verbrachten. Wenn wir zum Augenblick sagen möchten: „Verweile doch, du bist so schön“, dann kann das vielleicht mit Israels Triumphgefühl verglichen werden, endlich die Ufer des Gelobten Landes erreicht zu haben, um sich dort niederzulassen (Jos 4,19).

Freilich sind nicht alle Erinnerungen der Juden Landverheißungen. Die andern vier Ereignisse wußten sie nicht gleich zu schätzen, sie wurden ihnen erst nach und nach in ihrem Wert bewußt. Ähnlich haben auch wir Erinnerungen, deren Wert wir nicht sofort erkennen. Wenn wir eine neue Arbeit in einer fremden Stadt annehmen oder ins Ausland gehen, dann fühlen wir uns zunächst wie Abraham, der mit seinen 75 Jahren alle irdischen Bindungen aufgeben und mit seiner kinderlosen Frau das ihm so teure Land verlassen mußte (Gen 12,4). Geht es immer nur den andern gut, unsere Arbeit aber ist eintönig und unsere finanzielle Lage angespannt, dann fühlen wir uns vielleicht wie die Israeliten während der Knechtschaft in Ägypten. Schon mehr als einmal mag es uns hart erschienen sein, zur Rechenschaft gezogen worden zu sein wie das Volk Israel nach dem Tanz um das Goldene Kalb (Ex 32,19). Bei unserem ersten Pfadfinderlager, in den ersten Stunden in einer neuen Schulklasse oder beim Abschied von unserem besten Freund kamen wir uns vielleicht so entwurzelt vor wie Israel bei der Wüstenwanderung (Ex 15,22).

Viele Erinnerungen, die uns früher schmerzlich erschienen, wie die Geldsorgen am Monatsende oder die Trennung von einem treuen Freund, wissen wir heute zu schätzen: Durch die finanziellen Schwierigkeiten sind uns die Menschen und die Dinge wertvoller geworden, die Trennung von einem teuren Freund hat uns neue Freundschaften anknüpfen lassen. Vielleicht haben uns die fünf Kernereignisse der Geschichte Israels an Menschen erinnert, die wir früher nicht ausstehen konnten, heute aber besonders gern haben. Das heißt praktisch, daß einige Erinnerungen geheilt worden sind. Wie Cäcilia, die Exerzitien-Teilnehmer und das Volk Israel haben wir als Segen erkannt, was uns zunächst als Fluch erschien. Wir haben gelernt, das Leben mit den Augen des Vaters zu sehen.

2. Kapitel
Heilung von Erinnerungen – eine Art zu sterben

Warum meinen einige, eine Erinnerung sei geheilt, wenn sie doch später wieder kommt und sie sich noch immer von ihr geplagt fühlen? Warum werden andere nicht durch ein einziges Gebet für immer geheilt? In meiner Tätigkeit als Krankenhausseelsorger sah ich bei den einen, wie körperliche Verletzungen heilen, bei anderen mußte ich den Todeskampf mitansehen. Ich glaube, dabei zumindest eine Teilantwort auf die obigen Fragen gefunden zu haben.

Jim kam ins Krankenhaus voller Entrüstung über seine jüngste Tochter Karin. Sie war aus einem erstklassigen College davongelaufen, hatte der Familie die Schande angetan, schwanger zu werden – und jetzt hatte sie auch noch die Stirn, zu Hause anzufragen, ob sie mit ihrem Freund und dem Neugeborenen heimkommen könne. Nachdem er seinem Zorn über unerwünschte Kinder Luft gemacht hatte, fragte Jim mich, ob ich mit ihm beten wolle, damit er seiner Tochter vergeben könne. Gegen Ende der Woche kam Karin tatsächlich heim. Jim fühlte sich wie der Vater des verlorenen Sohnes. Er war voll Dankbarkeit, daß er Karin nun näher war als je zuvor, weil er ihr vergeben hatte.

Das Gefühl der Dankbarkeit hielt etwa einen Monat an. Dann kam Jim wieder. Er klagte, daß ihn die Erinnerung noch immer plage. Mit dem Unterschied, daß er jetzt nicht auf seine Tochter zornig wäre, sondern auf sich selbst. Er habe sich ganz auf seine Arbeit gestürzt und sich zu wenig um Karin gekümmert. Er verstehe nur allzugut, daß sie fortgelaufen sei, um die Liebe anderswo zu suchen. Damit Jims Erinnerung an seine fortgelaufene Tochter endgültig geheilt werden konnte, mußte er also nicht nur Karin vergeben, sondern auch sich selbst.

Der Heilungsverlauf schmerzlicher Erinnerungen entspricht weitgehend demjenigen körperlicher Wunden. Haben wir uns geschnitten, so heilt die Wunde auch nicht sofort. Das Blut gerinnt, neue Hautzellen bilden sich unter dem schützenden Schorf, der schließlich abfällt. Bei der Heilung von Erinnerungen geht es um seelische Wunden. Auch sie heilen nur stufenweise wie die körperlichen. Am tiefsten verletzt fühlen wir uns vermutlich im Angesicht des Todes. Gerade das aber läßt uns die notwendigen Stufen der Heilung besonders deutlich werden. Elisabeth Kübler-Ross meint erkannt zu haben, daß Sterbende in der Auseinandersetzung mit den seelischen Wunden des Todeskampfes gewöhnlich fünf Stufen durchschreiten: die Phase des Nicht-wahrhaben-Wollens, des Zornes, des Verhandelns, der Depression und der Zustimmung.[1] Sie betrachtet diese fünf Stufen als den normalen Heilungsverlauf jeder tieferen seelischen Verletzung. Auch bei der Heilung von Erinnerungen durchläuft man meist diese fünf Stufen. Selbst wenn eine Erinnerung durch ein einziges kurzes Gebet geheilt werden kann – so wie der Tod auf Anhieb angenommen werden kann –, bleibt der übliche Zugang zur Heilung von Erinnerungen und zur Annahme des Todes die Auseinandersetzung mit den fünf Stufen über einen gewissen Zeitraum hinweg. Jims Heilung zum Beispiel war nicht einfach „ausgeblieben“, sondern im Laufe eines Monats hatte er sich von der Phase des Zornes, der Anklage seiner Tochter, zur Phase der Depression, nämlich der Selbstanklage, durchgerungen.

Um ein anderes Beispiel zu nennen: Margaret rang sich durch die fünf Stufen sowohl bei der Heilung von Erinnerungen an ihren Indienaufenthalt als auch im Angesicht des Krebstodes. Als ihr verweigert wurde, nach Indien zurückzukehren, wo sie drei Jahre lang gelehrt hatte und ihr Leben lang bleiben wollte, verfiel sie in Ängste und Depressionen. Monatelang lief sie nachts die Flure entlang. Tagsüber aber war sie zu deprimiert, um etwas essen oder mit andern sprechen zu können. Sie blieb einfach allein in ihrem Zimmer. Nach einem Jahr voller Ängste und Depressionen kamen sechs Ärzte zu der Diagnose „Krebs“. Wegen ihres Erschöp-

[1] E. Kübler-Ross, *Interviews mit Sterbenden,* Stuttgart [10]1977.

fungszustandes gaben sie ihr nur noch kurze Zeit zu leben. Zwei Jahre lang blieb jede Therapie erfolglos. Während dieser Zeit aber begann sie mit der Heilung von Erinnerungen an ihren Indienaufenthalt.

Fünf Stufen des Sterbens

Nach zwei Jahren Klinikaufenthalt fragte ich Margaret, ob sie sich auf das Sterben freue. Sie sagte, sie fühle sich wie jene Schwimmerin, die kürzlich den Ärmelkanal durchquerte. Im Begleitboot kümmerte man sich um ein Besatzungsmitglied, das einen Herzanfall erlitt. Dabei verlor man die Schwimmerin aus den Augen. Erst als sie nur noch knapp 1000 Meter vom Ufer entfernt war, erblickte sie die Bootsbesatzung wieder. Auf die Frage, wie es ihr ginge, antwortete die Schwimmerin, sie wolle schwimmend an Land kommen – hätte man sie aber etwas früher wiedergefunden, so hätte sie lieber aufgegeben.

Margaret sagte, auch sie wäre jetzt bereit, schwimmend das Ufer des Todes zu erreichen. Wie oft aber hatte sie jede Auseinandersetzung mit dem Tod verweigert! Wäre es möglich gewesen, hätte sie lieber ins Boot klettern wollen. Erst nachdem sie sich durch die vier Stufen des Nicht-wahrhaben-Wollens, des Zornes, des Verhandelns und der Depression hindurchgerungen hatte, brauchte sie sich nicht mehr auf das rettende Boot zu verlassen. Die Auseinandersetzung mit den ersten vier Stufen führte sie schließlich zur fünften Stufe, der Zustimmung und Annahme des Todes: Sie konnte sich nun mit allen Kräften auf das Erreichen des anderen Ufers einstellen.

Sagt man uns, wir müssen sterben, pflegen wir uns zunächst dagegen zu wehren. Wir sagen gern: „Der wird sterben – ich nicht.“ Als zweites werden wir wütend auf andere, daß sie dem Tod ermöglichen, uns anzugreifen und zu überwältigen. Drittens fangen wir zu verhandeln an: Wir stellen Bedingungen, die erfüllt werden müssen, bevor wir uns bereit erklären, zu sterben. Viertens werden wir depressiv: Wir haben keinen Zorn mehr auf andere, sondern klagen uns selbst an, daß wir uns vom Tod überwältigen lassen. Und schließlich kommt die fünfte Stufe der Zustimmung: das große Ja – ich *freue* mich aufs Sterben.

Auf dem Weg in den Tod hat es für Margaret sehr wohl Tage des Nicht-wahrhaben-Wollens gegeben: Sie weigerte sich, eine an Gehirnkrebs sterbende Freundin zu besuchen. Der Gedanke war ihr unerträglich, daß vielleicht auch sie auf diese Weise sterben könnte. Weiter erinnerte sie sich an Tage des Zornes: Sie war böse auf die Krankenschwester, daß sie die Besuche einschränkte, auf den Arzt, daß er den Krebs nicht früher erkannte, und auf ihre Freunde, daß sie gesund waren und im Sommer verreisten. Ihre Verhandlungstaktik änderte sich von Tag zu Tag: Einmal war sie bereit zu sterben, wenn es in Indien sein könnte, ein andermal nur, wenn zwei der Krankenschwestern entlassen und dafür zwei andere eingestellt würden. Während der Depressionsphase klagte sie sich selbst an, daß sie das Leben nicht zu genießen verstand oder daß die Enttäuschung über die verweigerte Rückkehr nach Indien sie verzehrte. Während der zwei Jahre Bettlägerigkeit erinnerte sie sich an Augenblicke des Nicht-wahrhaben-Wollens, des Zornes, des Verhandelns und der Depression. Sie wollte das Schwimmen aufgeben und ins Rettungsboot klettern. Jetzt aber freute sie sich auf den Tod. Sie hatte die Stufe der Zustimmung erreicht wie die Kanalschwimmerin das andere Ufer.

Fünf Stufen der Heilung einer Erinnerung

Eine andere Fünf-Stufen-Reise begann für Margaret, als sie erfuhr, daß sie nicht nach Indien zurückdurfte. Sie war von Grund auf erschüttert. Ihr Leben hatte keinen Sinn mehr. Drei Jahre hatte sie in Indien unterrichtet. Jetzt wollte sie ihr ganzes Leben diesem Volk widmen. Und sie wußte, was geschehen war: Eifersucht und interne Schwierigkeiten ihrer Vorgesetzten machten ihr die Rückkehr unmöglich.

Ob wir nun mit dem äußersten Einschnitt des Todes zu ringen haben oder mit der Verweigerung der Rückkehr nach Indien – gewöhnlich gehen wir durch dieselben fünf Stufen des Sterbens. Zunächst möchten wir uns dagegen auflehnen: Wir sagen, die Verwundung habe eigentlich gar nicht stattgefunden, sie berühre uns überhaupt nicht. Dann werden wir zornig und machen andere dafür verantwortlich, daß sie uns verletzen und vernichten wollen. Als drittes beginnen wir zu verhandeln und Bedingungen zu stellen, die erst erfüllt werden müssen, bevor wir jenen vergeben, die uns verletzt haben. Als viertes werden wir depressiv, wir klagen uns selbst an, daß wir uns durch die Verwundung stören ließen. Und schließlich gelangen wir häufig auch zur fünften Stufe, wenn wir das Geschehene annehmen und sagen: „Ich freue mich über den Reifungsprozeß, der durch diese Verletzung in Gang gesetzt wird."[2]

Beim Nachdenken über die erste Stufe des Nicht-wahrhaben-Wollens erinnerte sich Margaret, wie sie in Indien ihre Koffer packte, um ferienhalber nach Amerika zu gehen. Man bat sie, *alles* mitzunehmen. Tief innen spürte sie, daß man sie nicht wiedersehen wollte. Aber sie verdrängte dieses Gefühl und entging damit der Auseinandersetzung mit der Wirklichkeit. Der Schock über die Nachricht von der verweigerten Rückkehr hätte sie also schon vor einem Monat beim Verlassen Indiens treffen können.

Zorn als die zweite Stufe stieg in Margaret auf, als sie die folgenden Zeilen las: „Wir fürchten, daß Sie an Malaria erkranken. Deswegen können wir Ihnen leider nicht ermöglichen, in dieses Land zurückzukehren." Kurz vorher nämlich war ihr von den besten Ärzten ein einwandfreies Gesundheits-

---

[2] Bevor wir jedoch im einzelnen wiedergeben, wie Margaret die fünf Stufen der Heilung einer Erinnerung durchschritt, müssen wir noch besonders auf die zweite und die vierte Stufe eingehen. Für Elisabeth Kübler-Ross ist der wesentlichste Unterschied zwischen der Phase des Zorns und der Depression, daß sich in der Zornphase die Wut nach außen und auf andere richtet, während sie sich in der Depressionsphase nach innen wendet. Während man im Zorn Ärzte und Krankenschwestern beschimpft, klagt man auf der Depressionsstufe sich selbst an. Man schaut zurück auf die versäumten Möglichkeiten oder was man besser nicht hätte tun sollen. Unter *Depression* verstehen wir darum hier ausschließlich Schuldgefühle oder *nach innen* gerichteten Zorn, unter *Zorn* dagegen nur die für die Zornstufe typische *nach außen* gerichtete Aggression.

zeugnis ausgestellt worden. Zornig war sie also, weil der Brief ihrer Oberen die eigentlichen Gründe verschleierte. Sie stellte sich vor, was wahrheitsgemäß geschrieben stehen sollte: „Sie sind ein unbedeutendes junges Ding, das nur die erste Geige spielen möchte. Deswegen wollen wir Sie nicht." Sie erinnerte sich, wie sie das gesamte Programm der Laienkatechese zusammenbrechen sah – nur wegen dieser einen eifersüchtigen Person. Dieselben Worte kamen ihr in den Sinn wie bei der Nachricht, daß sie Krebs habe: „Warum gerade ich – immer ich?"

In der Verhandlungsphase erwog Margaret, ob sie den Oberen nur dann vergeben solle, wenn sie ihre Meinung ändern, wenn sie einsehen, was sie angerichtet haben, wenn sie versprechen, es nie wieder zu tun. Aber sie änderten ihre Meinung keineswegs, sahen nichts ein und erschütterten noch andere durch ihr Vorgehen.

Auf der Depressionsstufe wurde Margaret bewußt, daß nicht die Verletzung selbst sie lähmte, sondern ihre Reaktion darauf: Hätte sie sich vor, während oder nach der Verletzung anders verhalten, dann hätte ihr die Verletzung nichts anhaben können. Warum hatte sie ihr Selbstwertgefühl nur auf das abgestellt, was sie in Indien geleistet hatte – anstatt darauf zu vertrauen, *daß Gott sie liebte, wie sie war und wo sie war?* Warum hatte sie sich mit den Vorgesetzten nicht deutlicher auseinandergesetzt, bevor sie Indien verließ? Am stärksten jedoch deprimierte sie die Einsicht, daß sie selbst kaum anders handelte als jene, die sie verletzt hatten: Nachdem sie nicht mehr nach Indien zurückkehren durfte, gab man ihr den Posten eines Missionsdirektors. In dieser Position suchte sie eifersüchtig nach irgendwelchen gesetzlichen Bestimmungen, um nun ihrerseits Missionskandidatinnen abzulehnen.

Bei der Heilung der Indien-Erinnerung kam sich Margaret noch einmal wie die Kanalschwimmerin vor. Als sie sich durch die Stufen des Nicht-wahrhaben-Wollens, des Zornes, des Verhandelns und der Depression hindurchbetete, fühlte sie sich so hilflos wie die Schwimmerin, die in ihren Krämpfen nach dem Rettungsboot Ausschau hielt. Aber wie die Schwimmerin schließlich doch das andere Ufer erreichte und im „Verlust“ des Bootes und seiner Mannschaft eine Gabe sah, so begann auch Margaret in der Absage aus Indien eine verborgene Gabe zu sehen.

Auf der fünften Stufe, nämlich jener der Zustimmung, erlebte sie, wie sie gerade durch die Verletzung für Gott und die Menschen offener wurde als zuvor. Durch die Verletzung konnte sie ihr Selbstwertgefühl nicht länger von Leistung und Ansehen abhängig machen, sondern ausschließlich von Gott. Diese Einsicht bewegte sie so sehr, daß sie überall nach einem Priester suchte, um zu beichten. Sie bekannte ganz einfach: „Es tut mir leid, daß ich so lange weg war, himmlischer Vater!“ Damit begann für sie eine unvergeßliche Erfahrung, nämlich das Gefühl, ihren himmlischen Vater viel zu lieben, weil er ihr viel vergeben hatte. Obwohl der Priester nur gebrochen Englisch sprach und nicht verstand, was Margaret sagte, erfüllte sie nach dieser Beichte eine innere Ruhe, die bis heute anhält.

Die Verletzung vertiefte aber nicht nur ihre Gottesbeziehung, sondern auch die Beziehung zum Nächsten. Sie wurde sich der eigenen Eifersucht bewußt, besonders in der Ablehnung der Missionskandidatinnen. Die größte Gabe aber war wohl ihr neues Einfühlungsvermögen für die Entwurzelten. Eine Frau, die außer sich geriet, weil man ihr ebenfalls die Rückkehr nach Indien verweigerte, nahm Margaret aus Mitleid einfach in die Arme. Es war ausgerechnet die, welche Margaret selbst die Rückkehr unmöglich gemacht hatte!

Die Heilung von Erinnerungen aber beschenkte Margaret nicht nur mit neuen Beziehungen, sondern auch mit neuer Gesundheit. Weil keine Therapie mehr anschlug, war sie, wie gesagt, zwei Jahre bettlägerig. Helfen konnte ihr nur noch die bedingungslose Liebe ihrer Freunde bei der Heilung von Erinnerungen. Seit einem vollen Jahr arbeitet sie nun wieder acht Stunden täglich als Beraterin von Krebspatienten, nachdem sechs Spezialisten sie bereits vor Jahren aufgegeben hatten – wegen Krebs!

Auch wenn sie heute noch nicht ganz geheilt ist, so geht es ihr doch täglich besser. Wird ihr weiteres Leben geschenkt, so wird sie weiterhin mit Krebspatienten arbeiten, entwurzelten

Menschen mit einer ungewissen Zukunft. Sollte sie aber selbst an Krebs sterben, dann wird sie mit weniger Angst heimgehen. Denn die fünf Stufen des Sterbens hat sie sowohl im Todeskampf mit dem Krebs als auch im Ringen um die Heilung der Indien-Erinnerung durchschritten. Sowohl der Todeskampf als auch die Entwurzelung durch die Indien-Erfahrung sind ihr zum Geschenk geworden – und das weiß sie.

Andere in ähnlichen Situationen aber bleiben gelähmt, weil sie niemals die fünfte Stufe der Zustimmung erreichen. Elisabeth Kübler-Ross und ihre Mitarbeiter fanden allerdings, daß jemand, der seine Gefühle einem Menschen mitteilen kann, von dem er sich angenommen weiß, auch den Tod eher annehmen wird. Im nächsten Abschnitt wird darum beschrieben, wie wesentlich es für Margaret war, im Angesicht des Todes und im Ringen um Heilung von Erinnerungen ihre Gefühle täglich einigen Freunden und auch Christus mitteilen zu können.

Sich einem Freund mitteilen

Margarets Ängste und Depressionen blieben ebenso unverändert wie ihr Krebsleiden, bis eines Tages jemand sagte: „Sie stecken voller Wut." Dieser eine Satz ermöglichte es ihr, zwei Jahre Angst und Zorn aus sich herauszuschreien. Wochenlang sprach sie ihre Ängste und ihren Zorn auf Band. Sie sandte die Kassetten an Larry und rief ihn jeweils ein paar Tage später an. Er ermutigte sie, ein Tagebuch zu führen und Gedichte zu schreiben. Schließlich bat er einige Freunde, Margaret zu besuchen. Auf diese Weise lernte auch ich sie kennen.

Zwei Jahre lang konnte ich miterleben, wie Margarets körperliche und seelische Verfassung sich zusehends besserte. Sie konnte sich jetzt Freunden mitteilen. Hätte Larry gesagt: „Wie begnadet Sie sind, daß der Herr Sie dazu auserwählt hat, auf diese Weise zu leiden!", anstatt ihr ins Gesicht zu sagen: „Sie stecken voller Wut", dann würde sie ihre Situation vielleicht heute noch ablehnen – wenn sie überhaupt noch lebte! So aber schritt Margaret ganz natürlich von Stufe zu Stufe: Sie teilte ihre jeweiligen Gefühle einfach andern mit. Als sie schließlich die Stufe der Zustimmung erreichte, sprach sie auch über ihren Tod. Unter anderem las sie einen Begräbnis-Gottesdienst vor, den sie selbst geschrieben hatte. Voller Freude sollte er sein, es sollten alle dabei zusammenkommen, die mit ihr gestorben und auferstanden waren.

Sich Christus mitteilen

So wichtig es für Margaret war, sich Larry und anderen Freunden anzuvertrauen, so wichtig wurde es ihr, sich Christus mitzuteilen. Er wurde ihr zum treuen Begleiter, besonders in späteren Jahren, als Freunde wie Larry wegzogen. Margaret hatte Larry durchaus nicht auf Anhieb gesagt: „Ich bin bereit zu sterben.“ Ebenso sagte sie Christus auch nicht sofort: „Ich bin bereit, meiner Vorgesetzten in Indien zu vergeben.“ Aber als Larry Margaret mit ihrer Wut konfrontierte, begann sie diese Wut auch Christus gegenüber auszudrücken. Sie sagte ihm, sie werde dieser Vorgesetzten niemals vergeben können, dieser eifersüchtigen Frau Sowieso. Und das war auch gut so. Hätte Margaret nämlich auf Anhieb gesagt: „Ich vergebe ihr“, ohne sich mit ihren Gefühlen über die eifersüchtige Frau Sowieso auseinanderzusetzen, so wäre schließlich nur die verdrängte Wut über diese Frau hochgekommen. So aber umarmte sie ihre Vorgesetzte – mit derselben Liebe, die sie von Christus empfangen hatte. Er hatte sie bedingungslos angenommen, gerade auch mit ihren „negativen“ Gefühlen.

Mitzuerleben, wie Margaret seelisch dadurch gesundete, daß sie sich Christus mitteilte, ließ mich noch dankbarer werden für mein Empfinden. Ich war früher immer enttäuscht, wenn alles, was ich mitzuteilen hatte, „negative“ Empfindungen wie Zorn oder Depression waren. Aber Margaret hat mir gezeigt, daß es keine negativen Gefühle gibt. Zorn und Depression können genauso gesund sein wie Dankbarkeit und Zustimmung.

Das gesündeste Gefühl ist jeweils dasjenige, das der Heilige Geist uns gerade bewußt macht. Margarets körperliche und seelische Verfassung besserten sich jeweils dann, wenn im Gebet brennender Zorn in ihr aufstieg. Je heftiger sie sich bei

Christus über die Kälte und die Gleichgültigkeit der Krankenschwestern beklagte, desto mehr wurden in ihr Kräfte mobilisiert, ihren Schwächezustand zu überwinden. Je wütender sie über die mangelnde Kommunikation wurde, desto stärker hörte sie den Ruf Christi, aufzustehen, um neue Beziehungen anzuknüpfen, besonders mit anderen Krebspatienten.

Aber nicht nur der Zorn, sondern jede einzelne Stufe war wichtig für Margarets Heilungsprozeß. Kratzen wir bei körperlichen Wunden voreilig den Schorf ab, muß sich der ganze Prozeß wiederholen. Gerade wenn sie uns nicht drängen, ermöglichen uns Christus und die Freunde, durch Mitteilung unserer Empfindungen auf natürliche Weise von einer Stufe zur andern fortzuschreiten, bis seelische Verletzungen zu geheilten Erinnerungen werden. Die Stufe der Zustimmung zum Beispiel erlebte Margaret immer intensiver. Anfänglich nahm sie den Tod als eine Art Flucht vor der Indien-Erinnerung und anderen negativen Erfahrungen an. Nach dem Erleben des friedlichen Todes zweier Freundinnen aber bedeutete für Margaret der Tod nicht mehr Flucht, sondern ständige Bewegung auf ein Ziel hin.

Aber nicht nur im Angesicht ihres Krebstodes erlebte sie die einzelnen Stufen intensiver, sondern auch bei der Heilung der Indien-Erinnerung. Zwischen der Depressionsstufe und der Zornphase bewegte sie sich dabei zwar mehrmals hin und her, jedesmal jedoch intensiver. Das erste Mal fühlte sie sich schuldig, weil ihre Reaktionen einen schlechten Eindruck hinterließen, das zweite Mal, weil sie dadurch andere verletzt hatte, und später, weil auch ihre Gottesbeziehung verletzt worden war.

Durch die *tägliche* Heilung von Erinnerungen steigen wir also nicht nur von Stufe zu Stufe auf, sondern erleben jede einzelne Stufe auch viel intensiver – bis wir das gesamte Geschehen mit den Augen Gottes betrachten.

Wie man die fünf Stufen im Gebet gebraucht

Wir sollten die fünf Stufen dennoch nicht zu einem Rezept täglichen Gebetes werden lassen. Die beiden Extreme wären, entweder nichts mit diesen Stufen zu tun haben zu wollen oder den Aufstieg von Stufe zu Stufe allzu wörtlich zu nehmen. Die fünf Stufen wollen nur auf die *übliche* Art des Heiligen Geistes hinweisen, Wunden zu heilen. Der Schöpfergeist kann aber auch ganz anders wirken, indem er etwa einzelne Stufen überspringt. Jemand kann seinen Tod auf Anhieb annehmen – und genauso prompt kann auch eine seelische Verletzung erkannt und anerkannt und dadurch geheilt werden.

Wir schlagen hier das Fünf-Stufen-Modell von Elisabeth Kübler-Ross nur darum vor, weil, wie das Zweite Vatikanische Konzil sagt, psychologische Einsichten auch uns Christen zu einer reiferen Lebensweise verhelfen können: „In der Seelsorge sollen nicht nur die theologischen Prinzipien, sondern auch die Ergebnisse der profanen Wissenschaften, vor allem der Psychologie und der Soziologie, wirklich beachtet und angewendet werden, so daß auch die Laien zu einem reineren und reiferen Glaubensleben kommen" (*Die Kirche in der Welt von heute,* Nr. 62).

Die Ergebnisse von Elisabeth Kübler-Ross bestätigen im übrigen nur einen seit Jahrhunderten bekannten Heilungsverlauf. Die meisten Bibeltexte über Vergebung in der Tiefe sind auch mit der Betrachtung jener Wunden befaßt, die durch den Fünf-Stufen-Prozeß geheilt werden können. Die weiteren Kapitel dieses Buches beschreiben darum den Weg des verlorenen Sohnes durch die fünf Stufen: Er entdeckt, daß sein Weglaufen ihn nicht notwendig verwundet, sondern ihm eine engere Beziehung zum Vater vermittelt. Sogar der Vater beschreibt die Abwesenheit seines Sohnes als Heilung von Erinnerungen, als ein Sich-durch-die-fünf-Stufen-des-Sterbens-Hindurchringen: „Denn mein Sohn war tot und lebt wieder" (Lk 15,24; 15,32). Im übrigen weisen Gebete aus der Tradition der Kirche wie die *Eucharistie,* das *Vater unser* und geistliche Erfahrungen wie die *Geistlichen Übungen* des heiligen Ignatius von Loyola ebenfalls die Fünf-Stufen-Struktur auf. Sie sind dem Heilen von Verwundungen durch Heilung von Erinnerungen verwandt und wollen uns durch die fünf Stufen zum Heil führen.

Wie aber können wir selbst mit der Heilung von Erinnerungen und den fünf Stufen anfangen? Die verbleibenden fünf

Teile dieses Buches möchten zeigen, wie jeder Leser die gleiche Erfahrung machen kann wie Margaret.

Der zweite Teil zeigt Möglichkeiten seelischer und körperlicher Gesundung, wie sie Margaret durch das Erstarken ihrer Körperkräfte und die Befreiung von Angst und Depressionen erlebte, nachdem sie sich täglich ihren Freunden anvertraut hatte.

Der dritte Teil beschreibt die Begegnung mit Gott als einem Liebenden, dem wir uns *ganz* mitteilen möchten – als Vorbedingung ganzheitlicher Heilung.

Der vierte Teil hilft uns, die Stufen der Heilung zu erkennen und zu durchschreiten.

Der fünfte und sechste Teil zeigen praktische Möglichkeiten zur täglichen Heilung von Erinnerungen.

Zweiter Teil
Seelische und körperliche Heilung

Ich weiß nicht, woher meine Mutter wußte, daß ich meines Bruders roten Ball der Heilsarmee geschenkt hatte. Beide waren nämlich schwimmen, als ich einem Lastwagen der Heilsarmee nachlief und meines Bruders kostbarsten Besitz dem Fahrer übergab. Mein Bruder merkte zwar ziemlich bald, daß der Ball fort war. Noch eiliger aber hatte ich es, der Mutter zu versichern, daß ich es nicht gewesen sei, daß ich nicht wüßte, was mit dem Ball geschehen sei.

Mutter hatte zwar keinen Lügendetektor, erklärte mich aber prompt für schuldig. Sie las mir wohl die Angst von der Gänsehaut auf den Armen ab oder vom Angstschweiß auf der Stirn. Sie hätte auch noch Zorn vom roten Gesicht ablesen können, als sie mich fortschickte, den Lastwagenfahrer wiederzufinden. Angst, Furcht, Zorn und Schuldgefühle führen bekanntlich zu körperlichen Veränderungen, die von empfindsamen Müttern oft besser erkannt werden als von Lügendetektoren.

Die Ärzte meinen, daß diese vier Gefühle so ziemlich alles erzeugen können — von Magenverstimmung bis zu Krebs und Herzinfarkt. Außerdem bilden diese vier Gefühle oft den Kern jener zehn Arten von Neurosen, wie sie die Amerikanische Gesellschaft für Psychotherapie definiert hat – und darüber hinaus die Grundlage ziemlich jeder Form seelischer Störung.

Aufgrund von nahezu 3500 Krankengeschichten berichten wir im 3. Kapitel von *seelischer* Gesundung durch Heilung von Erinnerungen, im 4. Kapitel über *körperliche* Heilung durch die Auseinandersetzung mit den vier Gefühlen Angst, Furcht, Zorn und Schuld. Gezeigt wird in drei Abschnitten, *wie* die Heilung von Erinnerungen zu körperlicher Heilung führt: 1. in der Tradition der Kirche, 2. in den Naturwissenschaften (besonders in der Schulmedizin) und 3. in meinem

Leben. Beim Durcharbeiten dieser Kapitel können wir dieselbe Erfahrung machen wie Margaret: Durch die Heilung ihrer Erinnerungen erlebte sie, wie sich ihre seelischen und körperlichen Kräfte langsam, aber sicher erneuerten.

3. Kapitel
Seelische Heilung durch Heilung von Erinnerungen

Die Psychologen wissen heute, daß die unsachgemäße Einstellung seelischen Verletzungen gegenüber zu Störungen wie Margarets Ängsten und Depressionen führt. Sie stimmen überein, daß nach Freud die vier Grundgefühle nicht nur den Kern jener zehn Neurosen-Arten bilden, wie sie die Amerikanische Gesellschaft für Psychotherapie definiert hat, sondern daß sie ziemlich jeder Form seelischer Störung zugrunde liegen. Ob wir nun an einer Neurose leiden oder an so verbreiteten Ängsten wie Menschenangst oder Angst vor den eigenen Gefühlen – wir können zur Heilung beitragen, indem wir uns mit den vier Gefühlen Angst, Furcht, Zorn und Schuld auseinandersetzen. Wie andere Gefühle auch sind sie weder gut noch schlecht in sich selbst. Ihre Verdrängung führt zu seelischer Unausgeglichenheit, ja zu Selbstmorddepressionen, ihre Aufarbeitung aber zur Bereitung für den Dienst am anderen.

Die Aufarbeitung von Angst, Furcht, Zorn und Schuld durch die fünf Stufen des Sterbens und Vergebens

Auf ihren Nachtmärschen durch die Flure wußte Margaret nie, warum und wovor sie eigentlich Angst hatte. Auf der Stufe des Nicht-wahrhaben-Wollens wirkt die Angst wie ein Schmerz. Wie der stechende Schmerz eines Krampfes körperliche Überlastung signalisiert, so kann Angst ein Zeichen seelischer Überlastung sein. Margarets Angstzustände zeigten ihr, daß sie ein Übermaß an Furcht, Angst und Schuld mit sich herumtrug. Erst als sie sich durch diese Phase des Nicht-wahrhaben-Wollens hindurchgearbeitet hatte, wurden ihr die Gründe ihrer Angst bewußt. Die Nachtmärsche durch die Flure setzten jeweils vor Antritt einer neuen Stelle oder vor der Begegnung mit neuen Freunden ein. Die Indien-Erfahrung hatte sie so gründlich entwurzelt, daß sie seither Angst hatte vor allem Neuen, vor der Zukunft überhaupt. Die Nachtmärsche wurden jedoch weniger häufig, als Freunde ihr halfen, sich mit drei entstellenden Komponenten der Angst auseinanderzusetzen: Furcht, Zorn und Schuld. Angst ist eine Form seelischen Leidens ohne nennbaren Grund.

Durch gezielte Fragen wie: „Was macht dir Angst im Berufsleben oder für die Zukunft?“ schwand ihre Angst allmählich. Die Gründe ihrer Befürchtungen wurden ihr bewußt, nämlich daß weitere wesentliche Entscheidungen aufgrund von Eifersucht und internen Schwierigkeiten getroffen würden. Der Hauptgrund ihres seelischen Leidens aber war die Furcht, ihr Leben wäre sinnlos geworden.

Nach der Identifizierung ihrer Ängste nahmen diese weiter ab durch die Auseinandersetzung mit zwei wesentlichen Komponenten entstellender Furcht: Zorn und Schuld. Befürchtungen sind mögliche oder wirkliche Gründe der Frustration, Frustration aber führt zu Zorn bei äußeren Gründen und zu Schuldgefühlen bei seelischen Ursachen. Soweit Margarets Befürchtungen von außenbegründeter Frustration herrührten, mußte sie sich mit ihrem Zorn auseinandersetzen: ihren Vorgesetzten gegenüber, deren Eifersucht und interne Schwierigkeiten sie an der Rückkehr in jenes Land hinderten, das ihr so viel bedeutete. Insofern sich aber Margarets Furcht von seelischer Frustration ableitete, mußte sie sich mit ihrer Schuld auseinandersetzen. Erst als sie ihre Schuldgefühle, bei ihrer Abreise aus Indien nicht offen genug gewesen zu sein und ihre Leistung dort zu hoch bewertet zu haben, aufgearbeitet hatte, gelang es ihr, die Ängste weiter abzubauen. Ein Hinweis darauf, daß sie sich erfolgreich mit Furcht, Zorn und Schuld auseinandergesetzt hatte, bestand darin, daß sie auf der Stufe des Verhandelns weniger Bedingungen für die Vergebung stellte. Sie vergab ihrer Vorgesetzten, ohne daß diese ihre Meinung zu den Vorgängen in Indien geändert hatte.

Die Heilung von Erinnerungen geschieht so lange auf der Zorn- und Schuldstufe, bis die anfänglich lähmenden Ängste und Befürchtungen auf der Zustimmungsstufe zur Gabe werden. Wenn auch Margarets Zukunftsängste und ihre

Furcht vor der Sinnlosigkeit des Lebens nicht einfach schwanden, brauchte sie doch nicht mehr nächtelang auf den Fluren herumirren. Statt dessen aber wurde ihr ein neues Einfühlungsvermögen für jene geschenkt, die wie sie einer unsicheren Zukunft entgegensahen, wie zum Beispiel ihre Krankenhauspatienten oder ihre Vorgesetzte, der ebenfalls die Rückkehr nach Indien verweigert wurde.

Die Auseinandersetzung mit Zorn und Schuld führt nun aber keineswegs notwendig zu neuem Einfühlungsvermögen und geistlichem Fortschritt. Neue Ängste und Befürchtungen können aufsteigen. Beim zweiten Durchgang durch die Depressionsstufe stieß Margaret immer wieder auf die Erinnerung, wie sie voller Eifersucht andere Missionskandidatinnen abgelehnt hatte. Sie wurde sich eines neuen Gefühls der Angst bewußt und gleichzeitig der Befürchtung, sie habe diesen Freiwilligen wehgetan. Durch die weitere Auseinandersetzung mit Zorn und Schuld wurden jedoch auch diese Ängste und Befürchtungen zu Gaben. Zum Beispiel wurden Margaret viele lebenslange Freunde dadurch geschenkt, daß sie zu den Missionskandidatinnen hinging und sie einzeln um Vergebung bat. Auch wenn viele Ängste und Befürchtungen unbewußt bleiben, werden wir im ganzen doch offener für die Erfahrung und können daran wachsen.

Die ständige Betonung von Ängsten und Befürchtungen, Zorn und Schuld heißt freilich nicht, alle anderen aus einer Verletzung entstehenden Gefühle zu übersehen, sondern sie im Gegenteil gleichzeitig mitzuberücksichtigen. Die vier Grundgefühle Angst und Furcht, Zorn und Schuld bilden einfach die Wurzel aller möglichen anderen lähmenden Gefühle, wie zum Beispiel Ressentiment, Haß und Einsamkeit, die durch Aufarbeitung ebenfalls geheilt werden können. Auf ihren Nachtmärschen durch die Korridore hatte Margaret zum Beispiel wiederholt Selbstmordgedanken, derart verloren fühlte sie sich. Aber die Intensität ihrer Einsamkeit ergab sich aus der Intensität der vier Grundgefühle. Die Angst vor der ungewissen Zukunft und der Sinnlosigkeit des Lebens steigerte das Gefühl der Einsamkeit. Selbstmörderische Züge nahm es durch den Zorn auf die Vorgesetzte an, die Margaret ihren indischen Freunden entriß und später durch die Schuldgefühle, keine anderen Interessen gehabt zu haben als Indien. Freilich garantierte die Auseinandersetzung mit den vier Grundgefühlen Margaret keineswegs eine Zukunft ohne jedes Gefühl der Einsamkeit und des Hasses, wohl aber die Möglichkeit, an diesen Gefühlen zu *wachsen*. Sollte sie sich je wieder einsam fühlen, so werden daraus nicht mehr Selbstmordgedanken entstehen, sondern ein besseres Einfühlungsvermögen für „einsame" Patienten und neue Freunde.

„Und vergib uns unsere Schuld, wie auch wir vergeben unsern Schuldigern"

Nicht nur Gebet um Heilung von Erinnerungen, sondern auch das meditative Beten des *Vater unser* kann zu seelischer Gesundung in der Auseinandersetzung mit den vier Grundgefühlen führen.[3] Beide Gebete erfordern die Betrachtung angsterfüllter Ereignisse und die Aufarbeitung von Zorn („wie auch wir vergeben...") und Schuld („und vergib uns..."), bis das lähmende Geschehen uns zum Segen wird („Dein Reich komme"). Beide Gebetsarten forderten von Margaret, die Indien-Erinnerung anzunehmen, indem sie ihren Vorgesetzten vergab (Zorn) und auch sich selbst (Schuld). Das im *Vater unser* und auf der Stufe der Zustimmung verheißene Reich Gottes wurde Margaret erst zuteil, als sie vergeben und dafür danken konnte, daß Furcht und Angst vor der Einsamkeit sie offen werden ließ für Gott und die Menschen.

In beiden Gebetsformen zeigt sich Vergebung in der Dankbarkeit für all das, was bis dahin nur Angst und Furcht auslöste. Bei der Aufarbeitung der vier lähmenden Grundgefühle durch Vergebung kann ich darum nie sagen: „Die Heilung ist jetzt abgeschlossen", weil ich durch tiefere Dankbarkeit immer noch tiefer vergeben kann. Entscheidend für

---

[3] Zu den fünf Stufen im *Vater unser* und in der *Eucharistie* siehe auch Kapitel 3 und 12. Zu den fünf Stufen in den *Geistlichen Übungen* des hl. Ignatius von Loyola ist mir keine Veröffentlichung bekannt.

die Auseinandersetzung mit jenen den meisten Neurosen zugrundeliegenden vier Gefühlen ist also die zweifache Vergebung bei der Heilung von Erinnerungen und im *Vater unser:* „Und vergib uns..." (Schuld), „wie auch wir vergeben..." (Zorn).

Wie Margaret sind noch andere durch die der zweifachen Vergebung innewohnende Kraft von Neurosen und anderen seelischen Störungen befreit worden. Kathrin zum Beispiel war aus der Schule davongelaufen. Sie bekam Angst, als sie merkte, daß sie es an keiner Arbeitsstelle und bei keinem Freund lange aushielt. Sie fürchtete, weil sie nirgends heimisch wurde, würde sie auch keinen Mann finden. All das führte schließlich zu Depressionen und zwei Selbstmordversuchen. Vier Jahre Psychotherapie zeigten ihr, daß sie keine engeren Beziehungen eingehen konnte aus Furcht, man würde sie im Stich lassen. Als Kathrin vier war, starb nämlich ihr Großvater, den sie am liebsten gehabt hatte. Unbewußt hatte sie sich damals offenbar gesagt: „Hab nie jemand lieb – er läßt dich nur sitzen!"

Diese psychologische Einsicht half Kathrin aber keineswegs, sich zu ändern. Eines Tages jedoch überraschte sie sich dabei, wie sie Jesus und den Großvater herbeiwünschte. Sie betete: „Ich möchte dir vergeben, lieber Großvater, daß du mich im Stich gelassen hast. Ich bitte dich um Verzeihung, daß ich dich nicht mehr geliebt habe." Dann sah sie, wie sie mit Jesus und dem Großvater zum himmlischen Vater ging. Sie legte Großvaters Hand in die Hand des himmlischen Vaters, drehte sich um und ging fort. Zwei Wochen nach dieser Gebetserfahrung entließ sie der Psychotherapeut als geheilt. Seitdem hat sie noch immer dieselbe Arbeitsstelle inne und gedenkt noch in diesem Jahr zu heiraten. Kathrin gesundet zusehends, weil sie immer dankbarer wird – gerade auch für die Ängste und die Befürchtungen vor allzu engen Bindungen. Weil sie bald heiraten will, schätzt sie die Gaben des Kochens, des Ausschmückens einer Wohnung und der Führung eines Haushalts, die sie durch langes Zuhausebleiben erworben hat, doppelt. Durch die Heilung von Erinnerungen schenkte ihr der Herr die Kraft der zweifachen Vergebung, durch die uns seelische Gesundheit zuteil wird. Ein Psychotherapeut bestätigte uns, daß die Kraft der Vergebung mindestens so entscheidend ist für die Heilung seelischer Störungen wie die Entdeckung des Penicillins für die Heilung von körperlichen Verletzungen.

Christus heilt Erinnerungen und schenkt seelische Gesundung durch zweifache Vergebung

Die zweifache Vergebung zur seelischen Gesundung erlebten schon die Emmausjünger (Lk 24,13–35). Die Bewußtwerdung ihrer Zukunftsangst wegen des plötzlichen Todes des Herrn und ihre Befürchtung, das Leben wäre nun sinnlos geworden, erweisen sich als nicht ausreichend, um sie von der Depression zu befreien. Die Kraft zur Wandlung erwächst ihnen erst aus der bedingungslosen Vergebung durch Christus. Sie hilft ihnen, sich mit Zorn und Schuld auseinanderzusetzen.

Indem er sich ihrem Rhythmus anpaßt, übernimmt Jesus zunächst den Zorn der Jünger – sowohl über die Hohenpriester und Schriftgelehrten, weil sie den Messias getötet haben, als auch über die Propheten, weil sie die Jünger irregeführt haben. Jesus kennt die Schuldgefühle und die Niedergeschlagenheit der Jünger, töricht gewesen zu sein (Lk 24,25). Sie fragen sich vermutlich, warum sie die Leidensankündigung Jesu nicht gehört haben: „Warum haben wir ihm nicht beigestanden? Warum hatten wir nicht den Mut, bei jenen furchtsamen Freunden zu bleiben, die sich vor den Autoritäten in Jerusalem verbargen?“ Nachdem Jesus ihnen die Schrift erklärt hat, können sie sich dazu bekennen, töricht zu sein. Aber sie brauchen ihrer Torheit wegen nicht deprimiert zu sein, denn erst sie läßt sie den vergebenden Christus erleben. Tatsächlich fühlen sie sich derart geborgen in der Vergebung Jesu, daß sie ihn in ein Haus einladen, um mit ihm zu essen. Dadurch, daß er es sich an ihrem Tisch schmecken läßt, gibt Jesus ihnen das Gefühl, so geliebt zu sein, wie sie sind. Wie schlecht sie sich auch gefühlt haben und was immer sie getan haben mögen – nachdem der *Herr* sie angenommen hat, machen die Jünger keine langen Gesichter mehr. Ihre vergebenden Herzen beginnen zu brennen. Sie kehren nach

Jerusalem zurück, um bei jenen zu sein, die Jesus getötet haben. Sie geben ihnen jene bedingungslose Liebe weiter, die er ihnen auf dem Weg nach Emmaus zuteil werden ließ.

Bei ihrer Umkehr betrachten sie die Erinnerung an den Tod des Messias, der Israel die erhoffte Rettung bringt und ihnen selbst die bedingungslose Liebe, die ihre Herzen entbrennen läßt, als Segen. Mit einer geheilten Erinnerung kommen sie voller Freude nach Jerusalem zurück, dem früheren Ort ihrer Ängste und Befürchtungen. Jesus half ihnen, sich mit Angst, Furcht, Zorn und Schuld auseinanderzusetzen, die hinter ihrer neurotischen Störung standen. Das folgende Kapitel möchte zeigen, wie Christus die Heilung von Erinnerungen durch zweifache Vergebung benützt, um nicht nur seelische, sondern auch körperliche Wunden zu heilen.

4. Kapitel
Körperliche Heilung durch Heilung von Erinnerungen

Während eines Sommerlagers bat mich Agnes um Gebet und Krankensalbung wegen eines Augenleidens. Durch einen Netzhaut-Schaden war ihr rechtes Auge praktisch blind. Manchmal vergesse ich, daß Jesus der Heiland ist, und möchte lieber um eine einfachere Heilung beten, zum Beispiel von Rückenschmerzen oder Arthritis. Meine Gebete werden dann zunächst sehr „geistlich": Ich bitte Gott, daß er Agnes neues Licht schenkt und ihrem Leben eine neue Richtung gibt. Bin ich aber schließlich doch kühn genug, um *körperliche* Heilung zu beten, so tue ich es meist leise, damit die Umstehenden nicht merken, ob Gott mein Gebet um körperliche Heilung erhört oder nicht.

Nach dem ersten Gebet für Agnes besserte sich ihr Augenleiden keineswegs. Mit dem rechten Auge konnte sie nur einen runden grauen Fleck ausmachen. Augenärzte hatten ihr bei ihrer Erblindung vor 14 Jahren gesagt, die Netzhaut des rechten Auges sei verkümmert, dafür gäbe es keine Heilung. 14 Jahre lang war sie jährlich zum Augenarzt gegangen, weil zu erwarten war, daß auch das linke Auge sich verschlechtern würde. Jedes Jahr bestätigte ihr der Arzt von neuem, daß man für ihr rechtes Auge nichts tun könne und das linke sich zunehmend verschlechtere.

Von uns wurde Agnes zunächst die Krankensalbung gespendet, und zwar während eines einwöchigen Sommerlagers, auf dem wir uns mit Heilung von Erinnerungen beschäftigten. Nach drei weiteren Tagen des Gebetes für sie erlebte sie die Heilung von Erinnerungen an ihren Vater. Er hatte nicht mehr mit ihr geredet, seitdem sie vor 45 Jahren aus dem Haus gegangen war, um Krankenschwester zu werden. Agnes hatte stets versucht, diese Erinnerung zu verdrängen. Sie erfüllte sie mit Angst vor ihrer eigenen Entwicklung. Sie fürchtete, es wäre nichts Rechtes aus ihr geworden, sie habe sich abgesondert, die Ermutigung durch einen liebenden Vater habe ihr gefehlt.

Während des ersten Gebetstages klagte Agnes Gott ihre Wut über den Vater, der sie im Stich gelassen hatte. Aber sie fühlte sich auch schuldig, weil sie nicht versucht hatte, dem Vater wieder zu begegnen. Am zweiten Tag ließ Agnes sich vom Vater im Himmel in jenem Moment der Verlassenheit vor 45 Jahren umarmen, in dem sie die Liebe des Vaters so dringend gebraucht hätte. Nachdem ihre Verhärtung, ihr Gefühl der Verlorenheit und Isolation von ihr gewichen waren, nahm sie der göttliche Vater bei der Hand und bat sie, seine Liebe dem leiblichen Vater weiterzugeben, der vor 15 Jahren gestorben war. Am dritten Tag ging Agnes voller Liebe auf den eigenen Vater zu. Der Abschiedsschmerz vor 45 Jahren erschien ihr jetzt als Gabe: Ihre Isolation hatte in ihr den Wunsch nach einer persönlichen Gottesbeziehung aufkommen lassen. Als Krankenschwester hatte sie sich 38 Jahre der Verlassenen angenommen.

Je mehr sie diese schmerzliche Erinnerung aus der Sicht des Vaters sehen lernte, desto besser wurde die Sehkraft ihres rechten Auges. Freilich brauchte das Zeit. Am zweiten Tag konnte sie Farben und Formen unterscheiden, rote Blumen und große Buchstaben auf einer Fahne erkennen. Am letzten Tag jedoch gelang es Agnes, die auf dem rechten Auge 22 Jahre blind war, die biblische Erzählung Mk 8,23ff über den Blinden vorzulesen, dessen Sicht nach und nach wiederhergestellt wurde. Sie erklärte jedem, der es hören wollte, je weitgehender die Erinnerungen an ihren Vater geheilt worden seien, desto besser habe sie sehen können: Damit, daß sie diese Beziehung in einem neuen Licht sah, kehrte auch die körperliche Sehkraft zurück.

Ich weiß nicht mehr, was Agnes noch alles sagte. Ich war einfach überwältigt, daß sie sehen konnte. Ich hatte erwartet, daß, wenn überhaupt, der Herr sie am ersten Abend heilen würde. Ich brauchte fast die ganze Eucharistiefeier zu dem Eingeständnis, der Herr habe sie vielleicht geheilt als Beispiel dafür, wie wichtig Vergebung und Heilung von Erinnerungen beim Gebet um *körperliche* Heilung sind. Auch die Briefe dieser Frau zeigen mir immer wieder, wie wichtig die Heilung von Erinnerungen als Aspekt körperlicher Heilung ist. „Sicher ist die Heilung meines Auges wunderbar, aber die Heilung der Erinnerungen an den Vater übersteigt alles an Segen, was ich je erfahren oder erwartet habe. Ich kann Gott heute für die Blindheit nur danken. Denn ich sehe ein, daß ich dadurch die Eingebung bekam, an Ihrem Sommerlager teilzunehmen, wo nicht nur Erinnerungen geheilt wurden, sondern Freude und Frieden wiederkehrten."

Das deutlichste Zeichen tiefer Vergebung und Heilung von Erinnerungen war, daß jene Erinnerungen an den Vater, die sie bisher verdrängt hatte, ihr jetzt zum unerwarteten Segen wurden.

In diesem 4. Kapitel möchten wir am Beispiel von Agnes zeigen, wie die Heilung von Erinnerungen durch die Auseinandersetzung mit Angst, Zorn und Schuld zu *körperlicher* Heilung führen kann. Dabei werden wir immer wieder auf die Notwendigkeit zurückkommen, sich mit Zorn und Schuld auseinanderzusetzen. Wir meinen damit den Prozeß, uns selbst und andern zu vergeben, bis Angst und Furcht uns schließlich zum Segen werden. Die Auseinandersetzung mit Zorn und Schuld schließt darum alle vier Grundgefühle mit ein. Die folgenden drei Abschnitte behandeln jeweils Erkenntnisse der christlichen Tradition, der Schulmedizin und meines eigenen Lebens. Alle weisen darauf hin, daß die Auseinandersetzung mit Zorn und Schuld nicht nur bei Agnes zu körperlicher Heilung geführt hat, sondern daß dies bei jedem möglich ist.

1. Körperliche Heilung durch Heilung von Erinnerungen in der Sicht der Tradition

Die Kirche hat seit Jahrhunderten gelehrt, daß die Dynamik der Heilung von Erinnerungen auch zu körperlicher Gesundung führen kann. Von der Heilung des Gelähmten durch Vergebung der Sünden (Mk 2,1–12) bis zur Wiederentdeckung des Sakraments der Krankensalbung durch das

Zweite Vatikanische Konzil hat die Kirche immer betont, wie wichtig es ist, andern zu vergeben (Zorn) und auch sich selbst (Schuld).

Die jüngste kirchliche Lehre über das Sakrament der Krankensalbung ermutigt nicht dazu, das Sakrament als Garantie für einen seligen Tod anzusehen, sondern es als Mittel zur körperlichen Gesundung einzusetzen wie in der Urkirche. Die biblische Grundlage des Sakraments der Krankensalbung bildet der Jakobusbrief, der von körperlicher Heilung als Folge gemeinsamen Betens und gegenseitigen Vergebens berichtet: „Ist einer von euch krank? Dann rufe er die Ältesten der Gemeinde zu sich: Sie sollen für ihn beten und ihn im Namen des Herrn mit Öl salben. Das gläubige Gebet wird den Kranken retten, und der Herr wird ihn aufrichten; wenn er Sünden begangen hat, werden sie ihm vergeben. Darum bekennt einander eure Sünden und betet füreinander, damit ihr geheilt werdet" (Jak 5,14–16).

Mit der Empfehlung, füreinander zu beten und einander die Sünden zu bekennen, verweist Jakobus auf die unbedingte Liebe Christi, die uns bei der Auseinandersetzung mit Zorn und Schuld hilft – im Vertrauen, daß uns vergeben wird. Dem Ritus der Krankensalbung liegt dieselbe Dynamik zugrunde, die auch bei Agnes durch Heilung von Erinnerungen zu körperlicher Gesundung geführt hat.

Die frühen Kirchenväter betonen nachdrücklich die allgemeine Verbreitung der Krankensalbung und daß sie zu körperlicher Gesundung führt. Hippolyt (um das Jahr 250) beschreibt, wie das Salbungsöl zusammen mit Brot und Wein bei der Gabenbereitung dargebracht wurde. Die Gläubigen nahmen das Öl dann mit nach Hause und segneten ihre Kranken, nachdem sie einander vergeben hatten.[4] Der heilige Johannes Chrysostomus (410) klagt, daß er niemals genug Öl hatte für seine Lampen, weil die Laien es ihm wegnahmen zur Salbung ihrer Kranken.[5] Der heilige Irenäus (150), der heilige

---

[4] Hippolyt, *Apostolische Konstitution* V, 11.

[5] Zitiert nach Morton Kelsey, *Healing and Christianity*, New York 1973, S. 177.

Ephrem (350) und der heilige Cäsarius (502), der heilige Beda (735) und viele andere bezeugen, daß die körperliche Salbung auch dort noch heilend wirkte, wo alle anderen Mittel versagten.[6]

Alle bis zum 8. Jahrhundert bekannt gewordenen Dokumente stimmen überein, daß der Ritus der Krankensalbung dazu diente, die Kranken zu heilen, und nicht, sie sterben zu lassen. Der Wandel im Verständnis der Krankensalbung von einem Mittel zur Wiederherstellung körperlicher Gesundheit zur „Wegzehrung“ als Vorbereitung auf einen seligen Tod ergab sich durch das veränderte Verständnis der Textstelle „Bekennt einander eure Sünden“ (Jak 5,16).

In den ersten Jahrhunderten bekannten jene, die nach körperlicher Heilung verlangten, einander die Sünden und salbten einander mit Öl. Die Kirche gestattete zwei Arten der Salbung: eine „private“ mit gesegnetem Öl durch den Kranken selbst oder seine Verwandten und eine „liturgische“ durch einen Priester oder Bischof. Bis zum 8. Jahrhundert wurde die Salbung durch Laien nicht nur geduldet, sondern ermutigt. Später jedoch blieb die Salbung dem Priester vorbehalten.

Zum Teil läßt sich diese Entwicklung aus der Tatsache erklären, daß „Bekenntnis der Sünden“ von nun an die sakramentale Beichte bei einem Priester bedeutete. Priester aber gaben strenge Bußen auf, wie etwa die Enthaltsamkeit von Fleisch und Sex. Weil diese Bußen lebenslänglich auferlegt wurden, wartete man mit der Beichte bis zur Sterbestunde, um die heilige Salbung zu empfangen. Nach dem 8. Jahrhundert geschah körperliche Heilung durch die Krankensalbung deswegen weniger häufig. Denn hatte man einmal seine Sünden bekannt, um gesalbt werden zu können, so wünschte man kaum noch zu leben.

Das Zweite Vatikanische Konzil rief endlich zur Umkehr auf: zum traditionellen Verständnis der Krankensalbung als einem sakramentalen Gebet um körperliche Heilung. In Fortführung der kirchlichen Tradition beginnt der neue

---

[6] Irenäus, *Contra Haereses* II, 32; Ephrem, *Sermo* 46; Cäsarius, *Sermo* 52; Beda, *In Marci Ev. Ex.* 2,6.

Ritus, bevor man um Heilung betet, mit dem Sündenbekenntnis. Er enthält auch das *Vater unser* mit der Bitte um zweifache Vergebung als Zeichen des kommenden Gottesreiches, das selbst so schmerzhafte Situationen, wie es jene der vom Vater verlassenen Agnes war, zu wandeln vermag.

Durch die Aufnahme der Vergebung und des *Vater unser* in den neuen Ritus der Krankensalbung betont die Kirche heute erneut die Beziehung zwischen der Auseinandersetzung mit Zorn und Schuld bei der Heilung von Erinnerungen und der körperlichen Gesundung. Wie im Fall von Agnes sind beide gewöhnlich eng miteinander verbunden. Als ich Agnes zum ersten Mal die Krankensalbung spendete, blieben sichtbare Zeichen körperlicher Heilung aus. Sie mußte zunächst jene Tiefe der Vergebung durch die Heilung von Erinnerungen erfahren, auf der die Bibel, das *Vater unser* und die Kirchenväter übereinstimmend bestehen.

2. Körperliche Heilung durch Heilung von Erinnerungen in der Sicht der Schulmedizin

Nicht nur die Kirche, sondern auch die Schulmedizin anerkennt heute, daß die Heilung von Erinnerungen zur körperlichen Gesundung beitragen kann, indem man sich mit Zorn und Schuld auseinandersetzt. Um zu verstehen, wie ein Carl Simonton Krebs stoppt und ein Meyer Friedman Herzleiden heilt, indem sie mit ihren Patienten Zorn und Schuld aufarbeiten, muß man zunächst einmal gesehen haben, was Zorn und Schuld dem Körper antun können.

Flucht vor Auseinandersetzung führt zu psychosomatischen Veränderungen

Bereits 1914 beschrieb Walter Cannon, wie die Weigerung, sich mit Zorn und Furcht auseinanderzusetzen, zu körperlichen Veränderungen führen kann. Mit der Messung körperlicher Veränderungen bei einer Katze in Gegenwart eines bellenden Hundes ebnete er den Medizinern den Weg, menschliche Reaktionen auf Furcht und Zorn zu erforschen. Cannon stellte fest, daß sowohl durch das Gefühl der Furcht, das zur Flucht anregt, als auch durch das Gefühl des Zorns, das zum Kampf reizt, im vegetativen Nervensystem Vorgänge ausgelöst werden, die zu körperlichen Veränderungen führen. Zum Beispiel werden Verdauung, Stoffwechsel und Ausscheidung dadurch gestoppt, daß die Blutgefäße im Magen und Darm sich schließen. Das Blut staut sich in den für die Ausführung der Entscheidung, zu kämpfen oder zu fliehen, wichtigen Bereichen: Gehirn, Herz, Lungen und äußere Muskeln. Herz und Lungen arbeiten schneller, während die Bronchien sich entspannen, so daß mehr Sauerstoff aufgenommen werden kann. Eine Anzahl weiterer Veränderungen geht im Blut vor sich: Zur Bekämpfung einer möglichen Infektion steigt die Zahl der weißen Blutkörperchen, außerdem die Neigung zu Blutgerinnseln für den Fall einer Verletzung.

Diese körperlichen Veränderungen zeigen, wie sich der gesunde Körper darauf einstellt, zu kämpfen oder zu fliehen. Die Hände werden darauf vorbereitet, eine Mücke zu töten, die Beine, vor einer Biene zu fliehen. Zu krankhaften Veränderungen kommt es erst dann, wenn jene Mechanismen, die auf kurzfristige Notwehrsituationen eingestellt sind, zu Langzeit-Reaktionen werden.

Wo immer wir Furcht oder Zorn empfinden – ob wir uns dessen bewußt sind oder nicht –, setzt eine Kampf-Flucht-Reaktion ein. Ein Lügendetektor zum Beispiel funktioniert auf die Weise, daß er körperliche Veränderungen registriert, die durch Gefühlswerte bewußter oder unbewußter Erinnerungen ausgelöst werden. Je nachdem, wie wir eine gewisse Situation erlebt haben, hält die Kampf-Flucht-Reaktion in uns auch dann noch an, wenn wir zu Hause frühstücken, bei der Arbeit dem Chef Bericht erstatten müssen oder bei der Heimfahrt einem Zigarrenraucher gegenübersitzen, der uns die Luft verpestet. Verdrängen wir Furcht und Zorn ständig, so kann die für eine kurze Zeitspanne bestimmte Kampf-Flucht-Reaktion schließlich zu einem allgemeinen Zusammenbruch führen. Je nachdem können wir von einer leichten Verstopfung (wenn zum Beispiel Verdauung, Stoffwechsel und Ausscheidung versagen) bis zu überhöhtem Blutdruck so ziemlich jeder Krankheit erliegen.

Zu den krankhaften Veränderungen durch die Langzeitwirkung der Kampf-Flucht-Reaktion gehört chronisch zu hoher Blutdruck bei 23 Millionen Amerikanern. Zu hoher Blutdruck aber ist nicht nur die Primärursache von 60.000 Todesfällen pro Jahr, sondern durch Schlaganfälle und Erkrankungen der Herzkranzgefäße trägt er sekundär zum Tod von einer weiteren Million Menschen pro Jahr bei.

Zorn und Schuld als Ursache der meisten körperlichen Krankheiten

Ungelöste Zorn- und Schuldprobleme in seelischen Streßsituationen führen nicht nur zur Kampf-Flucht-Reaktion, sondern zu vielen anderen körperlichen Veränderungen. Bleiben Zorn- und Schuldgefühle unbeachtet, so können sie sowohl überhöhten Blutdruck als auch andere Krankheitserscheinungen hervorrufen.

Früher meinte man, Zorn und Schuld könnten schlimmstenfalls Kopfschmerzen oder ein Magengeschwür verursachen. Für Herzkrankheiten wurden vorwiegend ein schlechter Cholesterinspiegel, zuwenig körperliche Betätigung oder zuviel Zigarettenrauchen verantwortlich gemacht. Krebs leitete man von Krebserregern im Organismus ab. Durch die Untersuchungen von Meyer Friedman über Herzkrankheiten und von Carl Simonton über Krebserreger erkennen aber auch andere Schulmediziner heute an, daß ungelöste Zorn- und Schuldprobleme eine Rolle bei der Verursachung von Herzkrankheiten, Krebs und anderen körperlichen Erkrankungen spielen.

Die Schulmedizin weiß heute, daß Zorn und Schuld mit zu den häufigsten Ursachen körperlicher Erkrankungen gehören. Man fragt nicht mehr: „Ist seelische Überlastung eine der Ursachen dieser Krankheit?“, sondern: „Wieweit hat seelische Überlastung mit zur Erkrankung geführt?“ Nach 25 Jahren psychosomatischer Forschungsarbeit kann sich der Harvard-Psychiater Silverman keine körperliche Erkrankung ohne seelischen Streßfaktor mehr vorstellen. Unbewältigte

„negative“ Gefühle wie Zorn und Schuld aber führen für Silverman am sichersten zu seelischem Streß.

Zorn und Schuld
als Erreger körperlicher Erkrankungen

Mit dem Hinweis auf seelischen Streß als Erreger körperlicher Erkrankung ist freilich nicht gesagt, dies wäre der einzige Krankheitserreger. Diät, Klima, Viren, Bakterien und andere Faktoren kommen genauso in Frage wie Streß, der zu Kampf-Flucht-Reaktionen führt. Aber selbst so „objektive“ Krankheiten wie Virusinfektionen können durch seelische Faktoren intensiviert oder gebremst werden. Spannungen oder Frustrationen senken nämlich die Widerstandskraft des Körpers und öffnen Krankheitserregern wie Viren und Bakterien Tür und Tor.

Weitere Untersuchungen haben gezeigt, daß von zwei eineiigen Zwillingen mit derselben erblich bedingten Anfälligkeit für eine bestimmte Krankheit, von zwei Menschen mit ähnlichen Bakterien oder von zwei Leuten, die dieselbe verseuchte Luft einatmen, häufig der eine erkrankt und der andere nicht. Der Erkrankte ist im allgemeinen seelischem Streß ausgesetzt und hat die ihn beherrschenden Gefühle wie Zorn und Schuld verdrängt.

Studien über die landläufige Grippe zeigen ebenfalls, daß bei Abwesenheit von seelischem Streß Heilung schneller eintritt. Man hat erfolglos versucht, Klima, Ernährung, Ruhe und Aktivität zur Vermeidung der landläufigen Grippe zu ändern. Das einfachste Mittel zur Vermeidung einer Erkältung scheint immer noch die Hochzeitsreise zu sein. Die statistisch geringste Anzahl von Erkältungen befällt nämlich Paare in den Flitterwochen. Man sollte meinen, *wenn* schon einer des andern Bakterien übernimmt und daran erkrankt, dann am ehesten bei Neuvermählten. Falsch gedacht: Wer sich wohl fühlt – allein oder zu zweit –, den befallen kaum je lähmende Furcht und Schuld, er erfreut sich allgemein bester Gesundheit an Leib und Seele.

Ob wir nun mit diesen Forschungsergebnissen im einzelnen einverstanden sind oder nicht – wir können nicht gut leugnen, daß seelische Faktoren wesentlich zu körperlicher Erkrankung beitragen. Die Therapie jedoch muß *allen* Faktoren Rechnung tragen. Wir können nicht nur jene Zornanfälle aufarbeiten, die jemanden buchstäblich verschlingen, indem sie zur Bildung von gewebezerstörenden Krebszellen beitragen, und nichts gegen die Luftverschmutzung unternehmen, die ebenfalls krebsbildend wirkt. Wir können es uns aber auch nicht leisten, Asthmatiker und Rheumapatienten einfach in ein milderes Klima zu verschicken, ohne daß sie sich mit Zorn und Schuld auseinandersetzen. Werden diese nicht aufgearbeitet, dann kann der Arzt ruhig das Darmgeschwür entfernen – er wird seinen Patienten bestimmt ein Jahr später mit einem Magenkrebs wiedersehen.

Weil ungelöste Zorn- und Schuldprobleme bei zusätzlichem Streß zu körperlicher Erkrankung führen, muß erwartet werden, daß Menschen mit seelischen Belastungen auch häufiger körperlich erkranken. Die Untersuchungen von Holmes und seinen Mitarbeitern bestätigen diese Vermutung.

Seelische Streßsituationen
als Ursache körperlicher Erkrankungen

Wodurch entsteht Streß? Holmes unterscheidet 40 verschiedene Ursachen wie „Kündigung", „sexuelle Schwierigkeiten", „persönliche Krankheit", je nachdem, wie einschneidend sie das Leben verändern. Als größte Belastung ergibt sich dabei der Tod eines Lebenspartners, als zweitstärkste eine Ehescheidung.

Auf der Holmes-Skala hat der Tod eines Partners den Wert 100, Ehescheidung 73 und geringerer Streß wie Gesetzesübertretung 11. Holmes fand, daß von Menschen, die in den vergangenen Monaten mehr als 300 Streßeinheiten ertragen mußten, über 80 Prozent in den nächsten zwei Jahren ernstlich erkrankten. So erkrankten und starben zum Beispiel zehnmal mehr Witwen und Witwer im ersten Jahr nach dem Tod ihres Partners als andere Männer und Frauen ihrer Altersgruppe. Die Krankheitsrate der Geschiedenen im ersten Jahr nach der Scheidung erwies sich als zwölfmal höher als die der Verheirateten.

Ein Maßstab für seelischen Streß durch Veränderung der Lebenssituation ist die Intensität von Angst, Furcht, Zorn und Schuld. Streß durch Veränderung steigt erstens dadurch, daß sich die Veränderung unserer Kontrolle entzieht (Angst), zweitens dadurch, daß niemand etwas ändern kann (Furcht), drittens dadurch, daß jemand anders die Situation hätte ändern können, es aber unterließ (Zorn), und viertens dadurch, daß ich selbst die Situation hätte ändern können, aber es nicht tat (Schuld).

Veränderungen wie Scheidung oder Tod des Partners sind potentiell streßbeladener wegen unserer persönlichen Anteilnahme. Je mehr wir persönlich in die Beziehung investiert haben, desto intensiver erfahren wir die aus dem Verlust entstehenden Frustrationen einschließlich Angst, Furcht, Zorn und Schuld. Aber nicht jeder erkrankt nach einer Ehescheidung oder dem Tod des Partners. Durch die Identifizierung mit dem Streß und die Auseinandersetzung mit Angst, Furcht, Zorn und Schuld verringert sich die Möglichkeit körperlicher Erkrankung durch Kampf-Flucht- oder andere Körper-Reaktionen.

Zum besseren Verständnis soll das Gesagte im nächsten Abschnitt an zwei Körper-Reaktionen veranschaulicht werden: Krebs und Herzinfarkt. Immer mehr Ärzte fragen sich heute, ob krebserzeugende Luftverschmutzung ohne seelischen Streß schon zu Krebs führen kann und ob hochgradig fetthaltige Ernährung und Mangel an körperlicher Betätigung allein schon zu Herzinfarkt führen muß.

Herzerkrankungen durch Schuld und Zorn bei seelischer Überlastung

Mehr Amerikaner sterben heute an Herzkrankheiten als an jeder anderen Ursache. 1960/61 begannen Meyer Friedman und Ray Rosenman eine Untersuchung an 3500 Gesunden zur Klassifizierung der Ursachen von Herzkrankheiten.

Nach zehn Jahren hatten 250 der 3500 Gesunden einen Herzinfarkt erlitten. Die Auswertung der Krankengeschichten ergab, daß man aufgrund von Ernährung und körperlicher Betätigung der Patienten keine Vorhersagen über die

Anfälligkeit für Herzinfarkt machen konnte. Als aufschlußreich erwies sich jedoch das „A-Verhalten". Bei Patienten ohne A-Verhalten treten Herzkrankheiten so gut wie nie vor Erreichen des 70. Lebensjahres auf, bei jenen mit A-Verhalten jedoch bereits zwischen dem 30. und 40. Lebensjahr.[7]

A-Typen wollen immer mehr in immer weniger Zeit schaffen. Ärzte nennen Herzkranzerkrankungen deswegen schon die „Eil-Krankheit". Ob sie nun arbeiten, essen oder schlafen, diese Leute müssen ständig unter Zeitdruck stehen. Ich gehöre selbst zu ihnen, wenn ich mich zum Beispiel wie gerade jetzt schuldig fühle, zwei Tage für vier Seiten gebraucht zu haben, und mich beeile, die nächsten fünf Seiten an einem Tag herunterzuschreiben. Ich habe dann immer das Gefühl, ich schaffe es nicht, das Buch wird nie fristgerecht fertig werden, und vergesse dabei, daß ich in meiner Unvernunft die Fristen selbst gesetzt habe.

Entschließen sich A-Typen aber doch einmal zu einer Mittagspause, dann stürmen sie ganz bestimmt im Eiltempo daher, müssen unterwegs zwei- oder dreimal auf die Uhr sehen, die Straße bei Rotlicht überqueren und möglichst noch alten Leuten den Weg abschneiden, nur um vor dem nächsten Selbstbedienungsrestaurant Schlange zu stehen. Beim Vordrängen starren sie darauf, wer so lange braucht, sich seinen Salat zu angeln. Vielen dauert es einfach zu lange, sie rasen zur nächsten Ecke, um zu sehen, ob man dort schneller drankommt.

Sitzen wir schließlich beim Essen und haben unseren 100prozentigen A-Tag, dann versuchen wir das Gespräch andauernd auf unsere Interessen zu lenken. Gelingt das nicht, beenden wir die Sätze des Partners am besten selbst oder treiben ihn mit einem ständigen „jaja" voran. Haben wir Aggressivität, Konkurrenzgeist, Perfektionismus und Feindseligkeit in hinreichend atemberaubendem Tempo genährt, so können wir für uns selbst als eindrucksvollen Erfolg buchen, das Essen effizient erledigt zu haben – und uns wieder auf die Arbeit stürzen, bis der Feierabend uns zu neuen Taten drängt.

---

[7] M. Friedman/R. Rosenman, *Der A-Typ und der B-Typ*, Reinbek 1975.

A-Typen strahlen, wenn sie möglichst alles auf einmal *erledigt* haben – die Arbeit zu *tun* gelüstet sie weniger.

Unterschwellig genährt aber wird A-Verhalten durch vier intensive Gefühle: Angst, Furcht, Zorn und Schuld. Setzt man sich nicht mit ihnen auseinander, kann man leicht zum A-Typ werden, der bei Gelb über die Straße läuft und das Essen nur noch hinunterschlingt. Zum Glück gibt es im Gegensatz zum A-Typ noch immer den B-Typ. Ist der A-Typ ein zorniger junger Mann, der andauernd gegen die Zeit oder die Menschen ankämpft oder gegen beide gleichzeitig, so ist der B-Typ kaum jemals in Wut zu bringen. Er nimmt sich Zeit, andere Menschen zu genießen. Im Gegensatz zum A-Typ kann der B-Typ auch arbeiten, ohne zornig zu werden, und sich ausruhen, ohne sich schuldig zu fühlen. Neigt der A-Typ ausgesprochen zum Herzinfarkt, so hat der B-Typ selten Schwierigkeiten damit.

Weil der A-Typ unter ständigem seelischem Druck lebt, ist zu erwarten, daß er für körperliche Krankheiten anfälliger ist als der B-Typ. Tatsächlich sind 90 Prozent der Herzpatienten unter 60 Jahren A-Typen. Von wenigen Ausnahmen abgesehen sind B-Typen in den frühen Jahren so gut wie immun gegen Herzkrankheiten – wieviel Fett sie auch essen, wie viele Zigaretten sie auch rauchen, wieviel immer sie wiegen und wie herzkrank die Eltern auch waren.

Heilung und Vorbeugung von Herzkrankheiten durch die Auseinandersetzung mit Zorn und Schuld

Friedman und Rosenman haben herausgefunden, daß durch die Aufarbeitung von Zorn und Schuld der Heilungsverlauf von Herzkrankheiten beschleunigt und ein Infarkt verhindert werden kann. Ihre Behandlung schließt Zorn-Abwehr ein, indem sie unkontrollierte Feindseligkeit beim Patienten zu erkennen und zu identifizieren suchen. Sie empfehlen auch Maßnahmen gegen Schuldgefühle. Zum Beispiel fordern sie, die eigenen ethischen und moralischen Prinzipien kritisch zu untersuchen: „Wie ehrlich bin ich im Leben gewesen? Wie oft und unter welchen Umständen habe ich gelogen, betrogen und falsches Zeugnis wider meinen Nächsten gegeben?“

Mit der Behandlung von Zorn und Schuld anerkennen Friedman und Rosenman auch die Bedeutung der Heilung von Erinnerungen. Sie empfehlen, objektiv zu untersuchen, warum man eine Situation als widerwärtig empfindet. Die entscheidenden Elemente zum Abbau von A-Verhalten und seelischer Belastung sind erfüllte, glückerfüllte Erinnerungen. Sie entsprechen weitgehend geheilten Erinnerungen, die zur Gabe werden.

Herzkrankheiten und ihre Entstehung durch die Kampf-Flucht-Reaktion

Selbstverständlich ist seelische Belastung nicht die einzige Ursache von Herzerkrankungen. Friedman und Rosenman berücksichtigen auch andere Faktoren wie Bewegung, Gewicht und Ernährung. Hat aber jemand das A-Verhalten angenommen, fallen auch andere Faktoren stärker ins Gewicht. Ein hoher Cholesterinspiegel, der für den B-Typ nicht besonders gefährlich ist, kann beim A-Typ zum Herzinfarkt führen. Um Kreislaufstörungen zu verursachen, braucht sich Cholesterin nur mit anderen Elementen der Kampf-Flucht-Reaktion verbinden, wie zum Beispiel mit den durch A-Verhalten erzeugten Streßhormonen.

Mit der Feststellung, seelische Belastung wäre als Ursache von Herzkrankheiten zumindest ebenso wichtig wie Veranlagung, Ernährung, Bewegung und Rauchen, weichen Friedman und Rosenman von der herkömmlichen Sicht der Herzkrankheiten ab, wie sie etwa die Amerikanische Herz-Gesellschaft vertritt. Diese scheint allerdings bereits ihre Einstellung zu überdenken.

Auch Henry Russek, ein bekannter Forscher auf dem Gebiet der Herzkrankheiten, fand Friedmans und Rosenmans Schlüsse über A-Verhalten bestätigt. In 20jähriger Forschungstätigkeit hat er schließlich festgestellt, daß zum Zeitpunkt eines Herzinfarktes 91 von 100 Patienten zwei oder mehr Berufe ausübten, daß sie mehr als 60 Stunden pro Woche arbeiteten oder unter ungewöhnlich starker Verunsicherung, Unzufriedenheit oder Frustration im Berufsleben litten (die Vergleichsquote für die Gesamtbevölkerung liegt bei 20 Prozent). Die Herzpatienten wiesen vor allem eine wesentlich höhere seelische Belastung auf – in anderen Bereichen wie Bewegung, Ernährung und Rauchen unterschieden sie sich kaum von der Gesamtbevölkerung.

Russek untersuchte auch die krankhaften Veränderungen durch Chronischwerden der Kampf-Flucht-Reaktion. Übereinstimmend mit Friedman und Rosenman fand Russek, daß ein schlechter Cholesterinspiegel, hoher Blutdruck, Diabetes, fehlende Bewegung und andere Faktoren nur einen zweitrangigen Einfluß ausüben, indem sie einige Werte der Kampf-Flucht-Reaktion steigern.

Nach Russek, Friedman und Rosenman bleibt jede Herztherapie, die nur Faktoren wie Ernährung, Bewegung oder Rauchen berücksichtigt und dabei seelische Belastungen ausschließt, notwendig unvollständig. Viele Opfer von Infarkten haben mit den genannten Faktoren keinerlei Schwierigkeiten, fast alle Herzpatienten aber haben Probleme mit Zorn- und Schuldgefühlen bei seelischer Belastung.

Sowohl die Untersuchung von Russek als auch die Ergebnisse von Friedman und Rosenman betonen, daß Herzinfarkt vermeidbar ist und bereits bestehende Herzleiden durch Aufarbeitung von Zorn und Schuld heilbar sind. Durch die Heilung von Erinnerungen setzen wir uns mit Zorn und Schuld auseinander und brauchen auf seelische Belastung nicht notwendig mit Kampf-Flucht-Reaktion und A-Verhalten zu reagieren.

Krebs und seine Entstehung durch Zorn und Schuld bei seelischer Belastung

Den Untersuchungsergebnissen von Friedman und Rosenman über Herzerkrankungen entsprechen die Forschungsergebnisse von Carl Simonton und Stephanie Matthew-Simonton an Krebspatienten. Simonton und seine Frau fanden, daß Krebs sich oft 6 bis 18 Monate nach einer seelischen Belastung wie Scheidung, Pensionierung oder Tod des Partners entwickelt. Wie A-Verhalten den Herzpatienten auszeichnet, prägen vier Merkmale den Krebsanfälligen: erstens Neigung zu Ressentiments und Unfähigkeit zu vergeben (Zorn), zweitens Neigung zu Selbstmitleid, drittens „geringes Selbstwertgefühl“ (Schuld). Können wir uns und anderen nicht vergeben, so können wir als viertes Merkmal auch niemandem vertrauen: Unfähigkeit, Langzeitbeziehungen zu entwickeln und durchzuhalten.

Krebsanfällige neigen also dazu, auf Zorn und Schuld zu beharren. Womit andere leicht fertig werden, kann für Krebsanfällige zur seelischen Belastung werden, durch die der Kampf-Flucht-Mechanismus und andere Körperreaktionen ausgelöst werden, die dann chronisch werden und zu Krebs führen.

Diese vier Merkmale und das Kampf-Flucht-Syndrom zeigten sich besonders deutlich bei einer von Simontons Patientinnen. Bei ihr entwickelte sich, kurz nachdem ihre schulentlassenen Kinder das Elternhaus verlassen hatten, ein Brustkrebs. Der Vater der Kinder reagierte auf diese seelische Belastung, indem er sich in seine Arbeit vergrub. Die Mutter wußte nicht, wohin mit sich selbst: Weil sie keine Zuwendung von andern erfuhr (Zorn), erlag sie Gefühlen der Wertlosigkeit (Schuld), bis ihr Körper sich selbst zu zerstören begann.

Heilung und Vorbeugung von Krebs durch die Auseinandersetzung mit Zorn und Schuld

Bei der Behandlung von Krebspatienten wie dieser Mutter kombiniert Simonton herkömmliche Methoden wie Chemotherapie und Bestrahlung mit Psychotherapie. Die Simontons bestehen auf Psychotherapie, um Zorn- und Schuldgefühle bei seelischer Belastung aufzuarbeiten. Vom Behandlungsbeginn an werden von den Simontons psychotherapeutisch viele der Stufen durchgearbeitet, die wir zur Heilung von Erinnerungen hilfreich fanden.

Sie helfen dem Patienten bei der Auseinandersetzung mit jenen seelischen Verletzungen, die sich 6 bis 18 Monate vor dem Ausbruch des Krebsleidens ereigneten. Sie ermutigen sie, entweder zu ändern, was man an der Situation noch ändern kann, oder anders zu sehen, was nicht mehr zu ändern ist.

Die Mutter mit dem Brustkrebs setzte sich mit Zorn und Schuld auseinander, indem sie alles änderte, was noch zu ändern war. Sie war zornig auf ihren arbeitsbesessenen Mann, weil er sich nicht um sie kümmerte, und fühlte sich schuldig als Hausfrau, weil sie sich nicht um ihn kümmerte. In der Psychotherapie zeigte die Frau ihrem Mann seine Arbeitsbesessenheit und wie er seine Arbeitslast verringern könnte. Der Mann sagte seiner Frau, wie sie das Haus einladender gestalten könne. Anders zu sehen vermochte die Mutter ihren Zorn darüber, daß ihr jüngstes Kind das Haus verließ und die andern nicht mehr mit ihr reden wollten. Die Simontons halfen ihr, einen kreativen Ausdruck für ihren Zorn und ihre Schuld zu finden: ihr Haus einem Stiefkind zu öffnen oder freiwillig mit andern Kindern zu arbeiten. Zorn und Schuld können den Körper dann nicht mehr zerstören, wenn sie erkannt und schöpferisch eingesetzt werden.

Bei der Auseinandersetzung mit Zorn und Schuld – ändern, was zu ändern ist, und anders sehen, was nicht zu ändern ist – gebrauchen die Simontons ebenfalls die der Heilung von Erinnerungen zugrundeliegende Dynamik. Ihren Erfahrungen zufolge kommen jene Patienten gut zurecht, die durch die Aufarbeitung von Zorn und Schuld Mittel und Wege finden, sich durch Ereignisse, die zu Sinnverlust führten, nicht überwältigen zu lassen. Die Heilung von Erinnerungen durch Auseinandersetzung mit Zorn und Schuld hilft den Patienten der Simontons häufig auch bei der Wiedererlangung *körperlicher* Gesundheit.

Krebs und seine Verursachung durch die Kampf-Flucht-Reaktion

Robert Good behauptet, Krebszellen entstehen jeden Tag in jedem Körper. In einem Film der Amerikanischen Krebsgesellschaft können wir den täglichen Abwehrkampf von weißen Blutkörperchen gegen eine Kolonie von Krebszellen im lebenden Gewebe miterleben. Was verlangsamt diesen Krieg und läßt die Krebszellen gewinnen? Seelische Belastung, die zu Kampf-Flucht-Reaktionen führt, spielt hier eine Schlüsselrolle.

Die Simontons bestehen darauf, daß bei *jeder* Form von Erkrankung – von Krebs bis Grippe und Magenverstimmung

– wir nicht nur Opfer *äußerer* Einwirkungen auf den Körper sind, sondern daß Geist, Seele und Leib untrennbar zusammengehören. Wer erkrankt, sollte sich darum selber fragen, wozu ihm diese Krankheit dient. Indem wir für die Entstehung unserer Krankheit einstehen, geben wir zu, daß wir einen leib-seelischen Anteil daran haben.

Alles an der Untersuchung der Simontons gefiel mir – außer der Behauptung, daß wir zu unserer körperlichen Krankheit selber beitragen. Ich fühlte mich nämlich schuldig: Ich merkte, daß angestaute Zorn- und Schuldgefühle bei mir zu Magenverstimmungen führten, und schloß daraus, daß ich schlecht sein müsse.

Die Hauptschwierigkeit der Simonton-Therapie besteht in der Weigerung des Patienten, die Verantwortung für seine Krankheit zu übernehmen. Bevor sie einen Krebspatienten annehmen, muß er zunächst die Verantwortung für die Entstehung der Krankheit auf sich nehmen. Die Simontons sagen, daß kein Patient das gerne tut. Er fühlt sich wie angeklagt: „Sie haben Krebs, also sind Sie schlecht."

Darum bestehen sie gleichzeitig darauf, daß Krebs und andere Krankheiten weder den Patienten noch sonstwen *beschuldigen*. Wird jemand krank, dann heißt das zumeist, daß er nicht auf sich selbst geachtet hat, besonders bei seelischer Belastung. Ungelöste Probleme können zu Körperreaktionen führen, aus denen die bekannte Examensgrippe entsteht oder eine Erkältung, um einer unangenehmen Situation am Arbeitsplatz zu entgehen, oder ein Herzinfarkt, um mit sich selbst ins reine zu kommen, oder sogar Krebs, um Schluß zu machen.

Aber selbst das Bewußtsein, nicht ausschließlich verantwortlich zu sein für meine Magenverstimmung, befreite mich nicht von dem Gefühl, schlecht zu sein. Theoretisch stimmte ich mit den Simontons überein, daß man die meisten Krankheiten selber herbeiführt. Ich sah durchaus ein, daß die Mutter mit dem Brustkrebs erst entdecken mußte, was ihr Körper schon wußte: wozu sie ihre Krankheit brauchte. Die Mutter erkannte, daß ihr mangelndes Selbstwertgefühl und die mangelnde Zuwendung seelisch so lange an ihr gezehrt hatten, bis sogar der Körper davon verzehrt wurde. Sie hatte den Krebs entstehen lassen, entweder damit ihr arbeitsbesessener Mann ihr mehr Zuwendung gab oder sogar um dem, was ihr als einsame und wertlose Existenz erschien, ein Ende zu setzen. Krebs zerstört das Leben selbst und entwickelt sich häufig zu einer Zeit, wo man den Wert des Lebens in Frage stellt.

Theoretisch verstand ich also durchaus, daß nicht nur diese Mutter, sondern auch ich mich unbewußt, nämlich durch den Körper, entschieden hatte, krank zu werden, um der Auseinandersetzung mit Zorn und Schuld bei seelischer Belastung zu entgehen. Das aber ließ meine Widerstände gegen die Annahme dieser Wahrheit keineswegs geringer werden.

3. Körperliche Heilung durch die Heilung von Erinnerungen in meinem Leben

Es hat mich vier Jahre gekostet, mit einer Magenverstimmung zurechtzukommen, die regelmäßig alle zwei bis drei Wochen wiederkehrte. Erst dann gestand ich mir ein, daß die Heilung von Erinnerungen mich auch körperlich heilen könnte. Vier Jahre lang erschienen mir die Forschungsergebnisse von Männern wie Carl Simonton einfach lächerlich. Daß ich mir meine eigene Krankheit schuf und mich deswegen mit Zorn und Schuld auseinandersetzen mußte, wollte mir einfach nicht in den Kopf. Anstatt zuzugeben, daß ich selbst meine Krankheit erzeugte, machte ich lieber andere oder anderes dafür verantwortlich.

Weil die Magenverstimmungen mit meiner Übersiedlung nach Südamerika einsetzten, gab ich zunächst Kost und Klima die Schuld. In Bolivien war es der rote Pfeffer namens Aji, in Chile ein Gericht aus Bohnen und Reis, im übrigen war es das Wetter. Als ich die Vereinigten Staaten verließ, war Sommer, und als ich in Bolivien ankam, Winter! Bei meiner Rückkehr in die USA hielten jedoch die Magenverstimmungen unvermindert an, und zwar drei volle Jahre. Besser wurden nur meine Gründe dafür. Ich lebte in St. Louis in der

Nähe einer chemischen Fabrik. Die Luft war so stickig, daß man kaum atmen konnte. Natürlich schluckte ich all diesen Schmutz – und das drehte mir den Magen um. Wehte der Wind den Dreck woanders hin, dann schimpfte ich auf etwas anderes. Machte ich einen Besuch im Krankenhaus, dann bekamen es die Bakterien von mir zu hören. Und sonst wurde eben die väterliche Verwandtschaft aufs Korn genommen: sie hatten es alle mit dem Magen zu tun. Schließlich konnte ich auch immer noch sagen, daß ich nicht genug Schlaf bekam. Und wenn ich genug Ruhe hatte, dann war es eben die fehlende Bewegung. Ganz sicher also lag die Ursache meiner Krankheit nicht bei mir selbst. Den Rest meines Lebens würde ich das unschuldige Opfer von Magenverstimmungen bleiben, sagte ich mir.

Vor drei Jahren sah ich innerhalb von wenigen Augenblicken, wie ich mich selbst mit meinen Entschuldigungen getäuscht hatte. Es war am zweiten Tag achttägiger Exerzitien. Ich dankte Gott für die Gesundheit, die er mir an diesem Tag gab. Im Gebet fiel mir auf, daß ich während der ganzen vier Jahre nie bei Exerzitien erkrankt war – und auch nicht in den Ferien! Die Magenverstimmungen kamen entweder an Tagen, an denen ich hundert Dinge auf einmal zu tun hatte, oder wenn ich allzu lange auf etwas warten mußte. An anderen Tagen konnte ich ein ganzes Kapitel zu Ende schreiben, zum Nachtisch Nußtorte essen, fünfzehn rosa Telefonzettel beantworten – und bekam noch lange keine Magenverstimmung. Mußte ich aber auf einen Aufsatz warten, den ich unbedingt gelesen haben mußte, bevor ich ein weiteres Kapitel schreiben konnte, war die Nußtorte nicht zur vorgesehenen Zeit fertig oder bekam ich bei jedem Anruf das Besetztzeichen zu hören, dann wehe mir!

Wartenmüssen brachte mich aus der Fassung, weil es mein Selbstwertgefühl herabsetzte. Kam mein Wert von meiner Leistung, dann blieb ich vollkommen gesund, auch wenn ich sehr viele Dinge auf einmal zu erledigen hatte. Setzte aber Wartenmüssen meine Produktionskapazität herab, geriet prompt mein Selbstwertgefühl ins Wanken. Der Zorn über einen Menschen, der mich warten ließ, und mein Schuldgefühl, daß ich nichts geleistet hatte, wurden von meinem Magen aufgegriffen. Er signalisierte nur, wie verstimmt ich selber war. Erfuhr ich jedoch bei Exerzitien oder in den Ferien, daß mein Selbstwertgefühl nicht von der Leistung abhängt, sondern vom *Sein,* so bekam ich auch keine Magenverstimmung. Ich wußte, des Rätsels Lösung besteht im Wissen, daß ich etwas wert bin, *weil Jesus mich liebt* und nicht weil ich etwas leiste.

Während der restlichen Tage dieser Exerzitien übergab ich Jesus viele Erinnerungen an Situationen, in denen ich mich wertlos gefühlt hatte, weil mir nichts gelungen war: zum Beispiel, daß ich es im ersten College-Jahr nur zu einer Vier gebracht hatte. Ich übergab dem Herrn all meinen Zorn, der mir aus dieser Situation erwuchs, denn natürlich war der Lehrer schuld – 28 weitere Studenten hatten auch nur eine Vier!

Außer mit dem Zorn über die Fehler meines Lehrers setzte ich mich auch mit meiner Schuld an meinen eigenen Fehlern auseinander. Schließlich saß ich noch einmal alle diese verwirrenden Vorlesungen ab, ohne etwas zu fragen, und ließ mich von der Vier lähmen. Dann aber ließ ich mir vom Herrn sagen, wie diese ganze Situation mich *beschenkt* hatte. Zum Beispiel vermute ich, daß eine Vier zu bekommen und sich manchmal wertlos zu fühlen mir geholfen hat, mit weniger begabten Studenten freundschaftlich zu verkehren, die sich vielleicht den andern gegenüber minderwertig fühlten. Und mit der Vier in meinem Zeugnis übergab ich Jesus alle anderen Zeiten, zu denen ich mich wertlos fühlte, weil mir nichts gelang. Ich übergab Jesus meinen Zorn und meine Schuld und ließ ihn mir die *Gaben* zeigen, die daraus erwuchsen. Gegen Ende der Exerzitien merkte ich, daß ich beschenkt war – ob ich nun die Dinge gut machte oder nicht. In Zukunft würde mein Selbstwert weniger von dem abhängen, was ich tat, als vielmehr von dem, was ich *bin.*

Während der letzten drei Jahre seit diesen Exerzitien habe ich versucht, mein Selbstwertgefühl nicht von hundert Dingen abzuleiten, die ich geleistet habe, sondern davon, *daß Gott mich liebt.* Ich habe auch nur ein oder zwei Magenverstimmungen gehabt, obwohl ich in St. Louis und im Ausland unter ähnlichen Bedingungen lebte wie früher. Meine Erfahrung bestätigt also die Forschungsergebnisse von Carl Simonton und anderen. Vermutlich die wichtigste Krankheitsursache ist seelische Belastung mit einem Stau von Zorn und Schuld.

Erstes Mißverständnis:
Ich bin verantwortlich für meine Krankheit, also bin ich schlecht

Warum brauchte ich vier Jahre für das Eingeständnis, daß ich verantwortlich bin für meine Krankheit? Warum klagte ich die fade Ernährung, den bolivianischen Winter, die Luftverschmutzung und die Krankenhausbakterien an – und nicht mich selbst? Ich hätte es wirklich besser wissen sollen! Ich hatte mit vielen gebetet – ihre Lebensart änderte sich, sie wurden von Asthma, Geschwüren und Arthritis geheilt. Ich hatte sogar Seminare gegeben über die Beziehung zwischen Seele und Körper, seelischer Belastung und Krankheit. Aber ich leugnete beharrlich, eine einfache Magenverstimmung könne irgend etwas mit dem zu tun haben, was ich bei andern sah. Vor allem wollte ich nicht die Verantwortung für meine Krankheit übernehmen, weil ich meinte, ich müsse schlecht sein, ich müsse eine ungesunde Wut und Schuldgefühle in mir haben – und zwar viel mehr als andere Menschen, denen es körperlich gut geht.

Mein Zustand schien mir weniger bedrohlich, nachdem ich zu einer Gebetsgemeinschaft gestoßen war und mich von ihr geliebt fühlte – ganz unabhängig von allem, was ich tat. Nach dem Essen erzählte jemand aus unserer Gemeinschaft zwei oder drei Stunden seine Lebensgeschichte. Beim Anhören dieser Geschichten fielen mir zwei Dinge auf: Erstens fand ich, daß fast *jeder* ungesunde Zorn- und Schuldgefühle in sich trägt. Manchmal zeigten sie sich in körperlicher Krankheit wie bei meiner Magenverstimmung, ein andermal zeigten sie sich in der unbegründeten Angst eines Vaters, allein zu sein, im Zwang einer Tochter, sich übermäßig sauber und ordentlich zu halten, oder in der täglichen Kaufwut einer Hausfrau, deren Aufwand das Haushaltsbudget überstieg. Zweitens fand ich, daß ich Menschen, die ihre Gebrochenheit preisgaben, lieber mochte. Das half, mir meine eigene Gebrochenheit einzugestehen und sie den andern mitzuteilen. Als auch ich meine Lebensgeschichte erzählt hatte, scharte sich die Gebetsgruppe um mich und betete mit mir. Ich erfuhr, was alle Sünder mit Jesus erfahren hatten: Sünden und Fehler lassen den Menschen nicht schlechter werden, sondern menschlicher und liebenswürdiger (Lk 7,50).

Weil meine Gebetsgruppe mich mit all meinen Fehlern liebte, fand ich es leicht, während der acht Exerzitientage zu erleben, daß Christus mich auch in meiner Gebrochenheit liebt. Er ließ mich in Sekunden erkennen, was ich jahrelang nicht zugeben wollte: Ungesunde Angst und Schuld hatten die Magenverstimmung verursacht. Erkranke ich heute trotzdem noch, so versuche ich mich mit ungesundem Zorn und Schuld auseinanderzusetzen. Ich weiß, daß sie mich nicht schlechter machen, sondern menschlicher und liebenswürdiger.

Zweites Mißverständnis:
Gott ist verantwortlich, ich opfere also meine Krankheit auf

Vier Jahre lang verstand ich meine Magenverstimmung als etwas, das ich „aufopfern“ konnte. Ich übernahm die Verantwortung für meinen verstimmten Magen nur darum nicht, weil es schließlich *Gottes Wille* war. Ich konnte zumindest einige Tage der Unbequemlichkeit „aufopfern“ – nach allem, was Christus durchlitten hatte, um für mich zu sterben! Ich betete, daß sein Wille geschehe. Vier Jahre lang dachte ich ernstlich, daß es sein Wille sein müsse, die Zähne zusammenzubeißen und einen verstimmten Magen aufzuopfern.

Gott ist aber nicht verantwortlich für die Krankheit, sondern für die Gesundheit!

Ich weiß nicht, wieweit ich ehrlich glaubte, daß Gott verantwortlich ist für meine Krankheit und sie wollte. Hätte ich wirklich geglaubt, Gott sei verantwortlich, dann hätte ich theoretisch keine Ärzte aufsuchen und keine Medikamente nehmen dürfen. Der Name Jesus *(Jeschua)* bedeutet Rettung und Heilung durch Gott. Er ist weder für die Gesunden gekommen, noch um uns Krankheit zu bringen, wie ich meinte, sondern um die Kranken zu heilen. Die Tradition christlicher Krankenhäuser und der Heilung verpflichteter Ordensgemeinschaften ist ein Zeugnis für die Aussage der Heiligen Schrift, daß Gott nicht Krankheit will, sondern Heilung. Wie Ungerechtigkeit ist auch Krankheit vom Bösen. Gott sendet weder Krankheit noch Ungerechtigkeit. Wenn Jesus mir sagt, ich soll die Werke, die er vollbringt, auch vollbringen (Joh 14,12), dann heißt das, ich soll heilen wie er und der Krankheit den Kampf ansagen. Ich erkannte: Meine Magenverstimmung passiv „aufzuopfern" bedeutete nicht, den Willen Gottes zu tun. Ich heilte nicht wie Christus. Meine Krankheit war weder erlösend noch „aufopfernd". Soweit wir wissen, hat Jesus niemandem, der ihn um körperliche Heilung bat, gesagt, er solle sein Leiden aufopfern. Das Aufopfern körperlicher Krankheit wurde erst nach dem 3. Jahrhundert betont, als Christen kaum noch als Märtyrer zu sterben brauchten. Jesus und die Jünger hielten also sicher nichts vom Aufopfern der Krankheit, viel aber vom erlösenden Leiden.

Erlösendes Leiden heißt nun aber nicht, Krankheit passiv zu erdulden, sondern die Härten des Lebens in der Nachfolge Jesu hinzunehmen. Meine Magenverstimmungen nannte ich zwar gern erlösend, aber sie waren es durchaus nicht, denn sie hinderten mich daran, in der Nachfolge Jesu zu leben. Wenn ich an Magenverstimmung litt, weil ich hundert Dinge auf einmal tun mußte, um mir meinen Wert durch Leistung zu beweisen, dann war mein Leiden sicher nicht erlösend, weil ich nicht in der Nachfolge Jesu lebte und es nicht als Wert empfand, vom Vater geliebt zu werden.

Nachdem ich meine Magenverstimmungen endlich überwunden hatte, wurde mein Leben Christus ähnlicher. Mein Selbstwertgefühl wurde weniger leistungsabhängig. Ich fühlte mich gedrängt, Zeit mit unerwünschten Menschen zu verbringen. Ich lud einen Alkoholiker zum Abendessen ein, der 16 Jahre lang bei niemandem mehr eingeladen war.

Als Seelsorger kam ich mit arbeitswütigen Menschen, die andere längst aufgegeben hatten, besser zurecht. In Gegenwart eines unerwünschten Alkoholikers oder Arbeitsbesessenen, der sich vielleicht nie mehr änderte, fühlte ich mich mit dem Leiden Jesu verbunden, das ihn zu Tode betrübte (Mk 14,34). Wenn ich viel für meine neuen Freunde erreichen wollte, aber spürte, daß sie selber wenig wollten, verstand ich die Traurigkeit Jesu besser, der mir neues Leben schenken wollte, dem ich aber vier Jahre lang gesagt hatte: „Lieber meine Magenverstimmung als das!"

Nicht nur Geduld mit Freunden, die sich niemals ändern, sondern sogar das Warten auf eine Zeitschrift vereint mich mit der Geduld Jesu und überhaupt mit dem Wartenkönnen der Menschen. Wenn ich warten muß, werde ich auch heute noch zornig. Aber nachdem ich den Zorn erkannt hatte, machte er mir keine Magenbeschwerden mehr. Er hilft mir heute zu empfinden, wie mein Freund, der schon in Pension ist, sich fühlt, wenn er auf die Einladung wartet, die nie kommt, oder die Krankenhauspatientin, die wochenlang auf ihre Genesung wartet. In der Gesundheit, nicht in der Krankheit erlebe ich erlösendes Leiden! Erfahrungen, die mich bisher nur auf mich selbst zurückwarfen mit einem verstimmten Magen, öffnen mich heute für Gott und die Menschen.

Gewöhnlich bin ich verantwortlich für meine Krankheit

Nach der Auseinandersetzung mit diesen Mißverständnissen meinte ich, weder Gott sei der Urheber meiner erlösenden Krankheit, noch ich sei schlecht, weil selber schuld daran. Durch die Annahme dieser beiden Tatsachen sagte ich mir, meine Krankheit sei nicht viel anders als die anderer.

Nachdem wir bisher Heilung von Erinnerungen in jenen üblichen Fällen behandelten, wo ich selbst verantwortlich bin und die Krankheit nicht erlösend ist, wollen wir sie nun in jenen ungewöhnlichen Fällen besprechen, wo ich entweder nicht verantwortlich für meine Krankheit bin oder wo meine Krankheit wirklich zu erlösendem Leiden führen kann.

Manchmal bin ich nicht verantwortlich für meine Krankheit

Ich übernehme heute die Verantwortung für meine Krankheit und frage mit Carl Simonton: „Warum brauche ich diese

Krankheit?" Finde ich keine Antwort, so übersehe ich entweder etwas, oder ich bin tatsächlich für meine Krankheit nicht verantwortlich. In der Geschichte vom Blinden zum Beispiel weist Jesus darauf hin, daß dieser für seine Krankheit nicht verantwortlich ist: „Unterwegs sah Jesus einen Mann, der seit seiner Geburt blind war. Seine Jünger fragten ihn: Rabbi, hat er selbst gesündigt, oder haben seine Eltern gesündigt, so daß er blind geboren wurde? Jesus antwortete: Weder er noch seine Eltern haben gesündigt, sondern Gottes Werke sollen an ihm offenbar werden" (Joh 9,1–3).

Selbst wenn ich für meine Blindheit, die durch Mißbildung im Mutterleib oder durch Verletzung nach der Geburt entstand, nicht verantwortlich bin, kann ich für Erblindung durch ständig überhöhten Blutdruck verantwortlich sein. In beiden Fällen kann die Heilung von Erinnerungen zur Heilung von chronischen Körperschäden führen, wie es bei der Erblindung von Agnes der Fall war.

Manche Krankheit führt zu „erlösendem Leiden", das aufgeopfert werden kann

Meine Magenverstimmung und die meisten Krankheiten, die ich „erlösendes Leiden" nannte, waren zwar durchaus nicht erlösend, sondern vielmehr ein Vorwand zur Mittelmäßigkeit im Arbeiten und Beten. Ich kenne aber dennoch Menschen, deren Krankheit zu erlösendem Leiden führte, weil ihnen die Krankheit dazu diente, zu beten und zu handeln wie Christus. Mein Freund Larry zum Beispiel ließ sich durch seine Blindheit nicht behindern, sondern er wurde Jesus ähnlicher.

Viele kommen von weit her zu Larry zur seelsorglichen Beratung. Als ich mich damit auseinandersetzte, meinen Selbstwert nicht von meinem Tun, sondern von der Liebe Gottes abzuleiten, reiste ich fast 1000 Kilometer, um Exerzitien bei ihm zu machen. Durch seine Blindheit konnte er mir helfen, mich behutsam voranzutasten, statt so geschäftig herumzulaufen, daß ich gar nicht höre, welchen nächsten Schritt der *Herr* von mir verlangt.

Larrys Blindheit lehrte ihn, mit dem Herzen zu sehen. Manchmal sagte er mir Dinge, deren ich mir gar nicht bewußt war, zum Beispiel: „Sie sind deprimiert" oder: „Sie sind nervös." Durch sein Hören auf meine Schritte oder mein Auf-dem-Stuhl-Hinundherrutschen „sieht" Larry Dinge, die meinen Augen entgehen. Er behauptete auch, daß ich der einzige Mensch sei, der auf einem Rinnstein sitzen und die Beine baumeln lassen könne. Ich habe bis heute noch nicht herausgefunden, woher er weiß, daß ich so klein bin. Ich dachte, die hohe Tonlage meines Lachens hätte ihn täuschen können.

Larrys große Fähigkeit ist es, die Armen, die Einsamen und Verlassenen zu erreichen, denn durch seine Blindheit weiß er, was es heißt, hilflos und machtlos zu sein. Feiert man Eucharistie mit ihm, dann erlebt man, was es heißt, *alles* Christus zu übergeben. Erhebt er den Kelch, dann weiß man, was es heißt, *abhängig* zu sein von anderen, besonders von Gott. Larry erlebt seine Blindheit erlösend, sie hilft ihm, zu beten und zu handeln wie Christus: abhängig zu sein vom Vater und gleichzeitig von den Armen und Einsamen, ihnen zugewandt im Bewußtsein ihrer Hilflosigkeit.

Als die von Johannes dem Täufer gesandten Boten Jesus fragen, wer er ist, bezeichnet er sich selbst als den Heiland, der die Blinden sehend, die Lahmen gehend und die Tauben hörend macht (Mk 11,4). Johannes und andere bezeichnen Jesus als das Licht (Joh 9,29), den Weg (Joh 14,6) und das Wort (Joh 1,1). Er heilt die Blinden, daß sie *sein* Licht sehen, die Lahmen, daß sie *seinen* Weg gehen, und die Tauben, daß sie *sein* Wort hören. Indem er uns von Blindheit, Lähmung und Taubheit heilt, möchte er uns von *allem* heilen, was uns hindert, ihn zu kennen.

Nachdem Agnes durch Gebet das Augenlicht zurückerhalten hatte, erlebte sie Gott und die Menschen auf neue Art. Während der vergangenen 65 Jahre hatte sie zwar ständig gebetet, aber das Gebet als eine Last empfunden. Auch ihre Beziehungen zu den anderen änderten sich jetzt. Als sie das Augenlicht verlor, mußte sie nach 38 Dienstjahren als Krankenschwester in Pension gehen. Heute ist sie wieder ganz bei Kräften, besucht die Alten und Einsamen und hilft uns gelegentlich bei einem Seminar.

Mit Larry habe ich nie um Heilung seiner Blindheit gebetet

wie mit Agnes. Ich habe mich auch nicht dazu gedrängt gefühlt. Vielleicht hätte auch Larry das Augenlicht zurückerhalten. Aber weil sein Leiden erlösend ist, kann Gott auch durch seine Krankheit weiter wirken. Vielleicht sollte er durch seine Blindheit Gott und die Menschen von innen kennenlernen, wie Agnes Gott und die andern durch ihre Heilung tiefer entdeckt hat. Beide danken heute dafür, daß sie blind waren und jetzt „sehen" können.

Wie man beten soll

Ob nun Krankheit erlösend ist oder nicht, ob ich verantwortlich dafür bin oder nicht: wie soll ich um Heilung von Erinnerungen zur Abwehr körperlicher Krankheit beten? Einige Menschen empfangen ein Wort der Erkenntnis, in dem der Herr ihnen sagt, wie sie beten sollen und was jetzt geschehen wird. Ich bekomme so ein Wort nur selten.

Aber wenn ich den Herrn um Weisung bitte, *wie* ich beten soll, läßt er mich gewöhnlich zwei Dinge tun: Erstens soll ich um körperliche Heilung beten und zweitens darum, daß nur langsam weichende Krankheiten so erlösend wie möglich wirken. Nur in einigen wenigen Ausnahmefällen läßt er mich spüren, daß er einen Menschen heimruft durch den körperlichen Tod oder ihn zum erlösenden Leiden erwählt wie in Larrys Fall. Aber ich meine, selbst Menschen wie Larry möchte der Herr oft körperlich heilen.

Im Gebet um körperliche Heilung und darum, daß Krankheit immer erlösender wirkt, bis sie zur körperlichen Heilung führt, folge ich zwei Empfehlungen des heiligen Ignatius für den Kampf gegen die Verzweiflung. Ignatius beschreibt Verzweiflung als ein Gefühl des Abgeschnittenseins von Gott und den Menschen. Man fühlt sich dann „träge, lau und abgesondert". Die meisten körperlichen Krankheiten sind „zum Verzweifeln". Vermutlich aber ist Larry in seiner Blindheit weniger verzweifelt als ich mit meiner Magenverstimmung.

Je mehr die Krankheit mich auf mich selbst zurückwirft und zur Verzweiflung bringt, umso mehr ist sie *nicht* aufzuopfern, sondern muß bekämpft werden. Gegen Krankheit kämpfe ich mit derselben Intensität, mit der ich gegen alles kämpfe, was mich von Gott oder von andern trennt, wie zum Beispiel die Versuchung oder eben die Verzweiflung. Der heilige Ignatius fand es darum hilfreich im Kampf gegen die Verzweiflung (und ich finde es hilfreich im Kampf gegen körperliche Krankheit durch die Heilung von Erinnerungen), schon bei den ersten Anzeichen die Abwehr zu intensivieren: „Wir sollten auf mehr Gebet, mehr Meditation und eine stärkere Prüfung von uns selbst achten." In Zeiten der Krankheit, die mich zur Verzweiflung treibt, hilft es mir tatsächlich, meine Lebensart zu überprüfen und zu sehen, was ich ändern kann. Außerdem kann ich mein Gebet um körperliche Heilung intensivieren.

Weiter empfiehlt Ignatius, im Kampf gegen die Verzweiflung solle ich auch die daraus entstehenden Gaben nicht übersehen: das Glück nicht für selbstverständlich hinnehmen, meine Abhängigkeit von Gott besser zu erkennen, an der Änderung meiner Lebensart zu wachsen. Gleichzeitig mit der Intensivierung meines Gebetes um körperliche Heilung folge ich darum häufig auch seiner zweiten Empfehlung und bete, daß ich bis zur vollständigen körperlichen Heilung seelisch daran wachsen kann, wie Larry an seiner Blindheit.

Was erwarte ich, wenn ich bete?

Auch wenn ich vor dem Gebet niemals *alles* weiß, was geschehen wird, so weiß ich doch, daß *eines* geschieht: Christus wird auf die liebevollste Art heilen, erstens indem er körperliche Heilung geschehen läßt, und zweitens indem er seelische Lähmungen aufhebt, die mich daran hindern, Gott und dem Nächsten näherzukommen. Auch wenn die erste Form der Heilung nicht immer eintritt, geschieht die zweite jedesmal. Manchmal bedarf es dazu nur eines einzigen Gebetes, häufig jedoch fortgesetzten Betens.

Christus heilt also erstens auf die liebevollste Art, wenn er zum Beispiel Agnes' Blindheit oder meine Magenverstimmung wegnimmt. Beim Gebet um Heilung von Erinnerungen werden Menschen immer wieder von körperlichen Krankheiten geheilt, die von akuten Fällen der Leukämie und der

Hypoglykämie bis zu gewöhnlichen Erkältungen und Magenverstimmungen reichen. Wenn ich bei Seminaren aus Zeitmangel nicht ausdrücklich um körperliche Heilung bete, sondern nur um Heilung von Erinnerungen, erwarte ich vom Herrn, daß die körperliche Heilung dazukommt. Seine Heilkraft kann dann entweder den natürlichen Heilungsvorgang beschleunigen, wie im Fall meiner Magenverstimmung, oder dort direkt eingreifen, wo chronischer Schaden entstanden zu sein scheint, wie bei Agnes' Netzhauterkrankung.

Christus heilt aber zweitens auch auf die liebevollste Weise, wenn er durch das Gebet seelische Behinderungen aufhebt, die uns davon abhalten, uns Gott und den Menschen zuzuwenden. Ob körperliche Heilung geschieht oder nicht, *immer* zeigt sich die Liebe Christi auf diese Art, wenn ich mit den Kranken bete – wie zum Beispiel im Fall eines 68jährigen Herzpatienten, der eine Woche nach dem Gebet starb. Er lief nicht länger vor dieser deprimierenden Welt davon, sondern freute sich auf die kommende. Hält körperliche Krankheit nach der Heilung von Erinnerungen an, dann erwarte ich, daß sie erlösend wirkt – wie im Fall von Larrys Blindheit.

Gott heilt auf die liebevollste Art im Durchdringungsgebet

Manchmal zeigt sich Gottes Liebe deutlich auf beide Arten durch ein einziges Gebet, zuweilen aber tritt Besserung erst nach und nach ein und erfordert mehr als nur *ein* Gebet, wie zum Beispiel bei Agnes und der Heilung ihrer Blindheit, die drei Tage erforderte. Solch fortgesetztes Beten nennt man auch Durchdringungsgebet. Je länger man Erinnerungen mit Gebet durchdringt, desto offensichtlicher wird die körperliche Heilung und desto länger hält sie an.

Wie im Falle von Agnes' Blindheit wird die Durchdringung der Erinnerung mit Gebet zur Quelle verstärkter *körperlicher* Heilung. Durch die Heilung schmerzlicher Erinnerungen trat bei Agnes eine fortlaufende Besserung ihrer Sehkraft über einen Zeitraum von drei Tagen ein. Bei Thomas erlebte ich nach der Heilung einer Erinnerung durch Gebet das Nachlassen nagender Schmerzen seines Krebsleidens. Bei fortgesetztem Gebet konnte nach einigen Wochen festgestellt werden, daß der Krebs sich nicht weiter verbreitete. Noch später erfuhr er, daß der Krebs ganz verschwunden war. Obgleich die Ärzte Thomas nur noch wenige Monate gaben, befindet er sich heute, zwei Jahre danach, bei guter Gesundheit. Durchdringt man die Erinnerung mit der Liebe Christi, so verstärkt sich gewöhnlich auch die körperliche Heilung.

Durch die Gebetsdurchdringung schmerzlicher Erinnerungen wird körperliche Heilung *beständiger*. Viele Menschen haben für die Heilung meiner Magenverstimmung gebetet, aber die Heilung hielt immer nur einige Wochen oder bestenfalls einen Monat an. Erst als ich *täglich* um Heilung meiner Erinnerungen betete, wurde auch die körperliche Heilung beständig. Kombiniert man Heilung von Erinnerungen mit ärztlich verordneten Medikamenten, der rechten Diät und Bewegung und ändert außerdem noch eine falsche Lebensweise, dann wird sich die körperliche Heilung gewöhnlich stabilisieren, weil der *ganze* Mensch geheilt wurde. Durchdringungsgebet heilt darum beständiger, weil man an die *Wurzeln* der zur Krankheit führenden Belastung vorstößt.

Durchdringungsgebet wird damit oft auch zum Gegenteil von voreiligen „Forderungen" nach Heilung. Ich habe gehört, wenn man mit jemandem um die Heilung seines gebrochenen Beines betet, dann solle er sofort „Heilung einfordern", indem er das Bein belastet – ganz gleich, wie die Sache aussieht. Man sagt auch, daß man bei Heilung von Erinnerungen sofort „Heilung einfordern" solle, und meint damit, man brauche nur *einmal* für jene seelische Verletzung beten, die durch den Vater entstanden ist, der seine Tochter im Stich ließ – dann könne man das alles vergessen und getrost zur Tagesordnung übergehen.

Dazu ist zu sagen, daß *manchmal* der Herr ein Bein oder eine Erinnerung tatsächlich durch ein einziges Gebet heilt. Manchmal hat auch der Betroffene die Gabe zu erkennen, ob die Heilung stattgefunden hat, und kann wirklich „Heilung einfordern". Meistens aber bedeutet „Heilung einfordern", daß man Menschen mit einem gebrochenen Bein oder gebrochenen Herzen sich selbst überläßt. Zur Heilung ernsthafter körperlicher Erkrankungen wie Krebs setzen wir langfristig Röntgenstrahlen ein. Zur Heilung einer tiefen seelischen Verwundung, wie es der Verlust des geliebten Partners ist, brauchen wir Tage der Trauerarbeit. Ähnliches gilt für das Gebet um Heilung körperlicher Krankheit wie Krebs und um Heilung von schwierigen Erinnerungen: Meist wird es nicht nur *eines* Gebetes bedürfen, sondern fortgesetzten Durchdringungsgebetes.

Die einzige Heilung, die *ich* einfordere, ist diejenige, welche der *Herr* gewirkt hat! Gewöhnlich ist dabei der Kranke selbst der beste Richter. Als ich mit Agnes um Heilung ihres Augenleidens betete, hatte *sie* das Maß der eingetretenen Heilung zu beurteilen und nicht ich. Anstatt sofort „Heilung einzufordern" und dann das Beten einzustellen, war es klüger, für Agnes nur das zu fordern, was der Herr bereits gewirkt hatte, und weiter zu beten, daß die Heilung durch Christus auf seine Art und zu seiner Zeit geschieht. Manche sagen, die Tatsache, daß Agnes ihre Heilung nicht sofort eingefordert habe, zeige ihren mangelnden Glauben. Aber es kann durchaus *mehr* Glauben erfordern, durchzuhalten im Gebet und darauf zu vertrauen, daß die Art und die Zeit des Herrn besser sind als die sofortige Heilung, so sehr Agnes sie auch wünschte. Durch das sofortige „Einfordern" von Heilung, die dann nicht eintritt, hätte Agnes in einer Art Kurzschluß vielleicht etwas erwartet, was der Herr ihr erst im Durchdringungsgebet zeigen wollte, zum Beispiel die Erfahrung, unbedingt geliebt zu sein von Menschen, die bereit waren, weiter mit ihr zu beten, oder die tiefe Erfahrung der Vergebung durch Heilung von Erinnerungen.

Indem Agnes drei Tage an der Heilung von Erinnerungen arbeitete, folgte sie damit auch der Weisheit christlicher Tradition. Sowohl die Urkirche als auch die heutige Lehre der Kirche bestehen auf der *Wiederholung* jener Dynamik, die der Heilung von Erinnerungen als Anfang körperlicher Heilung zugrunde liegt. Der neue Ritus der Krankensalbung enthält die gleiche Dynamik wie die Heilung von Erinnerungen. In der Urkirche wurde dieser Ritus nicht nur *einmal* vollzogen, sondern an sieben aufeinander folgenden Tagen *wiederholt*.

Die Wiederholung des Durchdringungsgebetes ist auch im neuen Ritus betont, der eine solche Wiederholung empfiehlt, ganz gleich, ob es dem Kranken besser oder schlechter geht.

Ob es sich nun um meinen verstimmten Magen handelt oder um Agnes' Blindheit – durch das Gebet um Heilung von Erinnerungen geschieht, was nach Meinung der christlichen Tradition und auch der Schulmedizin geschehen sollte: Häufig wird die körperliche Gesundheit wiederhergestellt, immer aber ergibt sich eine neue Öffnung für Gott und die Menschen. Ebenso wie die Schulmedizin immer stärker entdeckt, daß ich mitverantwortlich bin für meine Krankheit und meine Genesung, gibt der Herr mir eine Art Mitverantwortung bei der Wiederherstellung meiner leib-seelischen Ganzheit. Bei der Heilung von Erinnerungen arbeite ich mit ihm zusammen Zorn und Schuld auf, damit mir Heilung an Seele und Leib zuteil wird.

Dritter Teil
Vorbedingungen der fünf Stufen des Sterbens und Vergebens

Wie schon erwähnt, nannten Elisabeth Kübler-Ross und ihre Mitarbeiter zwei notwendige Vorbedingungen zur Auseinandersetzung mit den fünf Stufen des Sterbens und Vergebens. Die Patienten nehmen diese Stufen leichter an, wenn sie von einem ihnen wertvollen Menschen genügend Zuwendung erfahren, um sich selbst anzunehmen, und wenn sie ihre Gefühle mit diesem Menschen teilen können. Der Sterbende möchte jemanden haben, der ihm Hand und Herz hält auf dem dunklen, einsamen Weg zum Tod.

Von einem wertvollen Menschen so geliebt zu werden, daß man ihm alle Gefühle mitteilen kann, ist vor dem Tod ebenso notwendig wie nachher. Kübler-Ross fand, daß jene „Toten", die zum Leben zurückkehrten, oft davon sprechen, einem Lichtwesen begegnet zu sein, das sie so ganz und gar liebte, daß sie mit ihm alle schmerzlichen Erinnerungen durchgehen und sich davon heilen lassen konnten. Nach dieser Liebeserfahrung konnten sie sogar ohne die ständige Angst, noch einmal sterben zu müssen, ins Leben zurückkehren. Ob diese Erfahrung eines „Lebens nach dem Leben" nur eine Täuschung unseres Verstandes ist oder der Weg zu einer echten Christusbegegnung – sie heilt jedenfalls die größte Angst des Menschen, nämlich die Angst vor dem Sterben.

Ob wir nun dem Tod entgegensehen als jener kommenden Überschau schmerzlicher Erinnerungen mit dem Beistand des Lichtwesens oder ob wir mit Christus an der Heilung und Vergebung einer früheren Erinnerung arbeiten – der Erfolg wird immer auf zwei notwendigen Vorbedingungen beruhen. Erstens muß ich vertrauen, daß ein mir wertvoller Mensch mich so liebt, daß ich mich selbst annehmen kann; dieser Liebende kann auch Gott sein (5. Kapitel). Zweitens muß ich diesem Liebenden und Geliebten, nämlich Gott, alles mitteilen können (6. Kapitel).

5. Kapitel
Die erste Vorbedingung: Gott liebt mich bedingungslos

Haben Sie sich je gefragt, was geschieht, nachdem Sie den Tod angenommen haben? Was geschieht, nachdem der Arzt gesagt hat: „Er ist tot?“ Wie Kübler-Ross hat Raymond Moody mehr als 100 Menschen interviewt, die den klinischen Tod schon erlebt hatten und zum Leben zurückgekehrt sind.[8] Beide fanden, wer „gestorben“ ist und zum Leben zurückkehrt, macht eine „Leben-nach-dem-Tod“-Erfahrung, die weitgehend unabhängig ist von seinem kulturellen und religiösen Hintergrund.

In der „Leben-nach-dem-Tod“-Erfahrung hört der Sterbende, wie der Arzt ihn als „tot“ bezeichnet, und hat das Gefühl, als ob er selbst schnell durch einen langen dunklen Tunnel gezogen werde. Dann befindet er sich außerhalb seines Körpers und schaut auf den Arzt, der ihn noch immer zum Leben zurückholen will. Dieser „geistige“ Körper ist sehr eigenartig: eine gestaltlose Wolke, die sich durch Gedanken mitteilt. Verwandte und Freunde, die bereits gestorben sind, begegnen ihm und führen ihn zu einem „Lichtwesen“, das ihn tiefer annimmt und mehr liebt, als er es je erfahren hat. Wie ein Stück Eisen von einem Magnet, so wird er von dem persönlichen Mitleiden und der Zuwendung dieses eigenartigen Lichtwesens angezogen.

Kurz nach seinem Erscheinen stellt es meist die Frage: „Was hast du mit deinem Leben gemacht? Was möchtest du mir zeigen?“ Das ist weder eine Anklage noch eine Drohung, sondern Ausdruck einer tiefen, ganzheitlichen Liebe und Annahme – was auch immer die Antwort darauf sein mag. Das Lichtwesen läßt dann das Leben wie einen Film ablaufen, um dadurch Nachdenken auszulösen. Es scheint alles zu wissen und das Leben so darzustellen, daß der Gestorbene

---

[8] R. Moody, *Leben nach dem Tod,* Reinbek 1977.

zwei Dinge zu verstehen vermag: wie er andere geliebt hat und wie er aus seinen Erfahrungen und Fehlern gelernt hat. Erst wenn ein Mensch lernt, wie er geliebt hat und wie er seine Liebe vertiefen kann, fragt ihn das Lichtwesen, ob er zurückkehren oder bleiben möchte. Obgleich viele bleiben möchten, werden manche ausgewählt, zurückzukehren, um eine bestimmte Aufgabe zu erfüllen, wie zum Beispiel ihre noch kleinen Kinder aufzuziehen. Jemand meinte, er müsse zurückkehren, um andern die totale Annahme zu vermitteln, die das Lichtwesen ihm zuteil werden ließ.

Jene, die vom „Tod" zum Leben zurückkehren, sprechen von diesem Lichtwesen, wie die Bibel von Gott spricht. Jesus nennt sich selbst „das Licht der Welt" (Joh 8,12). Er vergleicht seinen Vater mit dem Licht der Sonne, wenn er uns aufruft, unsere Feinde zu lieben: „Liebt eure Feinde und betet für die, die euch verfolgen, damit ihr Söhne eures Vaters im Himmel werdet; denn er läßt seine Sonne aufgehen über Bösen und Guten, und er läßt regnen über Gerechte und Ungerechte" (Mt 5,44f).

Im ersten Kapitel des Johannesevangeliums ist die Verbindung von Licht, Leben, Wahrheit, Liebe und Ewigkeit sehr eng – so, als sähe der Schreiber ein ewiges Licht, das den Menschen mit Leben, Wahrheit und Liebe erfüllt.

Johannes sagt, Gott ist *Agape*. Gott liebt uns weder wie ein Mann eine Frau liebt *(eros)*, auch nicht wie ein Freund den Freund liebt *(philia)*, noch wie eine Mutter ihr Kind liebt *(storge)*. Gottes Liebe ist *Agape:* jene bedingungslose, unverdiente Gabe der Liebe, mit der er Jesus in die Welt gesandt hat, um für uns zu sterben. *Agape* ist Gottes schöpferische Liebe, die uns Leben einhaucht, nicht weil wir gut sind, sondern weil wir seine Liebe brauchen, um gut zu sein.

Selbst wenn sich von der „Leben-nach-dem-Tod"-Erfahrung herausstellen sollte, daß sie sich ausschließlich in der Vorstellung des Menschen abspielt, also keinen objektiven Eintritt in eine andere Welt bedeutet, bliebe sie doch eine Zeit der Heilung. Wenn durch die Überschau des Lebens mit dem Beistand des Lichtwesens Menschen mit neuer Kraft ins Leben zurückkehren, sich selbst und andere zu lieben und den

Tod anzunehmen, können wir dann nicht auch schon *vor* dem Tod der Liebe Christi teilhaftig werden? Ist nicht jeder schon Menschen begegnet, die plötzlich entdeckt haben, daß Christus sie liebt: deren Leben durch Exerzitien, Geisterneuerung, Wiedergeburt oder durch einen Freund, der ihnen die Liebe Christi wirklich werden ließ, total verwandelt wurde? Ich habe erlebt, wie von Drogen und Alkohol zerstörte Jugendliche in Exerzitien entdeckt haben, daß Gott sie liebt. Sie haben ihr Leben hingegeben, um anderen zu dienen.

Das wahre Gottesbild:
Bedingungslose Liebe

Zwei Dinge scheinen diesen Prozeß des Liebenlernens zu behindern: unser Gottesbild und unser Bild von uns selbst. Wie konnte Christus, der uns annimmt, in unserer Vorstellung zu dem strengen Richter werden, der über unsere Sünden Buch führt, so daß wir darunter leiden müssen? Wir sehen Gott immer noch mit den Augen der uns umgebenden Kultur. In der alttestamentlichen Zeit hatte ein Richter nicht neutral zu sein wie heute, sondern verteidigte den Angeklagten wie heute der Anwalt. Im Mittelalter aber wurde die Kirche zum Gericht. Sogar die Beichtväter waren bis vor kurzem noch Richter. Heute wird uns langsam bewußt, wie sehr wir uns gegenseitig richten – eine ganz und gar nicht richtende Mutter Teresa von Kalkutta weist uns durch ihr Lächeln auf unsere Ungerechtigkeit hin, die Mittellosen und die Sterbenden einfach zu übersehen.

Aber, so fragt man sich, ist Christus nicht doch der Weltenrichter? Ich meine, am Jüngsten Tag wird Christus nicht gerade in unseren Sünden herumstochern, die uns verurteilen, sondern er wird uns so sehr lieben, daß wir von selbst spüren, wo wir es versäumt haben, auf soviel Liebe einzugehen. Ich werde mich selbst schuldig fühlen, wie ich es tat, als ich meines Vaters Auto beim unvorsichtigen Parken einbeulte. Er sagte nicht verurteilend: „Du hättest eben aufpassen sollen!“ Als ich ihn ansah, fühlte ich mich selbst schuldig wegen meiner Unachtsamkeit und der Delle an seinem Auto. Je mehr der Vater die Beschädigung akzeptierte, desto mehr ließ ich den Kopf hängen, weil ich seine Liebe nicht mit mehr Sorgfalt erwiderte. Gott ist Liebe. Seine *Liebe* richtet uns.

Unser falsches Gottesbild stammt freilich auch von unseren Eltern. Wenn Gott Vater ist und mein Vater Alkoholiker war, hat Gott kaum eine Chance, mir ein echter Vater zu sein. Als ich bei den Sioux-Indianern Religionsunterricht gab, deren Familien oft durch Väter, die dem Alkohol verfallen waren, zerstört wurden, sprach ich niemals von Gott als dem Vater, sondern als dem Großvater. Das Sioux-Wort für „Gott", *tunksila,* bedeutet im übrigen nicht „Vater", sondern „Großvater", weil der Großvater durch seine Liebe die Familie zusammenhält.

Selbst Eltern, die sich um ihre Kinder sorgen, lieben sie meist nicht bedingungslos. Es ist ihnen nicht gleichgültig, ob die Kinder eine Eins oder eine Vier nach Hause bringen, schön oder häßlich sind, den Ton angeben oder zu den Hinterbänklern gehören. Auch elterliche Liebe ist eine durchaus menschliche Liebe, die mehr gibt, wenn sie mehr erhält. Wir sind beliebter, wenn wir ruhig sind, unser Zimmer schön aufräumen, den Teller leeressen und im Haushalt mithelfen. Und weil wir von den Eltern die Erwartung lernen, für das geliebt zu werden, was wir *tun*, und nicht für das, was wir *sind,* meinen wir, auch Gottes Liebe *verdienen* zu müssen. Es fällt uns schwer zu glauben, daß Gottes Liebe so ganz anders ist: absolute, unverdiente, bedingungslose Gabe, die uns überhaupt erst die Kraft zu lieben gibt.

Mit dem Erwachsenwerden sollte auch unser Gottesbild reifen. Allzuoft aber bleibt es ein Leben lang das eines Siebenjährigen. Wer war Gott für uns mit sieben? War er ein Polizist? Ein unbeteiligter alter Mann mit einem langen Bart? Ein etwas weichlicher Bilderbuchheld? Ein stets noch mehr fordernder Lehrer? Ein Spielverderber, der Leiden schickt, um mir so den Himmel zu verdienen? Oder einer, der uns im Stich läßt, wenn wir ihn brauchen? Glaubt jemand nicht an Gott, dann glaubt er gewöhnlich nicht mehr an den Gott seiner Kindheit – an *diesen* Gott aber glaube auch ich nicht mehr.

Den wahren Gott zu entdecken ist allerdings genauso schwer, wie einen wahren Freund kennenzulernen. Begegne ich einem möglichen Freund, dann reagiere ich auf ihn aufgrund meiner Lebensgeschichte: aufgrund meiner Verletzungen durch andere Freunde, seiner Ähnlichkeit mit anderen Menschen und aufgrund meines Selbstverständnisses. Bin ich früher durch Stillschweigen verletzt worden, dann werde ich auch durch sein Schweigen verwirrt sein, bis ich ihm vertraue. Das aber braucht Zeit. Und es braucht ein Miteinander in *allen* Lebensbereichen: gemeinsame Freizeit, gemeinsame Mahlzeiten, gemeinsame Tränen, wenn ein Bekannter stirbt, Austausch der tiefsten Gefühle, bis wir keine Geheimnisse mehr voreinander haben, sondern füreinander ein „anderes Ich" sind. Gott kennen und lieben lernen braucht ähnlich viel Zeit – weil Gott *jemand* ist und nicht *etwas*.

Warum all diesen Aufwand um das rechte Gottesbild?

Lernen wir Gott nicht als Lichtwesen sehen, dann kann die Sicht unseres Lebens nicht zur *heilenden* Erfahrung werden, die unsere Kraft, zu lieben und dem Tod ins Auge zu sehen, vertieft. Wir bleiben solange gelähmt, wie unser Gottesbild durch Kultur, Elternhaus und Kindheit verzerrt bleibt, solange wir es Gott und uns selbst unmöglich machen, Liebe und Vertrauen zu schenken und zu empfangen. Genau wie der Wissensstand des Mittelalters den Menschen glauben ließ, daß die Erde nicht rund ist, läßt er uns heute meinen, daß Gott nicht Liebe ist. Uns allein auf *unsere* begrenzte Gotteserkenntnis stützen zu wollen ist genauso töricht, wie eine Mücke zu fragen, was ein Mensch ist. *Gott* sagt uns, daß er Liebe ist und daß er für uns gestorben ist.

Mein wahres Selbstverständnis: Ich bin geliebt von Gott

Die zweite Schwierigkeit echter Gottesliebe ist unser falsches Selbstverständnis. Gott hat den Menschen nach seinem Ebenbild geschaffen: Der Mensch aber hat dieses Kompliment auf seine Weise erwidert und Gott nach *seinem* Ebenbild erschaffen. Bin ich wütend, weil ich gerade einen Strafzettel wegen überhöhter Geschwindigkeit bekommen habe, denke ich bestimmt, der nächste Polizist ist auch nur darauf aus, mich zu erwischen – und übertrage meinen Zorn auf Gott. Oft sind die Dinge, die mir an Gott nicht gefallen, genau jene, die ich an mir selbst auszusetzen habe – ich übertrage sie nur auf mein Gottesbild. Wenn ich mich schuldig fühle und eine Wut habe auf mich selbst, dann suche ich mir einen Gott, der mich richtet, der es auf mich abgesehen hat. Zum Glück kann diese Übertragung sich auch positiv auswirken. Sehe ich Gott als einen Liebenden an, von dem ich alles habe, dann brauche ich nicht an den Dingen zu hängen und kann mich selbst als einen Liebenden und Gebenden verstehen. Mein Gottesbild sagt oft mehr über mein Selbstverständnis aus als über Gott. Ich werde Gott immer so lieben und hassen, wie ich mich selbst liebe und hasse – und umgekehrt.

Das eigentliche Problem ist aber nicht, daß wir Gott und den Nächsten hassen, sondern daß wir uns selbst nicht lieben. Wegen der nur bedingten Liebe, die uns von unseren Eltern und Freunden entgegengebracht worden ist, können wir unsere eigenen Grenzen und Schwächen nicht richtig annehmen. Sie programmieren uns, uns selbst *mehr* zu lieben, wenn wir eine Eins bekommen, wenn wir unser Bestes tun und so erfolgreich sind, daß unsere Eltern stolz auf uns sein können. Wir mühen uns um gute Noten, ein dickes Bankkonto, ein schöneres Auto, eine Beförderung und das Gefühl, edel, hilfreich und gut zu sein – oder aber um den richtigen Freundeskreis, der uns bestätigt und uns mehr Sicherheit gibt. Unser Selbstverständnis wird durch das aufgebessert, was wir haben und was wir können – und nicht durch das, was wir *sind:* ein einzigartiger Mensch, der von Gott geliebt wird.

An welchen Symptomen erkenne ich, ob ich mich selbst liebe oder nicht? Man braucht sich nur 30 Sekunden lang aufzuzählen, was man an sich selbst liebt, und in weiteren 30 Sekunden, was man an sich selbst nicht liebt. Das ganze dauert nur eine Minute, aber sie kann eine der wertvollsten Minuten sein, die man je verbracht hat. Scheut man sich davor, so nur deshalb, weil man sich unbewußt vor dem fürchtet, was man entdecken könnte. Hat man sich dennoch dazu durchgerungen, so hat man meist dreimal mehr Schwächen als Stärken gefunden. Nur wenige können mehr als fünf „starke Seiten“ in 30 Sekunden aufzählen. Und wenn wir uns schon dazu hergeben, unsere Vorteile aufzuzählen, kommt uns das nicht eher vor wie stinkendes Eigenlob – und viel weniger wie die Anerkennung echter Gaben, die wir *Gottes* Wirken in uns verdanken? Lieben wir uns selbst nicht, so meinen wir, Komplimente wären weniger ehrlich als Kritik. Ich lehne auch heute noch manchmal Komplimente ab mit dem heimlichen Gedanken: „Das würdest du nicht sagen, wenn du mich wirklich kennen würdest.“ Mein Freund sieht aber vielleicht mehr in mir als ich selbst – und ich sollte ihm dafür danken, sollte meine Gabe anerkennen und *Gott* die Ehre geben. Ich fühle mich besonders bloßgestellt durch Bemerkungen wie „Sie sind ein guter Mensch“. Das trifft mich viel mehr als „Sie sind ein guter Sekretär“ oder „Sie haben ein schönes Hemd an“. Solche inneren Kämpfe zeigen, daß mein Selbstverständnis eher davon abhängt, was ich kann und habe, als von dem, was ich *bin*.

Wir zahlen einen hohen Preis dafür, uns selbst nicht so zu lieben, wie Gott uns liebt. William Glasser, der Begründer der Realitätstherapie, glaubt, daß *alle* psychologischen Probleme Symptome unseres Selbsthasses sind. Ähnlich schreibt auch der große Psychotherapeut Carl Gustav Jung: „So ist das Sich-selbst-Annehmen der Inbegriff des moralischen Problems und der Kern einer ganzen Weltanschauung. Daß ich den Bettler bewirte, daß ich dem Beleidiger vergebe, daß ich den Feind sogar liebe im Namen Christi, ist unzweifelhaft hohe Tugend. Was ich dem Geringsten unter meinen Brüdern tue, das habe ich Christi getan. Wenn ich nun aber entdecken sollte, daß der Geringste von allen, der ärmste aller Bettler, der frechste aller Beleidiger, ja der Feind selber *in mir* ist, ja daß ich selber des Almosens meiner Güte bedarf, daß ich mir selber der zu liebende Feind bin, was dann? Dann dreht sich in der Regel die ganze christliche Wahrheit um, dann gibt es keine Liebe und Geduld mehr, dann sagen wir zum Bruder in uns ‚*Racha*‘, dann verurteilen wir uns und wüten gegen uns selbst... Neurose ist innere Spaltung, Entzweiung mit sich selbst. Alles, was diese Entzweiung verstärkt, macht kränker, was sie mildert, macht gesund."[9]

Alle Amerikaner leiden unter seelischen Störungen. Einige Psychologen sagen, 17 von 20 sind neurotisch und einer von fünf ist seiner Geisteskrankheit wegen in Behandlung – so recht hat Jung! Selbst organische Erkrankungen wie zum Beispiel Erbkrankheiten oder eine Drüsenfunktionsstörung werden oft durch mangelnde Selbstliebe verursacht oder in die Länge gezogen. Wenn wir uns selbst nicht lieben, benehmen wir uns allerdings auch in einer Weise, die es anderen schwermacht, uns zu lieben. Wir verdecken unsere Unsicherheit durch das Ausposaunen unserer Erfolge und durch Kritik an jedem, der nicht da ist. Wir sehen, wie wir sind, und möchten uns in eine dunkle Ecke verziehen. Wir tun viel zuviel, um nicht nein sagen zu müssen. Wir gehen kein Risiko ein, das fehlschlagen könnte. Wir stimmen genauso denen bei, die das Wetter schön finden, wie denen, die es abscheulich finden. Es ist ein Teufelskreis: Wir werden umso weniger liebenswürdig, je weniger wir uns selbst lieben.

Mangelnde Selbstliebe ist außerdem die Wurzel aller Sünde. Ich werde stolz und stelle mich über die anderen, wenn ich über *mich* die Nase rümpfe. Bin ich wütend auf mich selbst, dann gehe ich einem andern an die Kehle. Die Versuchung der Lust überfällt mich auf der Suche nach Intimität – nur um mir selbst zu versichern, daß ich liebenswürdig bin. Trägheit lähmt mich, wenn ich meine, ich habe kaum etwas zu geben. Selbstliebe und Selbsthaß gehen bei mir Hand in Hand mit Zeiten der geringsten und der schwersten Sünde. Wo ich Gottes Zuwendung am nötigsten habe, erlebe ich immer, daß er am weitesten weg ist, weil ich mich als Sünder empfinde.

Echtes Selbstverständnis:
Gott liebt mich bedingungslos

Wie kann ich diesen Teufelskreis des Selbsthasses durchbrechen, der mich zu versagen zwingt und Gott und den

---

[9] C. G. Jung, *Psychotherapie und Seelsorge,* in: Gesammelte Werke, Bd. 11, Olten [3]1979, S. 367–369.

Nächsten wegschiebt, die mich zu lieben versuchen? Ich muß jemanden finden, der mich andauernd bedingungslos liebt, selbst wenn ich diese Liebe nicht erwidern kann.

Wenn es mir am schlechtesten geht, bin ich wie Patty Hearst. Ich brauche dann die unbedingte Liebe eines Randolph Hearst. Patty hatte alles: Schönheit, Reichtum, einen Freund, liebe Eltern, Berühmtheit und eine goldene Zukunft noch dazu. Wie der verlorene Sohn aber wußte sie ihre Gaben nicht zu schätzen (ein Zeichen von Selbsthaß). Sie kehrte den Eltern den Rücken, um der Symbionistischen Freiheitsarmee (SLA) beizutreten. Mit dieser Terroristenbande raubte sie eine Bank aus, erschoß zwei Passanten und sandte ihren Eltern ein Tonband, auf dem sie sie als Faschistenschweine beschimpfte, den Namen „Patty" ablegte und sich „Tania" nannte und von ihrem Vater eine Million Dollar für Lebensmittel für die Armen forderte. Neunzehn Monate hielt sie sich vor der Polizei verborgen. Was konnte sie noch mehr tun, um ihre Eltern zu verletzen?

Wie der Vater des verlorenen Sohnes umgab Randolph Hearst seine Tochter täglich mit bedingungsloser Liebe. Er war glücklich, daß sie lebte, war bereit, ihren Entführern ein Lösegeld in jeder beliebigen Höhe zu zahlen, wenn sie sie nur unverletzt zurückbrächten, verteilte prompt Lebensmittel im Werte von einer Million Dollar und ging täglich ans Telefon in der Hoffnung, es könne sich um Nachricht von Patty handeln. Auch als der Bankraub und das Tonband deutlich zeigten, daß Patty freiwillig bei der SLA blieb, gab Randolph die Hoffnung nicht auf, daß durch seine bedingungslose Liebe eines Tages Patty sich selbst in der Tiefe annehmen und aufhören würde, auf jene einzuschlagen, die sie gern haben.

Hätte Randolph seiner Tochter auch dann noch die Treue gehalten, wenn er einen Sohn gehabt hätte, der in Pattys Versteck von ihr erschlagen worden wäre? Unser Vater im Himmel hat uns auch dann noch seine Liebe bewahrt!

Wäre Patty gar nicht seine Tochter gewesen, hätte aber dennoch seinen Sohn erschlagen, hätte Randolph sie dann trotzdem noch angenommen und sich um sie gekümmert? Unser Vater im Himmel ist sogar soweit gegangen (Röm 8,23;

Gal 4,5). Hätte Randolph Patty auch dann noch angenommen, wenn sie seinen Sohn erschlagen hätte, vom FBI angeschossen worden wäre, gelähmt und unfähig, irgend etwas zu tun, ohne daß man sich ständig um sie sorgt? Unser Vater im Himmel nahm uns an Kindes Statt an, obwohl wir nicht einmal den kleinen Finger rühren können ohne ihn! Wenn Randolph Hearst sich um alles kümmerte, so nur, weil der Vater im Himmel ihm Kraft gab, sich um die andern zu sorgen. Alles, was wir tun und haben, ist eine Gabe des Vaters, der uns liebt, weil wir seine Söhne und Töchter sind.

Der Vater aber liebt uns nicht nur wie einen Sohn, sondern wie Christus selbst. Gott ist Liebe. Er kann nur 100 Prozent seiner unendlichen Liebe geben und nur jene Liebe, mit der er auch Christus, seinen Sohn, liebt. Auch wenn wir nur ein winziger Bruchteil von Christus sind, so sind wir doch genauso vom Vater geliebt wie er. Was hätte der Vater für Christus *nicht* getan?

Sicher liebt Gott uns unendlich – aber kann seine himmlische Liebe uns das bedeuten, was die konkrete Liebe von Randolph Hearst für das Leben seiner Tochter darstellte? Müssen wir an die Kraft der Liebe Gottes immer nur *glauben,* ohne sie je zu *sehen?* Darauf ist zu antworten: Wir erleben die unendliche Kraft der Liebe Gottes sehr konkret, wenn ein Verzweifelter, der schon versucht hat, sich das Leben zu nehmen, sich schließlich doch zu Gott bekehrt. Keine Weisheit, kein Geld und keine Mühe können einem Menschen die Kraft geben, sich aus der Alkoholabhängigkeit zu lösen – außer jener Macht, die hinter den Anonymen Alkoholikern steht. Gegen Ende seiner Amtszeit als Gouverneur des Staates Kalifornien wollte Ronald Reagan Staatsgelder in *christliche* Drogenprogramme investieren, weil von ihnen mehr Kraft zur Wandlung ausgeht als von den meisten andern ausgetüftelten Rehabilitationsprogrammen. Man braucht nur jemanden gesehen zu haben, der total am Boden zerstört war und Gott gefunden hat, um die schöpferische Kraft der Liebe des Vaters in ihrer ganzen Wirklichkeit zu erkennen.

Nicht nur bei Alkoholikern und Rentnern habe ich erleben dürfen, wie die Liebe Gottes die eisige Umklammerung des Selbsthasses aufschmilzt, sondern auch bei mir selbst. Als ich sechs Jahre alt war, erkrankte mein Bruder John an Bronchitis. Ich sehe mich noch heute am Fuß von Johns Bett stehen und meiner Mutter sagen, sie brauche keine Angst zu haben, John habe sich nur erkältet und es würde ihm schon wieder besser gehen. Nach vier Tagen holte meine Mutter eine Krankenschwester aus dem Nachbarhaus, die hereinschaute und sofort den Krankenwagen rief. Sie fuhren mit heulenden Sirenen davon – und ich weinte. Eine halbe Stunde später klingelte das Telefon: John war auf dem Weg zum Krankenhaus gestorben. Ich weinte bitterlich – ebenso bitter waren meine Vorwürfe. Ich warf dem Fahrer vor, nicht schneller gefahren zu sein, und Gott, John nicht ein paar Minuten mehr gegeben zu haben. Ich wollte meinen Bruder wieder haben! Mir wurde zwar gesagt, John wäre nun ein kleiner Heiliger – ich aber wollte einen Bruder zum Spielen und nicht einen Heiligen! Schließlich warf ich mir selbst vor, daß ich meiner Mutter nicht eher gesagt hatte, sie solle nach Hilfe schauen. In der Vorstellung des Sechsjährigen übersetzte sich das unbewußt in die Einbildung: „Ich habe John getötet.“ Ich mußte wegen Bronchitis ins Krankenhaus, konnte nicht an Johns Beerdigung teilnehmen und meinen Haß nicht in der Trauer auslassen. Ich schluckte Tränen und Verlassenheit hinunter, als die Familie den Rosenkranz betete und John bat, er möge bei Gott für uns einstehen.

Damit aber begrub ich meinen Selbsthaß im Unbewußten, wo er eine Katastrophe anrichtete. Ich hatte keine Freunde mehr, weil ich tief innen Angst hatte, ich würde jeden Freund verlieren wie John. Das war mir einfach zu schmerzlich! Wer wollte auch Freund von jemandem sein, der seinen Bruder getötet hatte? Wie oft hatte ich mich mit John geschlagen, der doch so gut zu mir gewesen war! Ich verlor jedes Selbstvertrauen, stolperte beim Lesen in der Schule über die einfachsten Wörter, spielte nur noch mit jüngeren Kindern und wies alle Liebe und alle Komplimente von mir.

Das wurde auch in der Oberstufe nicht anders. Ich versuchte alles, mich selbst anzunehmen. Vielleicht, so meinte ich, würde ich mich selber mögen, wenn ich erst einmal die Schüchternheit überwunden hätte und mit Boden unter den Füßen in ein Gespräch gehen könnte. Ich wurde zwar ein ausgezeichneter Gesprächspartner, aber ich mochte mich noch immer nicht. Also sparte ich Geld, um mich sicher zu fühlen. Ich hatte bald mehr Geld als jedes andere Kind meines Alters, aber trotzdem weniger Selbstachtung. So wurde ich langsam zum Streber, um bei den anderen Beifall zu ernten. Ich gehörte selbstverständlich zu den Besten meiner Klasse und wußte auch immer so ziemlich alles – nur nicht, warum ich mich selbst nicht mochte. Nach außen lächelte ich gekonnt, innerlich aber war mein Lächeln verquer.

Später trat ich bei den Jesuiten ein, um Priester zu werden. Unbewußt dachte ich wahrscheinlich, wenn ich mein Leben ganz dem Herrn übergebe, kann ich mich endlich selbst annehmen und Frieden haben. Mein Jesuitendasein begann mit 30 Tagen des Gebetes, um mein Leben Christus übergeben und dafür seines annehmen zu können. Ich ging in diese Exerzitien mit einer Liste von 40 Punkten, die ich an mir geändert haben wollte – schließlich wollte ich die 30 Tage nicht ungenutzt verstreichen lassen.

Gottes Liebe drang nur langsam in mein kaltes Herz ein. Sie ließ die Eiszapfen schmelzen in einen Strom von Tränen. Die ganze Schöpfung erschien mir als Geschenk eines liebenden Vaters. Wenn ich wirklich im Angesicht Gottes geschaffen war und ein Tempel seines Heiligen Geistes, dann mußte ich jemand sehr Besonderer sein. Denn Gott macht nichts halb. Er mußte sich meiner ganz besonders angenommen haben: Meine Bronchitis hatte nicht zum Tode geführt! Der Golfschläger meines Freundes hatte mir nicht das Auge ausgeschlagen, sondern nur die Braue verletzt. Meine Eltern hatten *alles* für mich getan. All das zeigte mir, daß sich wirklich jemand meiner annahm.

Zu dieser Zeit erhielt ich einen Brief, meine Großmutter wäre an den Händen gelähmt und läge im Sterben. Ich wollte ihr einen Brief schreiben, von dem ich fürchtete, daß er der letzte sein würde. Ich betete um eine Eingebung, was ich ihr sagen sollte. Ich war wütend. Ich wollte wissen, warum Gott es zuließ, daß eine so gute Frau, die täglich zur Messe ging, jetzt plötzlich gelähmt war und unfähig, sich selbst zu ernähren. Hatte Gott sie nicht ebenso lieb wie ich? Aber wie ich meine gelähmte Großmutter mehr liebte als jemanden, der viel mehr für mich tun konnte, so liebte Gott sie vielleicht gerade in ihrer Hilflosigkeit. Wiederum mußte ich einsehen: Wie sehr wir geliebt werden, hängt nicht davon ab, wieviel wir tun, sondern davon, wer wir *sind*. Wie eine Sturmflut, die mir den Boden unter den Füßen wegzog, fühlte ich, wie Gottes Liebe mich auf eine neue Ebene der Selbstannahme führte. Diese neue Sicht meines Lebens mit den Augen Jesu, des Lichtwesens, war nicht nur eine tiefe seelische Erfahrung, sondern führte zu echter Wandlung. Ich verwarf die 40 Punkte, die ich an mir geändert haben wollte, und ersetzte sie durch 40 Gründe, warum ich geliebt wurde. Ich hatte auch wieder Freunde, selbst wenn ich im voraus wußte, daß viele das Noviziat wieder verlassen und der Trennungsschmerz über Johns Tod mich erneut überfallen würde. Bis dahin hatte ich auch an meinen Anzügen gehangen und an allem, was immer mir Sicherheit verlieh. Nach den Exerzitien aber räumte ich mein ganzes Zimmer aus – ich wollte nur noch vom Vater im Himmel abhängig sein. Selbst die Noten wurden mir unwichtig. Während des ganzen Studiums achtete ich kaum mehr auf die Noten, die mir bis dahin einziger Maßstab des Erfolges waren. Nachdem ich jahrelang jedermann als Konkurrenz im Kampf um Anerkennung und gute Noten empfunden hatte, dankte ich jetzt für die guten Noten und Einsichten *anderer*.

Johns Tod mit den Augen Jesu zu sehen hat mir bis heute zu einer neuen Sicht verholfen: An die Stelle des Trennungsschmerzes ist Dankbarkeit für das Wachstum durch die Trennung getreten. Ich glaube nicht, daß meine Eltern meine liebe Schwester adoptiert hätten, wenn wir nicht in der Einsamkeit nach Johns Tod gespürt hätten, daß wir ein kleines Mädchen brauchen, das wir gern haben. Ich bin auch meinem Bruder Dennis nähergekommen. Bis heute schreiben wir gemeinsam Bücher, geben zusammen Exerzitien und teilen praktisch das ganze Leben. Wir kamen uns näher, weil Johns Tod uns zeigte, daß wir den andern keineswegs als selbstverständlich hinnehmen können. Ich wollte einfach nicht, daß auch Dennis stirbt, ohne daß wir das Kriegsbeil begraben haben, ohne daß ich seine tiefsten Gefühle kenne und mit ihm teilen kann.

Johns Tod wurde mir auch für mein Priestertum zum Segen. Als Krankenhausseelsorger konnte ich Eltern beistehen, die ein Kind verloren hatten, weil ich wußte, wie ihnen zumute war und daß sie sicher sein wollten, nicht schuldig zu sein. Als Beichtvater konnte ich Beichtenden die Schuldenlast abnehmen, denn ich kannte das tödliche Gefühl: „Ich tauge nichts." Das Leiden an Johns Tod hat mich auch dazu geführt, um körperliche und seelische Heilung zu beten, wenn ich Menschen entstellt oder gelähmt sah. Im Gebet um seelische Heilung verwende ich die in diesem Buch beschriebenen fünf Stufen des Sterbens vielleicht nur deswegen, weil mir Johns Tod das *Geschenk des Lebens* deutlicher vor Augen gestellt hat.

Ich möchte das Geschenk des Lebens, das John nur drei Jahre lang zuteil wurde, gut gebrauchen. Ich möchte mein Priestertum als Zeichen seiner Liebe erleben, seines Lachens und Weinens. Ich möchte mit Johns Hilfe mehr für meinen himmlischen Vater leben und weniger für den Ruhm von Menschen, die kommen und gehen. Ich möchte Christus helfen, Erinnerungen zu heilen. Ich möchte anderen helfen, ihr Leben mit seinen Augen zu sehen, in seiner neuen Freiheit zu leben.

Was mir geschah, kann jedem geschehen, der sein Leben mit den Augen Jesu, des Lichtwesens, sehen lernt. Leide ich erneut an einem negativen Gottesbild oder einem negativen Selbstverständnis (zum Beispiel wenn ich Komplimente nicht annehmen kann), dann lasse ich mit Jesus zusammen mein Leben an mir vorüberziehen. In seinem Licht schaue ich auf ein unbeschriebenes Blatt Papier, als wäre es ein Fernsehschirm, der mir jene Teile meines Lebens zeigen soll, die Christus mir zeigen möchte. Kommt mir etwas in den Sinn, dann male ich ein Bild oder schreibe ein Wort auf diesen „Bildschirm". Schließlich danke ich Jesus für das, was am stärksten von seiner Liebe kündet. Nach diesem Gebet sagt Jesus meinen Namen: „Matt!" Er spricht ihn liebevoller aus, als ihn je einer ausgesprochen hat.

Bin ich betrübt, dann funktioniert mein „Fernsehschirm" weniger gut: Jesus sendet keine Bilder. Dann *höre* ich, wie Jesus mich etwas fragt, um in mir wachzurufen, wie er mich durch andere Menschen geliebt hat – und auch andere durch mich.

Rückblick auf mein Leben mit Jesus

Von anderen geliebt

1. Wer sind die Menschen (Verwandte, Freunde, Lehrer), die mich am meisten geliebt haben? (Ich gehe durch die Eingangstür in jeden Raum eines jeden Hauses, in dem ich je gelebt habe, bis ich diejenigen finde, die mich wirklich lieben. Dann konzentriere ich mich auf *einen* Menschen: Mit Christus zusammen danke ich für seine Liebe.)
2. Welche Ereignisse (Anforderungen, Gebete, Erfolge) haben mich am meisten wachsen lassen? (Ich gehe durch Schulklassen, Arbeitsräume, Privathäuser und verweile dort, wo ich am meisten gewachsen bin.)
3. Wo habe ich Gottes Vergebung am intensivsten erfahren? (Wann habe ich „Tut mir leid" gesagt und es wirklich so gemeint?)

Von mir geliebt

4. Welche meiner Gaben hat Gott gebraucht? Was habe ich gelernt? Was tue ich gern? Was waren meine besten Zeiten? (Ich konzentriere mich auf jeden Körperteil, bis ich Gott auch für die Gabe meines Körpers danken kann.)
5. Wem geht es besser, weil er Gott durch mich begegnet ist? (Ich achte auf Menschen, denen ich zugehört habe, für die ich gebetet habe, denen ich geholfen habe, mit denen ich gelacht habe.)

6. Wann und wo habe ich mich wirklich um jemanden gekümmert, der mich verletzt hat und dem ich wirklich vergeben habe? (Ich achte auf Zeiten, wo andere mir *nicht* zugehört haben, *nicht* dankbar waren und ich doch gelächelt habe.)

Von mir verletzt

7. Wie der Vater des verlorenen Sohnes hat Randolph Patty selbst in ihren schlimmsten Zeiten geliebt. Was ist das Schlimmste, das ich je im Leben getan habe? Wie sehr haben Jesus und der Vater mich auch dann noch geliebt? (Ich achte auf jene, die mich am meisten lieben, weil ich sie am meisten verletzen kann.)

Von anderen verletzt

8. Wann bin ich am meisten verletzt worden? Wie bin ich daran gewachsen? (Ich achte auf jene, die mich am meisten lieben, weil sie mich am meisten verletzen können.)

Die letzten Fragen sind schwerer zu beantworten, sie offenbaren Gottes Liebe. In guten Zeiten ist es leichter anzunehmen, daß Gott mich liebt, als in schlechten, wenn ich verletzt bin oder andere verletze. Aber ich kenne die Tiefe der Liebe Gottes nicht, solange ich nicht weiß, daß er auch das Schlimmste in mir noch liebt – das, was ich sogar vor den besten Freunden verberge und manchmal auch vor mir selbst. (Wer anders als Randolph Hearst hätte eine Patty lieben können?)

Ich muß zunächst ganz von der Liebe Gottes durchdrungen sein (Fragen 1 bis 6), bevor ich eine Antwort auf die Fragen 7 und 8 wagen kann. Die folgenden Kapitel behandeln aber gerade die Fragen 7 und 8. Man verschwendet Zeit und Energie mit dem Weiterlesen, wenn man nicht zuvor die Fragen 1 bis 6 im *Gebet* beantwortet hat – und *erfahren* hat, daß Christus uns wirklich liebt.

6. Kapitel
Die zweite Vorbedingung: Einem liebenden Gott kann ich alles sagen

Mich irritieren Leute, die mit einem frommen Lächeln sagen können: „Du brauchst nur zu beten – und du wirst die Liebe Gottes erfahren!" An den Tagen, an denen selbst die Briefmarken nicht kleben, scheint mir der heilende Christus so weit weg wie das Emmaus-Erlebnis oder die „Leben-nach-dem-Tod"-Erfahrung mit dem Lichtwesen. Ein Gespräch mit Christus über die Heilige Schrift verläuft dann so trocken wie ein Gespräch über Websters Wörterbuch. Das Gebet scheint kaum etwas zu ändern – es ist wie eine Unterhaltung, nach der ich genauso leer bin wie vorher. Wann aber verändert ein Gespräch mein Leben? Ein Austausch in der Tiefe *unterläuft* Klischees wie das Gerede vom Wetter. Es dreht sich nicht nur um anderer Leute Sorgen, sondern ermöglicht mir die Mitteilung meiner innersten Probleme. Wenn ich wie die Emmausjünger einem andern mitteilen kann, daß ich müde bin von der Suche nach Geborgenheit und verloren wie ein Hund, weil mir ein Freund gestorben ist, daß ich Angst habe vor der Zukunft und eine Wut auf mich selbst, weil ich versagt habe, dann *verändert* dieses Gespräch etwas. Es bleibt in der Erinnerung haften.

Wenn mein Gebet nichts an meinem Leben ändert, dann bete ich nicht wie Teresa von Avila, die ihre inneren Kämpfe Gott mitteilte, sondern ich verberge meine wirklichen Gefühle vor Jesus. Die heilige Teresa, diese große Gebetslehrerin, schreibt in ihrer Autobiographie, Verwundungen durch die Einsamkeit und die Unfähigkeit zu beten teile sie einfach Jesus mit. Geheilt würden sie dadurch, daß sie zuschaue, was Jesus aus ihrer Einsamkeit mache. Ich dagegen rede allzuoft in Klischees. Ich leiere fertige Gebete herunter, konzentriere mich auf anderes (den Hunger in der Welt!), auf Theorien (Warum läßt er das Leiden zu?), auf Bitten (Hilfe beim Predigtvorbereiten) und auf Ideen (was ich gern für ihn tun *würde*). Aber ich sage ihm *nicht,* wie ich mich *wirklich* fühle: müde, verängstigt, wütend, fad, allein, verwirrt oder voller Furcht. Wenn ich die Gefühle überhaupt berühre, dann nur, um ihm für positive Gefühle zu danken: Freude, Frieden, Geduld – oder ihm zu sagen, wie ich mich gern fühlen *würde*. Zu oft komme ich mit jenem Lächeln zu Christus, das ich auch dem zeige, dem ich nicht traue und vor dem ich meine Gefühle lieber verberge. Unbewußt denke ich immer noch, wenn er mich wirklich kennen würde, würde er mich nicht lieben.

Im Grunde meine ich, Christus liebt mich nicht, weil *ich* mich nicht liebe. Wenn ich mich wütend, deprimiert, frustriert fühle, dann übertrage ich auf andere, was in mir vorgeht. Ich bin wie mein fünfjähriger Vetter, der laut aufschreit, weil er eine Vase zerschlagen hat, und zu seinem Vater sagt: „Schrei mich nicht an, Papa, ich schreie schon selbst!" Der Satz: „Wenn er mich wirklich kennen würde, würde er mich nicht lieben" bedeutet in Wirklichkeit: „Ich liebe mich nicht einmal selbst, also wird mich Jesus auch nicht lieben." Kann ich meine eigene Wut, Furcht oder Depression nicht annehmen, so werde ich mich einem Richter gegenüber wähnen, nicht einem Lichtwesen. Ich werde *meinen* Lebenslauf wiederfinden – und nicht *seine* Sicht meines Lebens.

Meine Gefühle annehmen und sie dem Lichtwesen mitteilen

Nachdem ich diesen Abschnitt dreimal geschrieben habe, bin ich ganz „frustriert" (das ist die elegante Wendung für meine kalte Wut in meinem kalten Zimmer). Vielleicht meine ich, ich habe keinen Einfluß darauf, ob mir kalt ist oder ich frustriert bin. Aber wie ich entscheiden kann, ob ich die Heizung andrehe oder friere, so kann ich wählen, ob ich frustriert bleiben möchte oder etwas dagegen unternehme. Kalte Zimmer und Gefühle werden nur dann gefährlich, wenn man ihnen zuviel oder zuwenig Bedeutung beimißt. Wenn ich den kalten Ofen, die kalte Wut oder die Frustration nicht zur Kenntnis nehme, hole ich mir entweder eine Erkältung oder eine noch größere Frustration. Ich kann mich also auch irren, wenn ich meine Gefühle verharmlose! Genauso wie mich das kalte Zimmer nicht ohne weiteres dazu bewegen kann, mit dem Schreiben aufzuhören, sollten mir die Gefühle nicht diktieren können, das Leben aufzugeben! *Nur* den Gefühlen zu folgen, indem ich tue und sage, was ich fühle, ist nämlich keine Freiheit, sondern Sklaverei! Freiheit bedeutet zunächst *anzunehmen,* was ich fühle, ob es nun Kälte, Furcht, Einsamkeit, Frustration oder Freude ist, und dann frei zu *entscheiden,* wie ich darauf reagiere. Ich wurde gelehrt, Gefühle seien wie das Feuer im Ofen, das ich inzwischen angezündet habe. Das Feuer im Ofen wärmt und schützt mich gegen die Kälte. Erst wenn es außer Kontrolle gerät, kann es das Haus zerstören und mich dadurch der Kälte noch mehr aussetzen. Wie das Feuer können Gefühle uns schützen, wenn wir richtig damit umgehen – und uns zerstören, wenn wir sie nicht beachten. Sie sind einfach da!

Um sie vor dem kritischen Auge der andern zu verbergen, bewahren wir unsere alten Öfen in einem dunklen, staubigen Untergeschoß auf. Dasselbe machen wir mit unseren Gefühlen, besonders mit den „negativen". Seitdem man uns als Kinder anschrie: „Hör auf zu schreien wie ein Baby!", haben wir immer brav gelächelt und unsere Wut hinuntergeschluckt, wenn wir verdroschen oder gescholten wurden. Elterliche Liebe und Anerkennung von Gleichaltrigen haben wir nur bekommen, wenn wir Angst, Zorn und andere „negative" Gefühle im staubigen Untergeschoß des Unbewußten verbargen. Man hat uns auch beigebracht, mit Gefühlen fertig zu werden, indem wir sie benennen lernen. Der gefürchtete Buhmann, der an das mondbeleuchtete Fenster klopfte, zog sich zurück, sobald wir bemerkten, daß der Wind einen Ast gegen die Scheibe schlug. Je genauer wir benennen können, was wir fürchten oder fühlen, desto besser können wir damit umgehen – und brauchen es nicht mit uns umgehen zu lassen. Ein Gefühl richtig zu benennen ist aber schwer, denn man hat uns dazu erzogen, Gefühle mit falschen Etiketten zu versehen. Es klang einfach besser, ein Rauhbein anzufahren: „Hau ab oder ich schlag dich zusammen!", als ihm die Furcht einzugestehen: „Ich habe Angst, du tust mir weh!"

Mit zunehmendem Alter wuchs auch das Raffinement, uns

zu verstellen. Die Angst, in Mathematik zu versagen, wurde zur Wut über „diesen langweiligen Lehrer". Wir lernten unsere Gefühle hinter dem „Es" zu verstecken, um nicht das „Ich" preisgeben zu müssen. „Ich langweile mich in der Klasse" wurde zu: „Es ist eine langweilige Klasse." Das „Du" konnte ebenfalls helfen, Gefühle zu verbergen. Statt „Ich habe eine Wut" sagte man einfach: „Du machst mich wütend." Wir konnten sogar behaupten, uns mit Gefühlen auseinanderzusetzen, indem wir sagten: „Ich habe das *Gefühl,* es ist sein Fehler." Gemeint war dagegen: „Ich *denke,* es ist sein Fehler." Wo aber ein „Ich denke" das „Ich fühle" ersetzen kann, wird ein Urteil darüber ausgesprochen, ob etwas richtig oder falsch ist – und nicht ein *Gefühl,* das einfach *da ist.* „Ich habe das Gefühl, es ist sein Fehler" verbirgt das Empfinden: „Ich fühle mich verletzt von ihm." Gefühle sind gewöhnlich die Stimme des inneren Kindes, das nicht denkt, sondern das weint, lacht und sagt: „Ich möchte, ich brauche, ich wünsche; ich will nicht, ich kann nicht, ich mag nicht."

Therapeuten wie Eugen Gendlin fanden, daß verdrängte Gefühle sich in körperlichen Symptomen wie Spannung, Müdigkeit, Kopfschmerzen oder Magenverstimmung auswirken. Er empfiehlt, daß wir uns auf die Kopfschmerzen konzentrieren und dann sagen: „Du warst ein Gefühl, aber ich habe dich hinuntergeschluckt, darum wurdest du zu Kopfschmerz. Jetzt kommt aber das Gefühl wieder!" Mit einiger Übung verbindet sich dann die körperliche Reaktion mit einem Gefühl der Furcht oder des Zornes, vielleicht auch mit einer Phantasie wie dem freien Fall durch den Raum. Ist das Gefühl erst einmal festgestellt, kann ich auch fragen, warum ich so fühle. Habe ich schließlich das echte Gefühl geortet, einschließlich des echten Grundes dafür, wird das körperliche Symptom langsam verschwinden.

Gestern zum Beispiel begann ich zu schreiben, um eine Viertelstunde später das Geschriebene wieder zu zerreißen. Eine innere Stimme wollte sich Gehör verschaffen. Ich legte mich aufs Bett und hörte auf meinen Körper: Die Stirn war gespannt, der Nacken steif und die Kiefer verbissen. Langsam verwandelte sich die körperliche Spannung in verdrängte

Gefühle. Zunächst dachte ich, es wäre die Wut darüber, daß ich nicht schreiben kann. Aber Wut paßte nicht zu dieser Spannung. Ich wollte krampfhaft nach etwas greifen. Ich wollte in den Griff bekommen, wo ich nächstes Jahr studieren sollte. Es fühlte sich an, als würde ich in dichtem Nebel hart an der Kante eines Felsenkliffs dahinwandern und mich andauernd fragen, welcher Schritt in den Abgrund führen würde. Warum wollte ich unbedingt etwas über das nächste Jahr wissen? Als ich mich auf die Spannung konzentrierte, kamen verschiedene Gründe hoch. Dann wurde alles sehr deutlich. Tief innen fürchtete ich, Jahre weiteren Studiums würden in mir den Wunsch wach werden lassen, alles bisher Geschriebene zu zerreißen. Mein Selbstverständnis war derart an meine Seminare und Bücher gebunden, daß ich mir nicht eingestehen konnte, wie sehr alles auf Sand gebaut war. Die Furcht vor dem Versagen war einfach zu bedrohlich! So hatte ich sie verdrängt. Aber sie ließ mich jetzt nicht weiterschreiben. Sobald ich meine Furcht vor dem Versagen annehmen und Christus mitteilen konnte, verließ mich alle Spannung. Ich konnte wieder schreiben! Es bestand keine Notwendigkeit mehr, meine wahren Gefühle zu verdrängen.

Verdrängte Gefühle hinderten mich aber nicht nur am Schreiben, sondern auch am Beten! Auf die Frage, was am notwendigsten für ein erfolgreiches Gebet sei, antwortete Martin Luther: „Gott nicht anlügen." Wir lügen Gott an, wenn wir ihm sagen, was wir fühlen *sollten* – und nicht, was wirklich in uns vorgeht. Ein Gebet wie: „Himmlischer Vater, ich komme zu dir vor deinen himmlischen Thron mit den tiefsten Gefühlen des Glaubens, der Hoffnung und der Liebe" ist eine fromme Lüge, wenn ich nicht zufällig gerade dem heiligen Petrus begegnet bin und schon das Lächeln der Ewigkeit in mir habe. Christus war ganz und gar nicht für die frommen Klischees des Pharisäers zu haben – umso mehr aber schätzte er das Gebet des Zöllners, das von Herzen kam: „O Gott, sei mir armen Sünder gnädig!"

Um meine Gefühle zu entdecken, muß ich sie zunächst anschauen *wollen,* anstatt sie zu verdrängen. Gefühle sind immer da, aber sie werden nicht immer gehört. Unser

„Radio", auf die Gefühle zu hören, kann ein guter Freund sein, dem wir Höhen und Tiefen anvertrauen. Weil ein guter Freund aber nicht immer zur Hand ist, schreibe ich meine Gefühle häufig auf, bevor ich mit dem Gebet beginne. Das Aufschreiben legt fest, was ich wirklich fühle. Manchmal ist mir das Sprechen auf Band und das Abhören des Gesagten eine Hilfe zur Ortung dessen, was ich wirklich fühle. Sogar das laute Aussprechen meiner Gefühle Christus gegenüber hilft mir zu unterscheiden, was echt klingt und was nicht.

Die Heiligen des Alten Testamentes erstaunen uns durch ihre Fähigkeit, laut aus der Tiefe zu beten. Ijob verflucht den Tag, an dem Gott ihn geschaffen hat, Jeremia stürmt auf Gott ein, daß er ihn zum Narren gehalten hat, und der Psalmist sagt, Gott möge die Köpfe seiner Feinde am Felsen zerschlagen. Wir überlesen diese Stellen meistens, weil wir nicht vertraut damit sind, aus der Tiefe des Herzens zu beten. Was wirklich in uns vorgeht, mögen wir nicht leiden. Aber wenn wir beten und seelisch gesund bleiben wollen, dann müssen wir Gott *alles* mitteilen. Der Theologe und Psychologe John Powell beschreibt die psychologische Grundlage des Gebetes folgendermaßen: „Ich höre Ijob den Tag verfluchen, an dem Gott ihn geschaffen hat, Jeremia Gott anklagen, daß er ihn zum Narren hält, und den Psalmisten Gott bitten, seine Feinde zu vernichten. Ich möchte ihnen gratulieren, daß sie Gott gesagt haben, was wirklich in ihnen vorgeht. Sie haben gewußt, wie man betet. Im Bemühen, den Menschen von zerstörerischen und unbewußt verdrängten Gefühlen zu befreien, bedient sich die moderne Psychologie aller möglichen therapeutischen Methoden, ihn mit seinen wahren Gefühlen zu konfrontieren. Das ungeschriebene, aber durch die Praxis gesicherte Versprechen heißt dabei: Wer lernt, seine wahren Gefühle andern gegenüber auszudrücken, wird durch diese Kommunikation seine Beziehungen vertiefen und durch vertiefte Beziehungen geistige und seelische Gesundheit finden. Das gilt auch für das Gebet. Wenn ich mir vor Gott eine Maske aufsetze, dann werde ich nie eine echte Beziehung zu ihm finden, nie wirklich beten, ihn nie richtig kennenlernen und nie den Eindruck haben, daß er mich kennt. Meine

Glaubensbeziehung wird bestenfalls oberflächlich und mit frommen Klischees, religiösen Phantasien und Illusionen überladen sein."[10] Der heilige Augustinus betete aufrichtig: „Herr, gib mir die Gabe der Keuschheit, aber nicht jetzt!" Jesus möchte mit uns sprechen, damit wir ihm übergeben können, was wir auf dem Herzen haben. Bete ich, dann stelle ich mir oft vor, daß Jesus neben mir sitzt wie neben der Samariterin am Jakobsbrunnen (Joh 4). Ich merke, daß er Durst hat und daß er nicht nur Wasser möchte, sondern in der Tiefe mit mir teilen. Indem ich den Eimer den dunklen Brunnen hinunterlasse, bitte ich darum, daß er mit Wasser aus den Quellen verborgener Gefühle gefüllt werde, die ständig in Bewegung sind. Dann steige ich selbst diesen dunklen Brunnen hinab und suche nach einem reineren Gefühl, frei vom Schutt der Oberfläche. Unter dem Zorn über eine weitere Unterbrechung fördere ich vielleicht den Zorn auf mich selbst und meine Ungeduld zutage – und noch tiefer darunter die Furcht, nicht so zu leben, wie ich schreibe.

Dann ziehe ich den Eimer mit der Furcht, ein Heuchler zu sein, wieder hoch und teile das alles Christus, dem Lichtwesen, mit. Denn Christus möchte mit mir über meine Lebensgeschichte sprechen. Er weiß, daß ich das lebenspendende Wasser der *Annahme* brauche, um von vergangenen Verwundungen geheilt zu werden. Wie die Samariterin werde ich fähig, meine Heuchelei und mich selbst anzunehmen. Ich kann jetzt umkehren und zu jenen sagen, die mich verwundet haben: „Kommt und seht einen, der alles weiß, was ich je getan habe! Sollte es etwa Christus sein? Ja! Ich bin Christus wirklich begegnet!"

Ich brauche nicht zu warten, bis der Tod eintritt, um diesem Lichtwesen zu begegnen. Wie die Emmausjünger oder die Samariterin begegne ich ihm, wo immer ich mit ihm zusammen meine tiefsten Gefühle des Verletztseins durchgehe und alles in seiner liebenden und heilenden Sicht annehme.

Bin ich wie die Emmausjünger bereit, mit Christus die Furcht, die Frustration, den Zorn, die Wut und den Selbst-

---

[10] John Powell, *Reason to Live, Reason to Die,* Niles 1975, S. 145.

haß, die ich in all den Jahren verdrängt habe, anzuschauen? Bin ich bereit, mir durch die Schrift zeigen zu lassen, daß ich in mir Groll, Selbstmitleid, Verachtung gehegt habe? Kann ich mit Jesus teilen, was ich mit andern nicht teilen möchte? Bin ich bereit, mich heilen zu lassen – oder möchte ich immer so weiter lächeln und behaupten, alles sei in Ordnung?

Vierter Teil
Die fünf Stufen des Sterbens und Vergebens

Fühlen wir uns von Gott soweit geliebt, daß wir ihm unsere Gefühle mitteilen, dann können wir ihm auch unsere schmerzlichen Erinnerungen anvertrauen, damit sie geheilt werden. Elisabeth Kübler-Ross hat dargestellt, wie Sterbende die fünf Stufen des Nicht-wahrhaben-Wollens, des Zornes, des Verhandelns, der Depression und der Zustimmung durchschreiten. Die nächsten fünf Kapitel dieses Buches wollen zeigen, wie diese fünf Stufen auf die Heilung von Erinnerungen angewandt werden können. Dabei wird jedes Kapitel die jeweilige Stufe unter vier Gesichtspunkten behandeln: 1. Symptome, 2. Biblische Grundlagen, 3. Heilende Wirkung, 4. Aufarbeitung im Gebet.

Der erste Abschnitt über die Symptome will helfen, Gefühle zu erkennen, durch die der Heilige Geist auf dieser Stufe zu uns spricht. Der zweite Abschnitt über die Heilige Schrift soll zeigen, wie der Heilige Geist auch früher schon in ähnlichen Situationen gewirkt hat, besonders durch die Heilung von Erinnerungen beim verlorenen Sohn, wo Todbringendes zu Lebenspendendem wurde. Der dritte Abschnitt beleuchtet, warum von den Gefühlen der jeweiligen Stufe auch eine heilsame Wirkung ausgeht, so daß wir sie annehmen und an ihnen wachsen können. Der vierte Abschnitt schließlich zeigt auf, wie man die Stufe im Gebet aufarbeitet, indem man sich die Haltung Jesu zu eigen macht und die Verletzung vergeben lernt.

Von der ersten bis zur letzten Seite möchten diese Kapitel nicht nur überflogen werden! Um sie recht zu verstehen, erinnern wir uns am besten an eine persönliche Verletzung, beten sie auf jeder Stufe durch und überprüfen das Gesagte an der eigenen Erfahrung. So wie es sicher fruchtbarer ist, eine Stunde lang das persönliche Erleben einer Schriftstelle zu überbeten, anstatt das ganze Evangelium in einem Zug herunterzulesen, so wird es auch nutzbringender sein, bei der Arbeit an diesen Kapiteln eigene Erfahrungen in Ruhe zu überbeten, als das ganze Buch auf einmal zu verschlingen. Es baut nämlich auf den *Geistlichen Übungen* des heiligen Ignatius von Loyola auf. Wie diese sollte es nicht nur gelesen, sondern in dreißig Tagen des Gebetes durchlebt werden. Das hier Gesagte ist uns zumindest vom *Wissen* her meist schon bekannt – aber damit ist es noch nicht *im Gebet und im Herzen erfahren.* Am fruchtbarsten werden unsere Seminare über Heilung von Erinnerungen nicht für jene, die sich Notizen machen, um alles schwarz auf weiß nach Hause zu tragen, sondern für diejenigen, die *beten* – und dadurch *geheilt* werden.

7. Kapitel
Die erste Stufe: Nicht-wahrhaben-Wollen

Als Krankenhausseelsorger war ich oft dabei, wenn der Arzt dem Patienten sagte, er habe Krebs: Kein einziger, der das nicht zunächst geleugnet hätte. Er sprach über etwas anderes, behauptete, so schlimm wäre es ja gar nicht, arbeitete mehr als je zuvor oder schminkte sich sorgfältiger, um schwindende Schönheit festzuhalten. Genauso aber verhalte ich mich bei einer *seelischen* Verletzung.

Einmal wurde ich zutiefst verletzt, als ich zu den Sioux-Indianern in Süd-Dakota geschickt wurde. Ich fühlte mich etwas unsicher, denn ich unterrichtete zum ersten Mal in meinem Leben. Und weil ich in der Internatsschule die Kinder auch abends beaufsichtigen mußte, blieb mir wenig Zeit zur Vorbereitung meines Unterrichts, so daß ich den Schülern nie mehr als ein oder zwei Seiten voraus war. Ich erfand daher laufend neue historische Tatsachen: Napoleon hatte ein Pferd mit sechs Beinen, das anderthalb mal schneller war als jedes vierbeinige Pferd. Das hielt die Sioux-Indianer zumindest gelegentlich davon ab, ihre Initialen in die Pulte zu schnitzen. Ich gab mir zwar redlich Mühe, meine Stunden besser vorzubereiten, hielt mich aber dennoch für einen Versager.

Als ich mich schon ganz klein und unfähig fühlte, luden mich die Priester, mit denen ich zusammenlebte, zu einem Vortrag über das Gebet ein. Ich versuchte ihnen klarzumachen, daß ich kein Fachmann fürs Gebet wäre und kaum einen Augenblick Zeit hätte zu beten. Ich sollte ihnen jedoch gerade von meinem Ringen um das Gebet berichten! Mit einigem Zögern stimmte ich zu. Ich dachte, wenn ich ihnen mitteile, wie ich mich mit dem Gebet herumschlage, dann wird ihnen das bei der eigenen Auseinandersetzung helfen und auch mir nutzen. Ich versuchte, ehrlich zu sein und *alles* zu sagen. Sogar den Kampf mit dem Unterricht, der sich bis in mein Gebet fortsetzte, erwähnte ich. Schließlich war ich ganz zufrieden mit mir, weil ich meine Schwierigkeiten mit dem Gebet offen auf den Tisch gelegt hatte.

Auf dem Weg ins Eßzimmer, wo es Kaffee und Kuchen geben sollte, machte ich am Schwarzen Brett halt. Dort hörte ich zufällig ein Gespräch mit. Zwei gute Freunde versuchten sich von meinem Vortrag zu erholen. Noch heute ist jedes einzelne Wort in meiner Erinnerung wach. Der eine sagte: „Was meinst du zu diesem Vortrag?“ Und der andere: „Es hörte sich an wie das Referat eines Novizen. Kaum glaublich, daß der Jesuit ist und seit sechs Jahren betet! Ich möchte wissen, wie lange er noch Jesuit bleibt!“

Ich dachte, mich trifft der Schlag! Sollte es wirklich mein guter Freund Gustav gewesen sein, der sagte, aus mir würde nie ein richtiger Priester werden? Der Mund blieb mir offen, die Knie zitterten mir, und der kalte Schweiß lief mir den Rücken hinunter. Ich fühlte mich allein und verlassen in einer Welt voller Scharfschützen. Einer hatte mir gerade das Bajonett in den Rücken gebohrt und darin herumgestochert. Ich stand wie erstarrt und gab vor, die Anschläge auf dem Brett zu lesen, auch wenn die Buchstaben vor meinen Augen verschwammen. Ich war fassungslos wie eine liebende Frau, deren Mann zum ersten Mal von Scheidung redet: Warum überhaupt noch weitermachen?

1. Symptome des Nicht-wahrhaben-Wollens

Dann aber blendete ich die Verletzung langsam aus – einfach um weiterzumachen. Nicht-wahrhaben-Wollen führt zu psychologischen Verteidigungsmechanismen und sündhaften Verhaltensweisen: Ich versuche mich wichtig zu nehmen! Meine beliebteste Verteidigung ist Rationalisierung, nämlich der Versuch, mir logisch zu beweisen, daß alles in Ordnung ist. Mein Verstand sagte mir mehrmals fieberhaft: „Der macht ja nur Spaß. Das sagt der über jeden Vortrag. Das ist eben *seine* Meinung. Sechs andere fanden meinen Vortrag sicher gut.“ (Hier machte ich eine Pause, um mir vorzustellen, wer meinen Vortrag loben würde und wie.) „Außerdem kam er ja auch zu spät. Er hat den besten Teil verpaßt, kann also gar nicht über den ganzen Vortrag urteilen. Was kümmert mich, was er zu sagen hat!" Zunächst traute ich meiner Selbstermutigung selber nicht, aber nachdem ich sie einen Tag lang immer wieder neu formuliert, überarbeitet und ausprobiert hatte, war ich schließlich überzeugt, daß alles in Ordnung sei. Ich verdrängte den Schmerz durch Rationalisierungen wie „Es hätte noch viel schlimmer kommen können, so etwas kann jedem passieren".

Durch dieses Nicht-wahrhaben-Wollen aber schluckte ich nicht nur den Schmerz hinunter (ich fühlte mich zwar immer noch unwohl, aber nicht mehr so am Boden zerstört), sondern gleichzeitig auch Furcht und Zorn. Zunächst hatte ich Angst davor, Gustav noch einmal zu treffen und noch eins ausgewischt zu bekommen. Ich machte einen Bogen um ihn. Nach und nach aber gewöhnte ich mich wieder daran, neben ihm zu sitzen. Unsere Gesprächsthemen blieben freilich auf das Wetter und den Sport beschränkt. Langsam schlug meine Hemmung, mit ihm zusammenzusein, in ein vages Nichtmögen um: ein Gefühl des Unbehagens, das ich manchmal Fremden gegenüber habe. Schließlich fiel es mir schwer, mich auch nur zu erinnern, daß er mich verletzt hatte – abgesehen von der Tatsache, daß ich nur halb zuhörte, was er sagte, daß ich meine Gefühle vor ihm verbarg, daß ich mir überlegte, was ich sagte, und daß ich nicht ganz so dankbar war, daß es ihn gab, wie bei den anderen Mitbrüdern.

Ich versuchte meine verletzten Gefühle hinunterzuspülen – nicht mit Alkohol oder Drogen, sondern mit subtileren Ausflüchten wie Arbeiten, Fernsehen, Essen und Schlafen. Ich hätte wissen sollen, daß all das Kompensationen waren, um die Frustration im einen Bereich durch Gratifikationen im andern auszugleichen. Ich arbeitete hart (das ist das beste Mittel gegen seelische Schmerzen!) und las immer *noch* ein Buch mehr, damit meine Schulstunden immer *noch* besser würden. Aber ich war eigentlich niemals ganz da, wenn ich las. Ich verschlang ein Buch nach dem andern – ohne zu wissen, was ich gelesen hatte.

Ich probierte eine Ausflucht nach der anderen – aber die

Freude war weg! Ich schaute mir ein Fußballspiel nach dem andern im Fernsehen an, bei den Werbespots verzehrte ich eine Handvoll Chips nach der andern. Ich schlief unruhig, träumte mehr als sonst (oft von Hetzjagden) und blieb gern fünf Minuten länger im Bett, bevor ich wohl oder übel den nächsten Tag anfing. Ich konnte mich nicht mehr richtig freuen, denn all das war nur kunstvolle Kompensation für einen echten Schmerz. Alle diese Ausflüchte führten zu noch intensiverer Verdrängung: Schmerzliche und gefährliche Gedanken wurden systematisch vom Bewußtsein ferngehalten. Langsam, aber sicher begann ich zu glauben: „Es war gar nichts gewesen."

Dafür brauchte ich jetzt eine Selbstbestätigung – nicht nur durch Chips, sondern vor allem durch Menschen. Ich ging von einem zum andern und fragte, was er von meinem Vortrag hielt, war aber immer noch unzufrieden mit dem Lob. Ich tat das Gegenteil von dem, was in mir vorging, lächelte sogar meinem Kritiker Gustav zu, nur um mir zu beweisen, daß gar nichts gewesen war. Ich war grundsätzlich der Meinung anderer – den Demokraten ein Demokrat, den Republikanern ein Republikaner. Alles, was ich brauchte, war ein Lächeln – und kein Argument. Weil ich das Lächeln von jedermann brauchte, dachte ich wirklich, alle lächelten. Sie lächelten aber nicht mehr als früher: Ich projizierte meine Wünsche auf andere und hielt diese Wünsche für Tatsachen.

Dasselbe machte ich mit Gott im Gebet. Ich wollte Trost, war aber nicht bereit, auf ihn zu hören und von ihm gefordert zu werden. 90 Prozent der Zeit redete ich auf ihn ein, nur 10 Prozent hörte ich zu. Das Hören auf Einsichten war mir wichtiger als das Hören auf Gefühle. Anstatt mich mit meiner Schwäche und meinen zartbesaiteten Gefühlen auseinanderzusetzen, breitete ich vor Gott meine „großen Gedanken" aus und ließ ihn zustimmend nicken. Meine großen Gedanken ermüdeten mich aber ziemlich bald selbst. Zwischen jede neue Einsicht schob sich eine neue Zerstreuung. Das Gebet schien ohnehin nicht viel zu ändern. Also betete ich weniger. Ich projizierte das Gefühl meiner Unwichtigkeit auf Gott. Damit wurde aber auch Gott unwichtig.

Ist Gott aber unwichtig und bin ich selbst unsicher, dann verberge ich meine Unsicherheit unter dem dunklen Mantel der Sünde – und weil alle Sünde ein Versuch ist, Unsicherheit zu verbergen, kommen die alten Verhaltensmuster der Sünde, die ich durch die Verletzung erlitt, anderswo wieder zum Vorschein: Der Stolz wächst, wenn ich versuche, mich selber größer zu machen, indem ich auf die Fehler anderer hinuntersehe, wenn ich sogar froh bin, daß andere es noch schwerer mit dem Unterrichten und dem Beten haben als ich selbst. Ich beginne dann, mich zurückzuziehen und andere unpersönlich zu behandeln, indem ich sie meide oder ihnen nur halb zuhöre und nicht mitbekomme, was sie empfinden.

Kurz, meine Gefühle waren verletzt, und ich war zu zart besaitet, mich mit den Gefühlen anderer zu beschäftigen. Alle diese Symptome: Rationalisierung, Intellektualisierung, Verdrängung, Projektion, Phantasie, Kompensation und Sünde, kehren nämlich regelmäßig dann wieder, wenn ich verletzt bin. Je tiefer die Verletzung, umso intensiver werden die Verteidigungsmechanismen – und umso unbewußter. Andere haben vielleicht andere Verteidigungsmechanismen und Sünden. Teilnehmer an Gebetskreisen verteidigen sich besonders gern mit: „Preis dem Herrn! Alles ist wundervoll!" Manchmal möchte ich mit C. G. Jung ihre Frau und Kinder fragen, wie es *wirklich* um sie steht – im Alltag nämlich und nicht nur beim Gebetstreffen!

2. Nicht-wahrhaben-Wollen in der Heiligen Schrift

Leider bin ich nicht der einzige, der je geleugnet hat, verletzt zu sein. Vor Verletzungen davonzulaufen, indem man sich durch ein verzweifeltes Nicht-wahrhaben-Wollen abzuschirmen sucht, ist so bekannt wie das Gleichnis vom verlorenen Sohn, der seine Erbschaft nimmt und von zu Hause fortläuft (Lk 15). Wir wissen nicht, warum. Vielleicht hatte er seine Mutter verloren, die nirgends erwähnt wird. Auf jeden Fall will der Sohn es nicht wahrhaben, daß er ein Problem hat oder daß sein Problem gelöst werden kann, indem er zu Hause bleibt und sich damit auseinandersetzt. Der Vater möchte seinerseits die kleinen Verletzungen nicht wahrhaben, die den Druck auf den Sohn bis zu einem Punkt steigern, daß dieser einfach auf und davon geht. Es war also durchaus nicht alles in Ordnung, selbst wenn der Sohn seine Arbeit tat, sich nie beklagte und brav zur Synagoge ging. Daß er so plötzlich sein Geld forderte und ging, konnte für den Vater nur in dem Maße erstaunlich sein, als auch er sich in eine Wolke des Nicht-wahrhaben-Wollens zurückgezogen hatte.

3. Nicht-wahrhaben-Wollen kann heilsam sein

Vor etwa einem Jahr hatte ich an einer unübersichtlichen Kreuzung einen Zusammenstoß. Mein Volkswagen war vollkommen zertrümmert, ich selbst kam ohne eine Schramme davon. Ich kletterte heraus, eine Krankenschwester aus der Nachbarschaft aber dachte, ich hätte einen Schock, und befahl mir, sitzen zu bleiben. Ich wollte nicht, denn es ging mir gut. Sie aber stieß mich zurück – da saß ich nun mitten im Blechsalat –, und jetzt kam auch der Schock!

Werden wir körperlich verletzt, etwa durch einen Unfall, so erleidet der Körper einen Schock, um Energie zu sparen. Wir werden bleich, haben einen schnellen Puls, atmen schwach und fallen in Ohnmacht. Jeder Pfadfinder weiß, daß man gegen diese Reaktionen nichts unternehmen soll. Hat einer einen Schock, soll man ihn liegen lassen oder hinlegen und ihm die Kleider öffnen, damit er besser atmen kann. Der Schock gehört bereits zur Heilung einer körperlichen Verletzung.

Erleiden wir nun eine *seelische* Verletzung, dann wollen wir zunächst den seelischen Schock nicht wahrhaben. Wie der Körperschock ist das eine *notwendige* Reaktion zur Wiederherstellung des seelischen Gleichgewichts. Man sollte darum nichts dagegen tun. Zusammenbrüche geschehen häufig dann, wenn wir uns mit etwas auseinandersetzen müssen, das wir besser negieren sollten. Bis wir fähig sind, Verletzungen aufzuarbeiten, sollten wir sie am besten gar nicht zur Kenntnis nehmen. Wären wir uns jeder vergangenen Verletzung bewußt, die der Heilung bedarf, würden wir uns ständig überfordert fühlen. Manchmal müssen wir es wie die Mitglieder der Anonymen Alkoholiker halten, die sich immer nur für *einen* Tag verpflichten und alle Verwundungen übersehen, die in Zukunft noch zum Vorschein kommen könnten. Wenn wir mit Kranken beten, legen wir es nicht darauf an, offene Wunden noch weiter aufzureißen, sondern vorsichtig an dem zu arbeiten, was der Kranke im Angesicht Christi *jetzt* ertragen kann. Durch Nicht-wahrhaben-Wollen wehren wir uns gegen die Überwältigung durch zuviel Angst, Ablehnung und Unsicherheit, die uns daran hindern, zurückzuschlagen.

Wie Trauern und Betroffensein kann auch Nicht-wahrhaben-Wollen mit Maßen zur Aufarbeitung von Ängsten beitragen. Eine Untersuchung zeigt, wie maßvolles Nicht-wahrhaben-Wollen zur schnelleren Genesung nach chirurgischen Eingriffen beiträgt. Je nach ihrer Betroffenheit von einer bevorstehenden Operation wurden die Patienten eingeteilt in solche mit übertriebener, maßvoller und gar keiner Anteilnahme. Die Gruppe mit übertriebener Anteilnahme, die also zuwenig innere Abwehr erkennen ließ, hatte die längste Genesungszeit, fast so lange brauchte die Gruppe ohne jegliche Anteilnahme, die zuviel Abwehrkraft investierte und deren Heilungsverlauf von den unerwarteten Schmerzen beeinträchtigt wurde. Am schnellsten geheilt wurde die Gruppe mit maßvoller Abwehr: Sie war zufrieden, daß die Schmerzen nicht heftiger waren als erwartet. Sie brauchte auch nur halb soviel Beruhigungsmittel für die postoperativen Schmerzen wie die anderen, weil die Kombination von Betroffenheit und Nicht-wahrhaben-Wollen den *seelischen* Schmerz nahezu ausschaltete.

Maßvolles Nicht-wahrhaben-Wollen kann auch zur *geistigen* Gesundung beitragen. Nach Exerzitien möchte ich gewöhnlich fünf wesentliche Dinge besser machen: mehr beten, mehr Zeit zur Vorbereitung des Gottesdienstes verwenden, dankbarer sein für alles, besser zuhören und Gott in allem finden, was ich tue. Ich bemühe mich um alle fünf Dinge gleichzeitig – und versage meist in allen fünf, weil ich meine Energie zersplittert habe.

Jahrhundertelang haben Mönche deswegen das sogenannte Partikularexamen angewandt: Sie konzentrierten sich darauf, nur einen und nicht fünf Fehler am Tag zu korrigieren. Achte ich nur darauf, meine Undankbarkeit zu korrigieren, indem ich Gott für alles danke, was geschieht, dann werden die anderen vier Fehler von selbst verschwinden. Denn wenn ich dankbar bin, finde ich Gott ohnehin in allem, was ich tue: Ich höre besser zu, ich möchte mehr beten und komme gut vorbereitet zum Gottesdienst, um Gott zu danken. Das Partikularexamen ist eine Art gesunder Abwehr, mich nicht überall gleichzeitig ändern zu wollen, sondern meine Aufmerksamkeit jeweils auf *einen* Bereich zu konzentrieren. Achten wir jeweils nur auf die Erinnerung *einer* Verletzung, die Christus *jetzt* heilen möchte, dann haben wir damit meist mehr Erfolg, als wenn wir gleichzeitig an der Heilung von zwei oder drei Erinnerungen arbeiten.

4. Nicht-wahrhaben-Wollen im Gebet aufarbeiten

Was den Emmausjüngern geschah, kann jedem von uns geschehen. Alle laufen wir vor dem Leiden davon: die Jünger vor dem Leiden Christi, ich vor der Verletzung am Schwarzen Brett, jemand anders vor einem Mißverständnis zu Hause. Aber worin auch die Verletzung bestehen mag, wir können durch dieselben drei Schritte geheilt werden, die die Emmausjünger unternahmen, indem wir a) Christus sagen, wie uns zumute ist (Lk 24,13–24), b) aus der Schrift heraushören, wie Christus empfindet (Lk 24,25–27), und c) mit brennendem Herzen die Reaktion Christi erleben (Lk 24,32–35).

Der Weg der Emmaus-Heilung, Christus unsere Reaktion zu übergeben und die seine zu übernehmen, war auch der Weg der heiligen Teresa von Avila, den sie sowohl für ihre Novizinnen vorschlug als auch für jene, die zur höchsten Stufe mystischen Gebetes vorgedrungen waren. Die heilige Teresa versichert, dies sei der Weg, den alle großen Kontemplativen gegangen seien, besonders der heilige Franz von Assisi, der heilige Antonius von Padua, der heilige Bernhard von Clairvaux und die heilige Katharina von Siena.

Wie aber können wir beurteilen, ob ein Mensch diese Stufe echten kontemplativen Gebetes schon erreicht hat? Die heilige Teresa betont, echte Kontemplative hätten viele Fehler außer dem einen: die Unfähigkeit zu vergeben. Für Teresa erwächst aus echter Kontemplation echte Vergebung – als Zeichen geheilter Erinnerungen. Wie die Emmausjünger schauen echte Kontemplative liebend auf die Menschlichkeit Christi, bis sie von der Liebe und der Vergebung des Heilands so erfüllt sind, daß sie schmerzliche Erinnerungen mit Hilfe seiner Liebe und Vergebung heilen lassen können.

Christus sagen, wie uns zumute ist

Um die Erinnerung an eine Verletzung zu heilen, muß ich dankbar sein für *alle* Gefühle, indem ich Christus jene verletzten Gefühle mitteile, die er geheilt sehen möchte. Solange ich aber in einer Abwehrhaltung bin, möchte ich Gott für alles danken – außer für meine *echten* Gefühle. Auf der Stufe des Nicht-wahrhaben-Wollens meine ich, dieses Buch sei für die andern, nicht aber für mich. Wir bedürfen aber *alle* der Heilung von Verwundungen, die uns hindern, zu lieben und geliebt zu werden. Häufig werden sie uns bewußt, wenn wir nicht einschlafen können.

Christus einige Fragen zu stellen kann helfen, die Verletzung näher zu umschreiben, die er von uns mitgeteilt haben möchte. Was hätte in meinem Leben anders laufen sollen? Was müßte geschehen, damit ich alles vollkommen in Ordnung finde? Wovor habe ich Angst? Tief innen habe ich wirklich gefürchtet, daß ich nicht gut bete und meine Berufung zum Jesuiten verliere! Ich vermied es, mit Gustav zu sprechen, der mich kritisiert hatte, wollte aber von allen anderen ihre Meinung hören. Für wessen Erfolg schien es mir am schwersten, Gott zu danken? Bin ich irgendwo wütend, ohne es zu wissen? Zeigt sich das an der Unfähigkeit, richtig zuzuhören? Zeigt es sich an unberechenbarer Kritik? Indem ich diese Fragen mit Christus durchspreche, wird das Nicht-wahrhaben-Wollen aufgedeckt. Ich kann jetzt einsehen, was mich *wirklich* verletzt hat. Manchmal sind diese Fragen unmöglich ehrlich zu beantworten, bevor ich nicht meine Gefühle einem Freund mitgeteilt und dadurch präzisiert habe oder sie zumindest aufgeschrieben habe. Je mehr Gefühle mitgeteilt werden, desto weniger können sie unterdrückt werden.

Habe ich erst einmal einen Zugang zu dem, was in mir vorgeht, dann kann ich das auch Christus mitteilen. Oft mache ich das laut, um zu sehen, ob es stimmt: „Herr, es geht alles ziemlich gut. Danke, daß du mir geholfen hast, diesen Vortrag über das Gebet zu halten, der den meisten gefiel. Ich werde auch mit denen fertig, die ihn nicht schätzten. Aber etwas verletzt mich. Ich gehe jetzt herum und suche nach Zustimmung. Etwas in mir will ich nicht sehen – und gerade das soll ich lieben! Was ist es nur? Warum bin ich gespannt wie ein Fidelbogen? Wann bin ich wirklich verletzt worden? Bin ich immer noch betroffen von der Kritik meines Freundes? Oder von etwas, das noch kommen wird?

Habe ich Christus gesagt, wie mir zumute ist, dann bitte ich ihn um Zugang zu jenen Gefühlen, die *er* heilen möchte. Geben wir Christus eine Chance, indem wir ein paar Minuten andächtig schweigend verharren, dann wird er uns auch jene schmerzlichen und uns beherrschenden Verletzungen bewußt machen, die jetzt geheilt werden müssen.

Manchmal führt uns Christus auch zurück zu längst vergangenen Verletzungen, die uns über Jahre gelähmt haben. Phil zum Beispiel hatte solche Angst vor dem Zahnarzt, daß er 23 Jahre lang nicht hingehen konnte – er wurde sogar ohnmächtig, wenn er nur seine Tochter begleiten mußte. Eine Psychotherapie, die nach Aussage des Therapeuten sechs Monate bis zwei Jahre in Anspruch genommen hätte, um aufzudecken, was hinter dieser Angst steckte, konnte er sich finanziell nicht leisten. So kam Phil zu unserem Seminar. Als wir mit einer Gruppe um Heilung von Erinnerungen beteten, machte der Herr ihm eine Erinnerung bewußt, die hinter dieser Angst steckte: Als er dreizehn war, hatte sich ein Zahnarzt ihm homosexuell genähert, zumindest mit Worten. Als Phil dagegen protestierte, band der Zahnarzt ihm die Hände am Stuhl fest und tat ihm besonders weh, indem er ihm einen Zahn ohne Betäubung aufbohrte. Dann schlug er ihm auch noch ins Gesicht und sagte, so weh würde das noch öfter tun, wenn er irgend jemandem davon erzählte. Dadurch war die Verletzung 23 Jahre lang verdrängt worden, bis Jesus sie ihm friedfertig zurückrief und ihm im Gebet half, dem Zahnarzt zu vergeben. Phil machte noch in der gleichen Woche die Probe aufs Exempel: Ohne jede Angst ließ er mehrere Wurzelbehandlungen vornehmen, vier Zähne mit Kronen versehen und eine Brücke anfertigen.

Einige Verletzungen gehen sogar noch weiter zurück, nämlich auf Schwangerschaft und Geburt. Barbara Shlemon zitiert eine Frau – nennen wir sie hier Annette –, die trotz elf Jahren Psychotherapie unter zwanghaften Ängsten litt. Jede Nacht stand sie bis zu neunmal auf, um die Schlösser, Öfen und Wandschränke zu kontrollieren. Sie konnte sich nicht erinnern, wann diese Ängste begonnen hatten. Im Gebet nahm Jesus sie mit zurück bis in den Mutterleib und bis zur Verletzung ihrer Mutter, die einen Sohn und einen Bruder verloren hatte. Im Mutterleib hatte Annette die Ängste ihrer Mutter übernommen, daß der Tod noch einmal zuschlagen könnte. Sie sah auch, wie ihre Mutter wegen ihrer äußerst schmerzhaften Geburt, die sich über drei Tage hingezogen hatte, sich nachher unbewußt von der Tochter distanzierte, weil sie ihr soviel Schmerzen verursacht hatte.

Annette hatte keinerlei bewußte Erinnerung an diese Ereignisse, vergab aber ihrer Mutter trotzdem. Zu ihrer eigenen Überraschung wurde sie geheilt – und schläft jetzt wieder jede Nacht durch. Ihre Mutter bestätigte später die drei Tage dauernden, äußerst komplizierten Wehen und den Tod des Sohnes und Bruders während der Schwangerschaft.

Manchmal macht Christus Verletzungen bewußt, manchmal aber heilt er auch Wunden, wenn wir uns auf eine ganz andere Erinnerung konzentrieren oder sogar im Schlaf. Eine Frau schlief, als eine Gruppe für die Heilung sehr früher Verletzungen betete. Sie erwachte mit dem Gefühl der Befreiung, kehrte vom Seminar heim und stellte fest, daß ihre Alpträume aufgehört hatten. Mit ihrer Mutter, einer nörgelnden Invalidin, kam sie plötzlich gut zurecht. Viel Heilung geschieht auch durch Träume, besonders wenn wir um Heilung bitten, bevor wir einschlafen.

Woher weiß ich, auf welche Verletzung ich mich konzentrieren und sie Christus mitteilen soll? Ich bete um Weisung, sage Jesus, was ich empfinde, und konzentriere mich auf mein *Gefühl*, bis *er* mir eine Verletzung bewußt macht. Machen sich mehrere bemerkbar, so nehme ich jene, die mich am meisten schmerzt oder die am weitesten zurückliegt. Denn was mich mehr schmerzt, hat mich zumeist auch mehr verwundet und beherrscht mich noch immer. Ich nehme einfach das Gefühl, das durch seine Intensität Körperreaktionen wie Herzklopfen, Tränen, kalte Schweißausbrüche oder Schüttelfrost auslöst. Denn wenn ich ein Gefühl wirklich *spüre* und nicht nur darüber nachdenke, dann ändert sich auch im *Körper* etwas. Reagiert der Körper nicht, dann frage ich mich weiter: „Was spüre ich noch?", bis ich schließlich auf jene Verletzung stoße, auf die auch der Körper anspricht.

Und wenn wir nun Christus bitten, eine Verletzung bewußtzumachen, ein paar Minuten andächtig schweigend verharren – und *nichts* geschieht? Vielleicht empfinden wir eine tiefe Einsamkeit wie an jenem Tag, an dem wir als Dreijähriger ins Krankenhaus mußten zur Operation. Haben wir das Ereignis vergessen, dann nehmen wir das Gefühl der Einsamkeit und denken an das Ereignis, das am besten zu diesem Gefühl paßt. Vielleicht ist die Einsamkeit, die uns Angst macht, nicht das Alleinsein in einer Waldhütte, sondern das Verbluten bei einem Unfall, ohne daß jemand hilft. Paßt dieses Geschehen mehr zur Einsamkeit, dann gehört es auch direkter zu jener unbewußten Angst, ein chirurgischer Eingriff könnte uns Tod und dauernde Einsamkeit bringen. Gehen wir den erfundenen Autounfall mit Christus durch, dann kann er uns berühren – und damit auch jene tiefe Einsamkeit heilen, die aus der Angst vor dem Tod im Alter von drei Jahren herrührt. Als ich Christus mein Gefühl der Leere beschrieb, kamen mir verschiedene Verletzungen in den Sinn: faule Schüler, zuviel Arbeit, die Kritik meines Freundes Gustav, der Tod meines Bruders John und die Kritik eines Vorgesetzten. Aber am besten paßte zu diesem Gefühl der Leere und der Hilflosigkeit die Kritik von Gustav. Alles andere war nicht so schmerzhaft zu erinnern, brauchte weniger Heilung und schien deswegen nicht das zu sein, was Christus *jetzt* gewählt hatte. So teilte ich Christus mit, wie mir zumute war, als ich kritisiert wurde. Es fühlte sich an, als hätte ein Freund mir ein Messer in den Rücken gestoßen und als liefe mein Leben davon. Schließlich übergab ich alles, was ich gesagt hatte, Christus. Ich konnte mich ganz auf ihn konzentrieren und auf seine Reaktion hören.

Aus der Schrift heraushören, wie Christus empfindet
Besteht mein Gebet zu 90 Prozent aus Reden und nur zu 10 Prozent aus Zuhören, werde ich am Ende ziemlich dasselbe empfinden wie zu Beginn. Wie aber kann ich auf einen „schweigenden" Jesus hören? Nicht die Ohren hören, sondern das Herz. Hören bedeutet nicht, nach seinen Worten suchen, sondern auf Jesus schauen: mit dem liebenden Blick einer Mutter auf ihr Kind schauen, dem sie ihr Leben gibt. Auf Jesus hören bedeutet vor allem, nur das zu wollen, was *er* will, und zwar um jeden Preis – sogar wenn es jene Armut und Beschimpfung bedeuten sollte, die ich am meisten fürchte. Auf Jesus hören bedeutet nicht, passiv dasitzen, sondern mit aller Liebe auf ihn schauen und ihn fragen, was *er* möchte. Je mehr ich einen Menschen liebe, desto mehr höre ich auf ihn. Immer dann, wenn sich mein Glauben, Hoffen und Lieben vertieft, habe ich auf Jesus gehört. Ich frage ihn dann, welche Schriftstellen er mir mitteilen würde, wenn *ich* mit ihm auf dem Weg nach Emmaus wäre. Denn die Emmausjünger fühlten sich so wie ich jetzt: verwirrt, weil von einem Freund im Stich gelassen. Christus würde mir vermutlich dasselbe antworten wie ihnen!

Was mir hilft, einem Freund zuzuhören, hilft mir auch, auf Jesus zu hören. Ich wähle dazu ein ruhiges Plätzchen, sitze entspannt, aber dennoch aufrecht zuhörend – und erwäge die Schrift so lange in meinem Herzen, bis ich die Kraft jedes einzelnen Wortes in mir spüre. Dann lese ich die Stelle zwei-, dreimal langsam und laut, bis ich mit geschlossenen Augen die Szene so erlebe, als richte Christus jedes Wort direkt an mich.

Um die Worte Christi vom Kopf ins Herz sinken zu lassen,

schließe ich die Augen, entspanne mich und konzentriere mich ganz auf Christus. Je entspannter und konzentrierter ich bin, desto intensiver kann er zu meinem ungeheilten Unbewußten sprechen. Um mich in Jesus zu entspannen, konzentriere ich mich manchmal auf jeden einzelnen Körperteil, spanne ihn an und entspanne ihn wieder, um ihn Jesus zu übergeben. Spüre ich seine Kraft eintreten und die Spannungen weichen, so sage ich: „Jesus!" So werde ich langsam *ihm* ähnlich vom Kopf über Stirn, Augen, Ohren, Wangen bis zu den Zehen.

Langsam tief einatmend sage ich voller Verehrung und Sehnsucht immer von neuem: „Jesus!" Denn ich brauche ihn so notwendig wie die frische Luft. Manchmal halte ich dabei den Atem an, um die Sehnsucht noch stärker werden zu lassen. Beim Ausatmen überlasse ich mich ganz ihm und höre ihn meinen Namen sagen, wie nur er mich beim Namen rufen kann. *Wie* ich „Jesus" sage, ändert sich ständig, denn mit jedem Atemzug öffne ich mich ihm tiefer, übergebe ihm einen weiteren Bereich meines Lebens. Lasse ich mich dabei ablenken, dann sage ich einfach wieder: „Jesus!" Ich mache das so lange, bis ich spüre, wie sehr er mich liebt, und sein Verstehen und sein Herz an die Stelle meiner Gefühle getreten sind.

Oft geschieht die Heilung auf einer noch tieferen Ebene, wenn ich Jesus nicht nur den Körper, sondern auch die Phantasie überlasse. Was ich in der Phantasie durchlebe, beeinflußt mich ebenso stark, als hätte ich es wirklich erlebt. Um meine Phantasie zu aktivieren, schließe ich die Augen und überlasse mich den Sinnen. Ich sehe Christus auf dem staubigen Weg nach Emmaus: Er gleicht seinen Schritt dem meinen an und hört aufmerksam zu, wie ich ihm meine Verletzung mitteile. Ich rieche den Staub, den Schweiß, die Frühlingsluft und die Lilien auf dem Felde. Ich spüre das warme Sonnenlicht, die spitzen Steine unter meinen Füßen, fühle Arme und Hände zusammenstoßen, weil wir uns näher kommen, um einen Karren vorbeizulassen. Ich höre die quietschenden Räder, die singenden Vögel, das Schlurfen der Füße auf dem steinigen Boden. Bin ich ganz aufgegangen in dieser Szene, dann schaue ich Jesus an, sehe ihn den Staub aus den Augen wischen, so daß er mich liebend als seinen besten

Freund ansehen kann. Ich schaue ihm ins Gesicht, betrachte sein sanftes Lächeln, besonders seine Augen – bis ich weiß, was er sagen möchte. Es ist leicht zu erraten, weil nur Christus, der die Liebe selbst ist, das liebste Wort für mich hat. Finde ich Zugang zu dem, was zu hören mir am nötigsten ist, dann höre ich wirklich *Christus*. Während er die Wunde in meinem Herzen betrachtet, scheint er mir zu sagen: „Sieh, wie ich auch in harten Zeiten immer mit dir gewesen bin. Ich war in allen verborgen gegenwärtig, die das Brot mit dir brachen, die dir beistanden und dich segneten, wenn dein Herz schwer war. Mich hungert danach, bei der Eucharistie in dich einzugehen und alles mit dir zu betrachten, selbst wenn es scheint, als wäre ich nicht mehr da. Fürchte dich nicht, wenn du mit mir Gustavs Kritik ansiehst. Betrachte, was ich durchstehen mußte. Auch ich habe Freunde verloren, habe leiden müssen. Und jetzt schau dir an, was *du* hast durchstehen müssen. Laß mich dir in Erinnerung rufen, wie du an harten Zeiten gewachsen bist, damit wir zusammen dem Vater danken können. Ich möchte dir den Arm um die Schulter legen, dich mit Kraft erfüllen – damit auch du all das sehen kannst, was ich in deiner Zukunft sehe."

Als ich unbedingt von andern hören mußte: „Mir hat dein Vortrag gefallen", wollte ich auch von Christus hören, daß er mir beisteht, daß er sich meiner besonders annimmt. Ich *mußte* es glauben können. In jeder Krisensituation tue ich das, was auch die Juden taten: Ich betrachte die Geschichte, Gottes Liebesgeschichte mit seinem Volk. Sie erkannten die Liebe Gottes sogar noch in Josuas verlorenen Schlachten, weil sie mehr auf Gott als auf Waffen vertrauen mußten. Sie sahen sie in den Hungersnöten am Werk, die Josefs Familie zusammenführte, und an den langen Tagen der Fronarbeit, die sie die Wüstenwanderung ins Gelobte Land durchstehen ließ. Wenn ich dem Herrn nicht nur für gute Zeiten danken kann – für Freunde, begnadete Gebetszeiten, Arbeitserfolge, Gesundheit, Erleuchtungen, tiefen Frieden –, sondern auch für die verlorenen Schlachten in der Klasse, die mich lehrten, mich besser vorzubereiten (Wachstum also aus Momenten der Knechtschaft und der Wüstenwanderung), dann bin ich auch bereit, einer neuen Krise ins Auge zu sehen, anstatt sie zu verdrängen. Wenn ich mich geliebt und sicher fühle, dann kann ich mir auch Verletzungen eingestehen.

Wie die Emmausjünger kann ich zu der Szene der Verwundung zurückkehren, sobald ich mich geliebt weiß, weil ich Christus begegnet bin und sein Verstehen und sein Herz an die Stelle meiner Gefühle getreten sind. Wenn ich mich nicht Christus ähnlicher weiß, ist es töricht, auch nur an die Szene am Schwarzen Brett und die mir dort zugefügte Verletzung zu denken – und dann von Christus zu erwarten, daß er erscheint und die Wunden heilt. Ist die Liebe Christi in Emmaus keine Wirklichkeit für mich, dann wird sie es auch am Schwarzen Brett nicht sein. In dem Maß, wie ich über die ursprüngliche Wunde und ihren Schmerz hinausgewachsen bin und die Empfindungen und die Sicht Christi übernommen habe, kann ich auch an das Schwarze Brett zurückkehren und jetzt die Wunde mit der Christus-Erfahrung betrachten.

Die Heilige Schrift öffnet mich nicht nur für das Verstehen Christi und sein Herz, sondern sie gibt mir auch die Möglichkeit zu prüfen, ob ich mit Christus zusammen meine Verletzungen ansehen sollte oder lieber warten, bis seine Liebe und seine Sicht für mich noch stärker Wirklichkeit werden. Ist die Liebe Christi für mich in der Schrift schwer zu finden, dann wird es noch schwerer sein, sie beim Anblick meiner Wunden zu empfinden.

Aber weil ich die Liebe Christi erfahren habe, als er in Emmaus zu mir sprach und mir den Arm um die Schulter legte, fühle ich mich jetzt anders, nämlich geliebt, sicher und bereit, mit ihm das Leiden anzunehmen. Ich kann also mit ihm ans Schwarze Brett zurückkehren, wo ich verletzt wurde. Ich gehe in diese Szene wie nach Emmaus: Ich rieche den Kaffee, sehe die Anschläge am Schwarzen Brett und höre die tödlichen Worte: „Ich möchte wissen, wie lange er noch Jesuit bleibt." Während Schockwellen und Unglaube über mich hereinbrechen, kommt Christus zum Schwarzen Brett, legt mir den Arm um die Schulter und sagt langsam: „Mach dir keine Sorgen: Ich muß in dir leiden, damit du an meiner Herrlichkeit teilhaben kannst. Nicht was Gustav denkt, allein was ich denke, zählt. Fürchte dich nicht – betrachte es mit mir zusammen!"

Was Christus am Schwarzen Brett sagt und was er in Emmaus sagte, mag dasselbe sein oder ganz etwas anderes – habe ich aber seine Liebe aus der Schrift herausgehört, dann kann er mir auch Tieferes und Forderndere sagen. Er sagt immer das, was ich im Augenblick am notwendigsten brauche. Manchmal weiß ich nicht genau, was Christus sagen will, dann gehe ich noch einmal mit ihm nach Emmaus und ans Schwarze Brett zurück. Ich bin mit ihm, wo ich ihm am besten meine Gefühle übergeben und die seinen übernehmen kann. Manchmal rede ich auch mit ihm, frage oder antworte, sehe ihn bewundernd an oder atme seine Gefühle ein und meine aus. Der Geist Jesu nämlich kennt die Tiefe meiner Verwundung und die Möglichkeiten der Heilung am besten.

Selbst dann, wenn ich keinerlei Antwort von Christus erhalte, hilft es mir, meine Verletzungen deutlich zu erkennen und ihm mitzuteilen. Ich erhalte viele Briefe, in denen Menschen einfach ihr Herz ausschütten und fragen, was sie tun sollen. Allein dadurch, daß sie ihre Gefühle *ausdrücken,* haben sie schon die eigentliche Verletzung und auch die Therapie definiert. Oft schließt ein Brief mit den Worten: „Vielen Dank, daß Sie all das gelesen haben. Es klingt vielleicht schlimmer, als es mir jetzt vorkommt. Lassen Sie sich ruhig Zeit mit der Antwort!" Dadurch, daß sie niedergeschrieben haben, was sie bewegt, und darüber nachgedacht, wie ich reagiere, haben sie bereits eine Antwort auf ihre Frage empfangen.

Selbst das Schweigen Christi ist eine Antwort, wenn wir ihm wirklich mitteilen, was wir fühlen, und nach seiner Antwort suchen. Es ist offensichtlich, daß wir nicht mit uns selbst gesprochen haben, sondern mit Christus, wenn uns aus dem Gebet Glauben, Vertrauen, Liebe und Hingabe erwachsen. In dem Maße, wie wir von ihm die Früchte des Heiligen Geistes empfangen (Gal 5,22), haben wir auch auf Christus gehört.

Dieser Vorgang ist alles andere als introspektive Psychotherapie, in der ein Therapeut uns hilft, uns unseren Problemen zu stellen. Wir begegnen nämlich nicht irgendeinem

Therapeuten, sondern *Christus*. Er ruft uns, über uns selbst hinauszuwachsen, bis wir *seine* Reaktionen übernehmen: Gott und den Nächsten zu lieben. Wir graben und forschen nicht nach unseren tiefsten unbewußten Gefühlen, sondern fragen Christus im Gebet, welche Gefühle wir annehmen und in seine Reaktionen verwandeln sollen. Heilung geschieht nicht durch die Entdeckung der Leiche im Keller, sondern durch die Entdeckung Christi in unserem Herzen und dadurch, daß wir *ihn* anziehen (Röm 13,14). Wir stellen uns nicht Problemen, sondern wir übernehmen die Liebe Christi, bis unsere Herzen austauschbar werden.

Heilung geschieht also nicht dadurch, daß wir einer Methode folgen, sondern daß wir zum Geist und zum Herzen Christi vorstoßen – ob das nun durch ein biblisch inspiriertes Gebet geschieht, durch den Kreuzweg, durch den Rosenkranz oder durch die aktive Vorstellung, was Christus getan und gesagt hätte, als ich verletzt wurde. Die wesentlichen Schritte sind immer die gleichen: die Wunde ansehen (Christus mein Gefühl mitteilen), durch den Geist und das Herz Christi wieder aufgerichtet werden (auf die Reaktion Christi hören) und die Reaktion Christi erleben.

Die Reaktion Christi erleben

Wie aber können wir die Reaktion Christi erleben? In der Phase des Nicht-wahrhaben-Wollens scheint Christus mir zu sagen: „Hab keine Angst, teile mir mit, was für dich zu schwer ist! Wir haben beide noch Schwereres gesehen. Durch das Kreuz sind wir gewachsen." Die Vergangenheit im Licht Christi zu sehen hilft mir, das Nicht-wahrhaben-Wollen zu überwinden und dem Zorn ins Gesicht zu sehen. Je mehr ich weiß, wie sehr Christus mich mein Leben lang und durch mich andere geliebt hat, desto mehr werde ich seine Liebe selbst in Zeiten des Zornes über eine Verletzung annehmen können. Ich weiß heute, daß ich beim Tod meines Bruders John, bei einer unmöglichen Mission unter den Sioux-Indianern und der Trennung von alten Freunden zwar wirklich zornig war, aber daß dies gleichzeitig Zeiten besonderer Gnade waren. Es sind geheilte Erinnerungen, die es mir ermöglichen, Zorn und kommende Verwundungen ins Auge zu fassen, weil ich weiß, daß auch sic zu Gaben werden können. Sehe ich dagegen nur die Zeit der Verletzung (die Kritik meines Freundes) und nicht die daraus erwachsenden Gnadengaben, dann bedarf diese Erinnerung noch der Heilung, damit ich künftig keine Kritik und ihr Nicht-wahrhaben-Wollen zu fürchten brauche. Jede ungeheilte Erinnerung erleichtert das Nicht-wahrhaben-Wollen und erschwert das Eingeständnis des Zornes. Sind wir durch zornige Eltern, Klassenkameraden oder Freunde verletzt worden, dann möchten wir keine zornigen Gefühle mehr in uns und um uns erleben. Das nächste Kapitel will zeigen, wie wir verdrängten Zorn Christus darbringen können, um uns davon zu befreien, anstatt vor zornigen Menschen davonzulaufen.

8. Kapitel
Die zweite Stufe: Zorn

Sogar freundliche alte Damen werden zu wütenden Patientinnen, hören sie erst einmal auf zu leugnen, daß sie Krebs haben: Sie kritisieren das Essen, klingeln andauernd nach der Krankenschwester, beschimpfen die Ärzte, daß sie den Krebs nicht früher erkannt haben, und beklagen sich über Freunde, die sie besuchen, ohne ihnen Blumen zu bringen.

Wenn wir andere verletzen, dann werden wir wie Krebspatienten, nämlich immer bereit, *andern* die Schuld zuzuschieben. Bei einem Autounfall geben sehr wenige Fahrer zu, daß es *ihr* Fehler war. Schuld sind der andere Fahrer, die unübersichtliche Kreuzung, die glitschige Straße oder die schlechten Bremsen. Zorn braucht eine Zielscheibe.

1. Symptome des Zorns

Ich bin ein Spezialist im Leugnen meiner Symptome des Zorns. Ich bin als Amerikaner aufgewachsen und habe eine Neigung, meinen Zorn zu verdrängen, wie das Viktorianische Zeitalter den Sex. Ich habe gelernt: Zorn ist eine Todsünde, die Stimme erhebt man nicht, zornige Eltern verhauen mich, zornige Schulkameraden beschimpfen mich und schlagen mich zusammen. Zorn auf Freunde habe ich vor ihnen verbergen gelernt, um ihre Zuwendung nicht zu verlieren. Und Zorn auf mich selbst habe ich sogar vor mir selbst zu verbergen gesucht.

Deswegen habe ich mir lange nicht eingestanden, zornig zu sein über Gustavs Kritik an meinem Vortrag. Ich habe mich lieber frustriert, hektisch, kritisch, irritiert, enttäuscht, grantig usw. gefühlt, nur um das Wort „Zorn“ zu umschreiben. Manchmal hatte ich keinerlei Zugang zu meinen negativen Gefühlen, ich empfand einfach weniger Freude, weniger schöpferische Kraft, weniger Spontaneität und Liebe. Ich *war* wütend – aber ich hatte Angst, meinen Zorn zu benennen, einen Freund zu verlieren, verwundet zu werden oder die Beherrschung zu verlieren.

Durch das Hinunterschlucken des Zorns aber habe ich Freunde verloren, weil ich ungeduldiger und kritischer wurde. Ungeduld ließ mich andauernd auf die Uhr schauen und zähneknirschend von einem Bein auf das andere treten, wenn jemand zu spät kam. Alles mußte schnell gehen, es mußte sogar schnell gegessen werden, um zum nächsten Punkt der Tagesordnung zu hasten (z. B. die Zeitung zu lesen!). Ich half Menschen sogar, ihre Sätze zu Ende zu sprechen, nur damit ich möglichst rasch zu dem käme, was *ich* zu sagen hatte, und sie mit einem „Ja, aber" eines Besseren belehren konnte. Nahm ich mir schon die Zeit, mit jemandem zu reden, so hörte ich sicher nur halb zu. Ich hörte zwar, was er sagte, aber verstand nicht, was er empfand. Ich begann Dinge zu unterrichten und nicht Schüler. Ich schaute auf das Ende der Stunde, nicht auf den Anfang. Immer ungeduldiger arbeitete ich, immer mehr und immer einsamer. Nur selten gab ich eine Aufgabe ab, weil ich meinte, daß andere mir nicht helfen wollten, und weil ich dachte, sie würden es nicht gut machen. Ich wurde zum „konstruktiven" Kritiker an allem und jedem (weil ich dann der Kritiker war und nicht die Zielscheibe!). Die einen kritisierte ich, weil sie nicht merkten, daß ich Hilfe brauchte, die andern, weil sie zu spät kamen, und die dritten, weil sie durch ihre Trägheit zur Verbreitung der Ungerechtigkeit beitrugen. Betete ich, so behandelte ich Gott genauso wie die andern: Ich hörte nur halb zu, sprach über meine Arbeit, beklagte mich über Ungerechtigkeiten (wie die Kritik von Gustav!), daß das wirklich anders werden müßte, und machte meiner Ungeduld über Gottes Zeitplan Luft. In meinem Zorn wußte ich fast immer, was anders, schneller oder besser gehen müßte.

Die Ausdrucksformen des Zorns ändern sich je nach der Tiefe der Verletzung und der Bereitschaft, den Zorn loszuwerden. Zorn hat so viele Gesichter, wie es Menschen gibt. Zornige Kinder nässen das Bett und vergessen zu tun, was sie gerade versprochen haben. Ehemänner ziehen sich hinter die Arbeit und die Zeitung zurück. Ehefrauen schwatzen am Telefon. Mönche und Nonnen setzen ein gezwungenes Lächeln auf und üben Selbstbeherrschung. Arbeiter melden sich krank und werden zu Hause wieder gesund, indem sie ihren Zorn austoben, im Alkohol ertränken oder mit Essen und Medikamenten hinunterschlucken.

Wird Zorn lange genug hinuntergeschluckt, dann kann der Körper mit Geschwüren, Asthma, zu hohem Blutdruck, Überfunktion der Drüsen, rheumatoider Arthritis, Gastritis, Hautausschlägen, Migräne und Kopfschmerzen, mit Herzkrankheiten und schließlich auch mit Geisteskrankheiten reagieren. Die Symptome des Zornes stimmen mit den Symptomen des A-Verhaltens überein, das zu Herzinfarkt führt. Unbewältigter Zorn wirkt auch darum so zerstörerisch für die seelische Gesundheit, weil hinuntergeschluckter Zorn oft zu Selbsthaß und Depression führt. Behaupten wir: „Ich werde nie wütend", so wird der Zorn sicher eines Tages als Krankheit sichtbar werden.

2. Zorn in der Heiligen Schrift

Schwelender Zorn, von einer früheren Verletzung herrührend, hat wahrscheinlich den verlorenen Sohn dazu getrieben, seine Erbschaft zu fordern, weit wegzulaufen und seine Probleme in einem ausschweifenden Leben zu ersäufen. Dadurch aber war sein Zorn noch lange nicht verflogen, er kehrte um und dachte voller Wut: „Die Angestellten meines Vaters haben genug zu essen, ich aber verkomme vor Hunger." Zorn ist an sich weder gut noch schlecht. Beurteilt wird er danach, ob wir dem von Mitleid erfüllten Vater weglaufen oder ob wir umkehren und in seine heilende Umarmung zurückfinden. Der verlorene Sohn kehrt zu seinem Vater zurück, der ihn voller Mitleid umarmt. War der Vater des verlorenen Sohnes je zornig, hat er je gewünscht, daß alles ganz anders gekommen wäre? Ein derart von Mitleid erfüllter Vater kann nicht gleichgültig bleiben – vermutlich *litt* er an dem Schmerz der Trennung. Der Schmerz des Zornes mag ihm geholfen haben, den Weg nicht aus dem Auge zu lassen in der Hoffnung, den verlorenen Sohn doch irgendwann wiederzusehen. Vielleicht war sein Zorn auf das, was den Sohn vertrieben hat, dazu angetan, ihm einen glanzvollen Empfang zu bereiten.

Im Gegensatz zum Vater und dem jüngeren Sohn, die in ihrem Zorn Liebe und Mitleid erfuhren, ist der ältere Sohn in seiner Wut eher auf Feindschaft aus. Er war zornig und weigerte sich heimzukehren, statt dessen antwortete er dem Vater: „So viele Jahre schon diene ich dir, und nie habe ich gegen deine Befehle gehandelt, mir aber hast du nie auch nur einen Ziegenbock geschenkt, damit ich mit meinen Freunden ein Festmahl feiern konnte. Kaum aber ist dein Sohn gekommen, der dein Geld mit Dirnen durchgebracht hat, da hast du für ihn das Mastkalb geschlachtet" (Lk 15,29–30).

Der Zorn des älteren Bruders schlägt um in Feindschaft, er greift des Bruders vermeintliches „Leben mit Dirnen" und des Vaters unverdiente Vergebung an. Nicht der Zorn unterscheidet den älteren Sohn vom Vater und dem jüngeren Sohn, sondern die feindselige Forderung, Vergebung müsse *verdient* sein durch gutes Verhalten. Todsünde ist also nicht der Zorn an sich, sondern das Bestreben, ein ungelöstes Zorngefühl zu nähren, das in *Feindseligkeit* umschlägt. Diese *Haltung* führt zur Verletzung anderer durch Launen und destruktive Kritik. Zorn an sich ist gesund, feindselige Haltung aber ist für gewöhnlich ungesund und sündhaft.

Wie der von Mitleid erfüllte Vater sollten wir bei Zorn eher mit Liebe reagieren als mit des älteren Bruders Feindschaft, nämlich dem Wunsch zu verletzen. Weil Feindschaft und nicht Zorn Todsünde ist, ermahnt Paulus die Epheser: „Laßt euch durch den Zorn nicht zur Sünde verführen" (Eph 4,26). Zorn kann konstruktiv sein, wenn er dazu führt, jemandem zu helfen, der uns verletzt hat. Christus sagte zornig zu Petrus: „Weg mit dir, Satan" (Mt 16,23), weil er Petrus liebte und wollte, daß er das nahende Leiden Jesu in Jerusalem bewußt annimmt und daran wächst. Wo die Händler im Tempel (Mt 21,22ff), die Dämonen (Mt 12,25), die Pharisäer (Mt 15), Unbarmherzige (Mt 3,5) und Ungläubige (Joh 8,44) Menschen angreifen und verletzen, verteidigt sie Christus voller

Zorn. Er zieht sich nicht vornehm zurück, verdrängt seinen Zorn und hofft, daß die Ungerechtigkeit von selbst aufhören wird, sondern sein Zorn treibt ihn dazu, Ungerechtigkeit wiedergutzumachen, bevor die Nacht hereinbricht (Eph 4,26).

Jahrhundertelang hat man Jesus als den guten Hirten dargestellt, der sagt: „Selig, die keine Gewalt anwenden; denn sie werden das Land erben" (Mt 5,5), nicht aber als den zornigen Christus, der die Ungerechtigkeit bekämpft, indem er die Tempelhändler vertreibt.

Zorn hat seinen rechten Stellenwert, wenn er die Forderung erfüllt: „Liebt eure Feinde und betet für die, die euch verfolgen" (Mt 5,44). Wie Christus ist auch dem Vater Zorn nicht fremd. Ausdrücke für Wut und Zorn sind Gott selbst fünfmal mehr zugeordnet als den Menschen. Die häufigste Zielscheibe von Gottes Zorn ist Israel, sein erstgeliebtes Volk. Von allen Israeliten wird Gott am meisten von denen in Zorn gebracht, die er am meisten liebt: Jakob (Gen 32,23ff), Mose (Ex 4,24ff) und David (2 Sam 24,1ff). Wer liebt, läuft Gefahr, verletzt und zornig zu werden.

Umgekehrt sind jene, die auf Gott zornig werden, auch die, die ihn am meisten lieben. David ist zornig auf Gott, weil er Usa tötete, als er die fallende Lade ergreifen wollte. Er weigert sich sogar, die Lade in die Stadt zu bringen (2 Sam 6,6–10). Der mit Geschwüren bedeckte Ijob wird nicht müde, voller Zorn zu fragen: „Warum verbirgst du dein Angesicht und siehst mich an als deinen Feind?" (Ijob 13,24). Weil diese Männer den Herrn lieben, erwarten sie viel von ihm und sind verletzt, wenn sie seine Wege nicht verstehen. Das Alte Testament stellt uns vor die Frage: Liebe ich den Herrn, liebe ich die Menschen genug, um wütend zu werden? Erwarte ich genug vom Herrn, um wütend auf ihn zu werden, wenn er sein Gesicht vor mir verbirgt?

3. Zorn kann heilsam sein

Es stimmt etwas nicht, wenn ich niemals zornig werde! Wir sollten uns selbst und andere genügend lieben, um Gewalt, Selbstsucht, Vorurteile, sexuellen Chauvinismus und andere

Formen der Ungerechtigkeit zu hassen. Zorn setzt Energien frei, um zu ändern, was anders werden muß, damit ich in einer besseren Atmosphäre leben kann. Läßt mich das Leiden der Sioux kalt, ihre Armut, Arbeitslosigkeit, ihr Alkoholismus, ihre Abhängigkeit von weißer und roter Gewalttätigkeit, dann mache ich es mir bequem: Ich lasse andere diese Ungerechtigkeiten bekämpfen. Ich hungere und dürste nach Gerechtigkeit bei den Sioux nur dann, wenn ich zornig werde über die Ungerechtigkeit. Zorn hilft mir auch, das zu bekämpfen, was ich fürchte. Wechselt auf der Autobahn plötzlich jemand auf meine Spur, dann werde ich zornig, und prompt setzt mein Körper Zucker frei und pumpt Blut in die Muskeln, so daß ich reagieren und den gefürchteten Unfall vermeiden kann. Zorn annehmen kann auf eine Angst hinweisen, die ich zur Kenntnis nehmen muß, um sie zu überwinden. Zorn verdrängen aber kann Furcht aufbauen, die zu Depression und Selbstmord führt.

Daß ich es mir leiste, zornig zu sein, bedeutet bereits den Versuch, die Furcht zu überwinden, einen Freund zu verlieren, nicht akzeptiert zu sein, verletzt zu werden oder die Beherrschung zu verlieren. Als Gustav mein Referat über das Gebet kritisierte, bedurfte es eines großen Maßes an Heilung, bis ich innerlich sicher genug war, um meinen Zorn auch nur anerkennen zu können. Zunächst versuchte ich, den Zorn zu verdrängen, als wäre ich überhaupt kein Christ. Manchmal frage ich mich, wieviel „christliche" Vergebung nur eine äußere Reaktion ist, in Wirklichkeit aber hinter einer lächelnden Fassade verdrängter Haß bleibt. Die Behauptung, ich sei ja gar nicht zornig, ließ den Zorn nur wachsen, bis ich ihn an der falschen Adresse ausließ: an Schülern, Trinkern und noch anderen, denen es nicht an Zorn fehlte, sondern an Zuwendung. Dieses Verdrängen des Zorns, um die Beherrschung nicht zu verlieren, rächte sich, als ich wider meinen Willen den Schülern und schließlich Gustav gegenüber noch viel kritischer wurde. Durch verdrängten Zorn legt man nur die Saat zur zornigen Ernte alles Verdrängten.

In den deutschen Konzentrationslagern zum Beispiel wurden zornige Gefangene bestraft, bis sie lernten, Angst zu haben und ihren Zorn zu verdrängen, nur um zu überleben. Frustrierter Zorn aber führte zu Regression mit sofortiger Gratifikation (Kampf ums Essen, um es zu verschlingen), zu Realitätsflucht (Träume von wunderbarer Rettung), zur Identifizierung mit dem Gegner (den Wachleuten helfen, die Neuankommenden einzuschüchtern) und endete schließlich in Apathie. Viktor Frankl, der Begründer der Logotherapie, berichtet, seine Mitgefangenen hätten entweder die Schrecken des Konzentrationslagers auf sich genommen und seien wütend geworden, oder sie hätten die ganze Brutalität gar nicht mehr empfunden und ihren Zorn unter Apathie begraben. Lagerinsassen, die sich vor jedem Gefühl der Verletzung schützten, wurden schließlich total apathisch, weigerten sich, zum Appell zu erscheinen, zu essen und sogar aufs WC zu gehen – und starben. Nichts konnte sie mehr erschrecken; auch wenn sie blutig geschlagen wurden, schienen sie es kaum zu empfinden.

Die Verdrängung von Zorn ist also ungesund und kann uns zerstören. Zorn zu empfinden ist eine ebenso heilsame Reaktion bei seelischer Verletzung wie Schmerzempfindung bei körperlicher Verwundung. Wer sich selbst annimmt, wird bei seelischer Verletzung auch zornig werden. Menschen, die sich selbst nicht lieben, werden deprimiert und sind sogar selbstmordgefährdet, wie man an Frankls Beschreibung der Konzentrationslager sehen kann. Weil Depression oft verdrängter Zorn ist, der sich gegen uns selbst wendet, behandelt ein guter Psychotherapeut Depression dadurch, daß er dem Patienten hilft, seinen Zorn auf heilsame Weise auszudrücken und an der rechten Adresse auszulassen. Viele Depressionen verschwinden mit der Antwort auf die Frage: „Wer oder was macht mich zornig?"

Das Zorngefühl befähigt mich, die Verletzung zu identifizieren und sie auf gesunde Art zu heilen. Wird die seelische Verletzung nicht empfunden, dann wird sie zu einem Krebsschaden, der wild wuchert, bis er aufgedeckt wird und die bis dahin verborgenen Teile entfernt werden. Zorn ist ein Signal, daß ich verletzt worden bin, daß ich in Gefahr bin, mich selbst von Gott und den Menschen abzusondern. Das soll und kann mich dazu führen, Gott oder einem Freund alle Verletzungen mitzuteilen, die zu meinem Zorn geführt haben. Wie Schmerz, so hilft auch Zorn zu präzisieren, was mir unter die Haut gegangen ist und was Heilung braucht. Ich muß nur fragen, wer oder was mich am meisten beschäftigt, und es genau ausdrücken. Heilung kann dann geschehen, wenn ich Gott oder einen Freund bitte, mir zu helfen, weil ich zornig auf den Polizisten bin, der mir ein Strafmandat aufgebrummt hat – aber nicht dann, wenn ich dem Polizisten ins Gesicht schlage.

Zorn hilft mir nicht nur, mich selbst zu lieben, indem ich genauer verstehe, was mich verletzt hat, und beginne, es heilen zu lassen, sondern er hilft mir auch, den Menschen zu lieben, der mich verletzt hat. Wenn ich fähig bin, meine Verdrängung zu erkennen, und Zugang finde zu meinem verborgenen Zorn und meiner Bedürftigkeit, andern zu vergeben, dann kann ich wählen, entweder nur ein wenig zu vergeben, indem ich die Schwäche des andern leugne und sage: „Du bist gar nicht so schlecht, ich vergebe dir", oder viel zu vergeben, indem ich meinem Zorn gestatte, des andern Schwäche deutlich zu sehen und zu sagen: „Ich sehe das Schlimmste an dir, die Verwundung an mir, und dennoch liebe ich dich, wie Christus dich liebt." Jeder kann die Sonnenseite eines Menschen lieben; durch Zorn aber wird meine Liebe tiefer: Ich kann selbst dort noch vergeben, wo der andere verletzend wirkt. Ich kann nämlich den Zorn, die Schwäche und das Verletzende am andern nur in dem Maß annehmen, wie ich *meinen* Zorn und *meine* Schwächen erkenne wie Christus. Zorn läßt mich daher auf die Liebe Christi hinwachsen, bis ich mir und andern sogar die eigenen Schwächen vergeben kann.

Aber nicht nur Zorn kann zu einer tieferen Liebe führen, sondern eine tiefere Liebe kann auch zu Zorn führen. Eine liebende Ehefrau hat mehr Grund, zornig zu werden, wenn ihr Mann ihren Geburtstag vergißt, als wenn es nur dem Nachbarn passiert. Je mehr wir einen Menschen lieben, desto mehr können wir durch seine mangelnde Liebe verletzt werden – und Zorn empfinden. Die tiefsten Verletzungen kommen darum von den Allernächsten. Psychotherapeuten, die die tiefsten Verletzungen ihrer Patienten heilen möchten, konzentrieren sich deswegen oft auf die Beziehungen zur Mutter, zum Vater und zum Ehepartner.

Wir sollten Gott danken für unseren Zorn! Oft ist er ein Zeichen, daß wir entweder den Menschen, der uns verletzt hat, lieben oder daß wir uns selbst genug lieben, um die Verletzung als unangenehm zu empfinden. Der Zugang zu unseren Zorngefühlen ist *immer* heilsam – wie wir aber damit umgehen, kann entweder lähmend wirken oder uns zu neuer Freiheit verhelfen, im Leben weiterzuschreiten. Es ist menschlich und keineswegs falsch, Schmerz oder Zorn zu empfinden. Richtig oder falsch kann nur die Ausdrucksweise dieser Empfindungen sein.

4. Zorn im Gebet aufarbeiten

Mit Zorn müssen wir umgehen lernen – oder er geht mit uns um! Es gibt so viele Arten, konstruktiv mit Zorn umzugehen, wie es zornige Menschen gibt. Einige finden es hilfreich, Zorn umzuwandeln in Arbeit, indem sie Holz hacken, den Fußboden schrubben oder eine schmutzige Wand streichen. Zorn braucht Spannung. (Versuchen Sie einmal, zornig zu werden, ohne in Spannung zu geraten!) Deswegen kann alles, was die Spannung nimmt – ob es nun eine heiße Dusche ist, ein Waldlauf oder ein gemütlicher Spaziergang –, auch dazu beitragen, den Zorn abzubauen. Aber selbst wenn diese Aktivitäten gewöhnlich den *gegenwärtigen* Zorn wegnehmen, sind sie doch kaum geeignet, frühere Wunden zu heilen, die ständig Zorn fördern und verursachen. Das Präzisieren von Gefühlen und das Mitteilen von Empfindungen können schon den Beginn der Heilung vergangener Verletzungen bedeuten. Ein mitfühlender Freund kann uns die Liebe und das Verständnis entgegenbringen, nach denen wir in unserer Verletztheit hungern und sagen: „Ich bin jetzt wütend, hilf mir, damit umzugehen!" Die Annahme meines Zorns durch einen Freund macht es mir leichter zu glauben, daß auch Christus meine Wut annimmt.

Außer Christus oder einem Freund können wir unseren

Zorn manchmal auch direkt dem mitteilen, der uns verletzt hat, genauer gesagt, wir können ihm mitteilen, was wir fühlen und warum wir zornig sind. Das braucht viel Vertrauen und Offenheit von beiden Seiten. Beide müssen ehrlich sein und dürfen keine neuen Wunden hinterlassen. Aber nur wenige sind offen für die konstruktive Kritik eines Zornigen. Ein erster Zorn läßt uns gewöhnlich den Schaden übertreiben, den wir erleiden, und verschließt uns füreinander. Heilung geschieht in dem Maße, wic wir dem andern in Liebe begegnen, anstatt zornig zurückzuschlagen. Zorn sollte ausgedrückt werden – aber auf eine Art, die die Menschen einander näher bringt. Um diese Nähe in einer Gemeinschaft zu testen, braucht man nur zu fragen: „Wagen es die Beteiligten, Zorn in liebender und aufbauender Weise auszudrücken?" Liebende Korrektur setzt eine liebende Gemeinschaft voraus.

Christus ermutigt uns zu einer liebenden Korrektur: „Wenn dein Bruder sündigt, dann geh zu ihm und weise ihn unter vier Augen zurecht. Hört er auf dich, so hast du deinen Bruder zurückgewonnen" (Mt 18,15). Aber diesem Rat geht ein anderer voraus, wie wir zu ihm kommen sollen, nämlich demütig und wie Kinder (Mt 18,1–6). Wir sollen wissen, wie wir andern durch unsere Sündhaftigkeit zum Ärgernis werden können (Mt 18,7–9). Wir sollen wie der Schäfer ein verlorenes Schaf suchen (Mt 18,10–14). Die meisten Menschen können dieses Ideal nicht erreichen, solange sie zornig sind, sondern erst später, wenn sie ihre eigene Mitverantwortung an der Verletzung erkennen und deswegen sowohl als Vergebende als auch um Vergebung Bittende zum Bruder kommen.

Wir nähern uns dabei dem *Bruder* auf eine Weise, die ihm hilft, uns zuzuhören und sich versöhnen zu lassen. Petrus versteht das und fragt: „Herr, wie oft muß ich meinem Bruder vergeben, wenn er sich gegen mich versündigt?" (Mt 18,21). Der richtige Zeitpunkt, jemandem unseren Zorn mitzuteilen, ist dann, wenn wir nicht siebenmal, sondern siebenundsiebzigmal vergeben können, weil wir im Gegensatz zum unbarmherzigen Gläubiger wissen, wie oft uns vergeben worden ist (Mt 18,23–35). Miteinander sprechen sollten wir dann, wenn wir unsere eigene Schwäche erkannt haben und eher um Vergebung bitten als Vergebung fordern und unsere Schwäche auf andere projizieren. Der Vorwurf an meine Schüler, sie würden nicht genug tun, war allzuoft nichts anderes als die Projektion meiner eigenen Schwäche, die Stunde nicht gut genug vorbereitet zu haben.

Bevor ich meine Wut an Gustav oder an den Schülern auslasse, versuche ich oft, diese Wut zu heilen, indem ich sie Christus mitteile. Er ist der einzige, der sie vollkommen verstehen kann, denn er wurde auf alle nur erdenkliche Art verfolgt und in jeder Weise verletzt, in der auch wir verletzt werden. Aber, und das ist noch wichtiger, Jesus kann mehr als zuhören. Er kann uns alle Verwundungen zu Bewußtsein bringen, die wir nicht wahrhaben wollten, und jede schmerzhafte Stelle mit seiner heilenden Kraft erreichen, die sowohl in die Vergangenheit als auch in die Zukunft hineinreicht. Er kennt unsere verborgenen Wunden und jene Unsicherheit, die nach seiner Liebe und nach seiner Zuwendung schreit. Heilung geschieht uns wie den Emmausjüngern, wenn wir wie in der Phase des Nicht-wahrhaben-Wollens auch hier wieder Christus sagen, wie uns zumute ist (Lk 24,13–24), aus der Schrift heraushören, wie Christus empfindet (Lk 24,25–27) und mit brennendem Herzen die Reaktion Christi erleben (Lk 24,32–35).

Christus sagen, wie uns zumute ist

Der erste Schritt besteht darin, das zu tun, was mir hilft, mich betend in die Gegenwart Christi zu versetzen und ihm mitzuteilen, wie mir zumute ist. Die Fragen, die mir auf der Stufe des Nicht-wahrhaben-Wollens geholfen haben, werden mir auch helfen, das Ausmaß meines Zorns zu erkennen: Was hätte in meinem Leben anders laufen sollen? Was müßte geschehen, damit ich alles vollkommen in Ordnung finde? Wovor habe ich Angst? Für wessen Erfolg schien es mir am schwersten, Gott zu danken? Bin ich irgendwo wütend, ohne es zu wissen – und zeigt sich das zum Beispiel in der Unfähigkeit, richtig zuzuhören, oder in unberechenbarer Kritik?

Die Antworten auf diese Fragen laut auszusprechen oder

aufzuschreiben führt gewöhnlich zu einer intensiveren Reaktion und hilft mir, besser zu erkennen, was oberflächlich und unaufrichtig klingt.

Was wir aber spüren, hat oft dennoch tiefere Wurzeln. Als ich kritisiert wurde, fühlte ich mich zornig über die Schüler, die weniger an meinen Lebenskundestunden interessiert schienen als an den Wespen, die von den Deckenlampen herunterschossen. Ich konnte Christus den Zorn über meine Schüler mitteilen, aber das war nur ein verlagerter Zorn und nicht jene tiefere Schicht, die eigentlich geheilt werden mußte. Wann hatte ich dieses Gefühl am intensivsten? Die Antwort auf diese Frage führte mich zu jener tieferen Verletzung durch die Kritik meines Freundes. Vielleicht lag etwas anderes noch weiter zurück. Jedenfalls möchte ich mit Christus über die Situation sprechen, die am stärksten schmerzt. Und das ist diejenige, vor der ich immer noch weglaufe, um dem Schmerz zu entgehen.

Habe ich die Situation einmal eingegrenzt, die mich am tiefsten verletzt hat, so kann ich sie in Gedanken erneut durchleben, so daß ich Christus die Erinnerung an allen Schmerz und alle Zerstörung übergeben kann. Je stärker die *Sinne* an diesem erneuten Durchleben der Verletzung beteiligt sind, desto vollständiger kann ich mich Christus zur Heilung überlassen.

Christus bat die Jünger auf dem Weg nach Emmaus, ihm *alles* mitzuteilen, was schiefgegangen war. Christus möchte, daß wir zu ihm kommen, wie wir sind: entstellt und verletzt – und nicht mit einem Lächeln oder mit jenem Heiligenschein, den wir gerne haben *möchten*. Die häufigste Hemmung bei der Heilung einer Erinnerung ist die, daß wir Christus nicht die ganze Wut und die ganze Tiefe der Verletzung mitteilen, weil wir sie nicht wahrhaben wollen.

Mein Gebet kann etwa so lauten: „Herr, zeige mir, was ich sagen oder tun wollte. Laß mich die ganze Häßlichkeit und Verwundung dir mitteilen, so daß *alles* in deinen Händen ist. Du warst da und wurdest verletzt, als ich verletzt wurde. Bring mir jedes Detail ins Gedächtnis, das ich verdrängt habe. Laß mich dir alles sagen, wie es war, bis ich keinen Schmerz mehr hinzufügen kann und es nichts mehr zu sagen gibt. Laß mich dir das mitteilen, solange ich mich verletzt fühle, sogar wenn es Monate dauert. Nimm alles von mir an: jedes Wort, das weh tut. Vieles wurde hinter deinem Rücken gesagt, und du weißt, wie ich mich fühle. Laß mich dir alles mitteilen, was unrecht war und wie weh es mir tut. Hilf mir, in Gedanken jedes Detail der Verwundung damals am Schwarzen Brett zu rekonstruieren."

„Herr, ich stehe mit dir am Schwarzen Brett, ich sehe die Notizen, die Todesnachrichten und die Gottesdienstzeiten vor mir. Ich rieche den Kaffee im Speisesaal. Ich fühle mich wirklich wohl, der Vortrag ist gelungen, und die Leute lachen beim Kaffeetrinken und knabbern Gebäck. Plötzlich höre ich: Was hältst du von diesem Vortrag? – Er klang wie das Referat eines Novizen. Kaum zu glauben, daß der seit sechs Jahren betet. Ich möchte wissen, wie lange er noch Jesuit bleibt!"

„Herr, ich bin völlig erschlagen und entsetzt. Aber ich möchte trotzdem hineinstürzen und Gustav verlegen machen. Ich möchte ihn fragen, was er damit meint. Oder soll ich ihm zeigen, wie falsch er ist, indem ich ihn frage, was er von dem Vortrag gehalten hat, und ihn dann mit seinen eigenen Worten konfrontieren? Würde das irgend etwas helfen? Was würde dadurch anders? Es ist doch nur *seine* Meinung! Er kritisiert doch alles! Allen andern hat der Vortrag gefallen! Er hat kein Recht, sich aufs hohe Roß zu setzen. Ich werde einfach mit den anderen reden, was *sie* meinen."

„Herr, als ich von den andern hörte, daß mein Vortrag gut war, wurde ich langsam wütend. Gustav kritisiert an mir herum, weil ich *so* bete, aber seine Messe ist ein Zwanzig-Minuten-Gehudel, um mehr Zeit zum Essen zu haben! Warum läßt du *ihn* bei den Jesuiten? Schau dir doch die vielen an, die er mit seinen gemeinen Kommentaren und seiner niederträchtigen Kritik verletzt hat! Warum schickst du ihn nicht woanders hin, wo seine Kommentare gute Menschen nicht total fertigmachen können? Was kann ich tun, damit nicht noch andere von ihm verletzt werden?"

„Herr, mich hat er auch verletzt. Seinetwegen scheine ich meine Schüler anzufahren und alles falsch zu finden. Ich beginne mich zu fragen, welche Menschen was hinter meinem Rücken sagen – ob sie die positiven Kommentare ehrlich meinen, die ich zu hören bekomme. Ich beginne mich sogar zu fragen, ob ich wirklich ein guter Jesuit bin und ein guter Lehrer. Nimm all diese Zerstörung an, die er angerichtet hat. Laß mich ein paar Augenblicke in deinen Armen ruhen und deine Stärke atmen." (Dann ruhe ich mich aus und bitte Christus, für mich zu tun, was ich am liebsten möchte.)

„Schau, Herr, du kannst mir sagen, daß du ihn liebst und auch für ihn gestorben bist. Aber du kannst mir nicht sagen, daß du ihn so willst, wie er ist. Du magst den Sünder lieben, aber die Sünde liebst du nicht. Du hast Petrus und die Pharisäer mit ihren Sünden konfrontiert, damit sie sich ändern und die Menschen nicht mehr verletzen. Jetzt tu endlich was, um Gustav zu ändern. Du bist für ihn gestorben – und du kannst alles. Worauf wartest du noch? Du hast mir doch gesagt, ich soll für jene beten, die mich verfolgen. Ich habe das meine getan und habe gebetet. Jetzt ist es an dir, ihn zu ändern oder mich wissen zu lassen, wie ich ihn ändern kann. Er muß sich bei einigen von den Leuten entschuldigen, die er in der Luft zerrissen hat. Kannst du ihm den Unterschied zwischen Kritik und Komplimenten nicht beibringen? Kannst du ihn nicht so zum Beten bringen, daß du die Möglichkeit hast, ihn zu lieben? Aber es klingt unsinnig, so mit dir zu reden! Du kennst ja seine Bedürfnisse – und du liebst ihn, wie er ist. Ich möchte, was *du* möchtest. Zeig mir, wie er deine Zuwendung und deine Heilung braucht, damit ich dich darum bitten kann und sie ihm vielleicht geben, wenn ich eine Möglichkeit dazu habe. Vergib ihm und hilf ihm! Wenn er so viele Menschen verletzt, dann muß er selbst innerlich verletzt sein und dich brauchen. Was tust *du*, was sagst *du*, um ihn zu heilen?"

Aus der Schrift heraushören, wie Christus empfindet

„Jesus, wo hast *du* dich ungerecht kritisiert gefühlt? Du mußt das wie ich empfunden haben, als die Pharisäer dich zum Essen einluden und dich dann kritisierten, weil du dir nicht die Hände wuschest. Wenn ich Lk 11,37–44 lese, dann zeige mir dabei, wie *du* möchtest, daß ich den Pharisäer behandle, bevor er noch mehr gute Menschen verletzt.“ (Dann entspanne ich mich in einer aufmerksamen Haltung des Hinhörens und lese im Geist des Gebetes die Stelle Lk 11,37–44 mehrmals langsam durch, bis ich denke und fühle wie Christus und genau weiß, was er sagen und tun würde, ohne daß ich das ganze noch einmal nachlesen muß. Dann stelle ich mir Gustav vor, wie er lächelt und ein Stück Kuchen in den Kaffee taucht wie mich in seine Kritik. Ich sehe Christus in den Speisesaal kommen und betrachte ihn, bis ich seinen Geist und sein Herz übernommen habe. Dann stelle ich mir vor, wie ich das sage und tue, was er sagen und tun würde. Was ich mir vorstellen kann, fällt mir leichter. Was ich *nicht* nachfühlen kann, zeigt mir, wo ich die Liebe Christi zum weiteren Wachstum brauche.)

„Herr, wenn man dir zuhört, ist Gustav doch nicht so schlecht wie die Pharisäer. Er ist begabt und hat in den letzten drei Jahren vier verschiedene Aufgaben übernehmen müssen, weil er es gut macht. Es muß für ihn frustrierend sein, immer auf einen noch schwierigeren Posten gestellt zu werden, wenn er auf dem vorigen gerade Erfolg hatte. Denn jede neue Aufgabe ist schwieriger und weniger erfolgversprechend. Du, Herr, sagst offenbar, er ist mehr auf seinen mangelnden Erfolg als auf mich und meinen Vortrag wütend. Danke, daß du mich das sehen läßt! Hinter seiner Kritik an mir verbirgt sich nur aufgestaute Frustration über eigene Fehler. Ich brauche sie also gar nicht persönlich zu nehmen.“

„Herr, laß mich die Verletzungen erkennen, die *er* erlitten hat, damit ich dich bitten kann, seine Verletzungen zu heilen. Wer hat ihn auf solche Art verletzt, auf die er mich verletzt hat? Weswegen ist *er* kritisiert worden? Ich sehe ihn am Schreibtisch, vergraben hinter Stapeln von Korrespondenz. Du scheinst ihm die Hand auf die Schulter zu legen und ihm Zeit und Geduld zu geben, all seine Post zu beantworten. Vielleicht kann ich dich sogar bitten, ihm dabei zu helfen. Aber, Herr, hilf mir noch tiefere Verwundungen zu erkennen als diesen Berg Post. Warum sieht er sich selbst als Versager? Laß mich erkennen, was er braucht. Nimm mich in die Arme, um ihm all das zu geben. Laß mich betrachten, was du tust und sagst, damit auch ich es tun kann."

„Herr, langsam sehe ich auch etwas Gutes an Gustav! Zwar hat er noch immer zehn Fehler für jede Tugend – aber diese vier Posten in drei Jahren, weißt du! Weil er es gut macht, gibt man ihm immer mehr Verantwortung! Es muß frustrierend sein, immer stärker gefordert zu werden, ohne je die Resultate zu sehen. Durch seine Anpassungsfähigkeit kannst du ihm helfen, sich zu ändern, neue Wege in seinem Leben zu gehen, so wie er immer wieder neue Aufgaben angepackt hat. Was siehst du noch in ihm, was ich nicht sehe in meiner Wut? Zeig mir das Gute, worauf *du* bauen willst."

„Herr, wie hast du auf die Pharisäer reagiert? Wie hast du auf dem aufgebaut, was gut an ihnen war? Immer wieder bist du von den Pharisäern verletzt worden, aber immer wieder setzt du dich mit ihnen zu Tisch (Lk 7,36; 11,37; 14,1). Ich meine, *du* würdest auch mit Gustav essen, ihm alle Türen offen halten. Hilf mir, mit Gustav zu essen wie du. Laß mich Vertrauen aufbauen und zu heilen versuchen, was in ihm verletzt ist."

„Herr, sogar den Pharisäern hast du Gutes getan. Während sie dich kritisieren, heilst du am Sabbat einen Mann mit einer gelähmten Hand (Mk 3,1–6). Die Frau, die Simeon, der Pharisäer, anklagt, nimmst du in Schutz (Lk 7,36ff). Hilf mir, durch Kritik weniger befangen zu sein, um jene zu heilen, die verletzt sind: die Schüler, die ich kritisiert habe, die Lehrer, die Gustav kritisiert hat. Was hättest *du* für sie getan? Vielleicht hättest du nur ganz ruhig auf ihre Güte hingewiesen wie bei der Frau zu deinen Füßen. Ich bin herumgelaufen und habe nach Zustimmung zu meinem Vortrag gesucht. Sicher hätten die Pharisäer auch Ermutigung brauchen können."

„Herr, du hast auch immer wieder furchtlos deine Meinung gesagt. Wir sollten weniger auf die Reaktionen der Pharisäer achten und mehr auf Gott (Lk 12,4–7). Vor Gustavs Kritik sollte ich nur Angst haben, soweit sie gerechtfertigt ist in *deinen* Augen. Zeig mir immer wieder *deine* Sicht. Und wenn die Zeit zu sprechen kommt, laß mich die Wahrheit ohne Angst aussprechen, ‚denn der heilige Geist wird euch in der gleichen Stunde eingeben, was ihr sagen müßt' (Lk 12,12). Darum laß mich all meine Ängste dir übergeben. Ich sehe jetzt, wie du sie mir nimmst. Danke, Herr!"

Wenn ich mir eingestehen kann, daß ich zornig bin, dann zeigt mir der Herr gewöhnlich die verheerende Verletzung, die ich verabscheue und beklage, die aber erklärt, warum dieser Mensch so ist, warum er diese verborgenen Seiten hat und was *Christus* durch mich tun und sagen möchte, um ihm Heilung zu bringen.

Die Reaktion Christi erleben

Zorn ist also ein Trieb, der uns dazu bewegen kann, zu lieben wie Christus, sobald wir frei genug sind, den Zorn anzuerkennen und ihn in ein Werk der Nächstenliebe zu verwandeln. Uneingestandener Zorn aber würgt jede Aktion ab, weil ich entweder zornig bin auf mich selbst und gar nicht versuche, etwas zu tun – oder zornig auf Gott und es ohne ihn mache, zornig auf andere und ohne sie arbeite, oder aber zornig auf die falschen Leute und daher falsch reagiere. Die Freiheit zu handeln kommt freilich nicht über Nacht. Sie beginnt mit dem Eingeständnis meines Zorns. Mit derselben Energie kann ich mir jetzt eine neue Umgebung schaffen, in der es weniger Anlaß zum Zorn gibt. Mein Entschluß, goldene Brücken zu meinem Kritiker zu bauen, indem ich wieder mit ihm esse, dauerte drei sehr unerfreuliche Mahlzeiten lang, bei denen vor allem gesalzene und gepfefferte Sarkasmen feilgeboten wurden. Ich wurde immer gespannter und rechthaberischer – worauf ich ausschließlich mit den Lehrern und Schülern aß und versuchte, irgend etwas Positives zur Unterhaltung beizusteuern. Immerhin war ich frei genug, *sie* zu lieben, nicht aber, meinen Kritiker anzunehmen.

Mein Haß nimmt ab, wenn ich den Zorn entspannt Christus oder sonst jemandem mitteile, der zuhören und mit mir beten kann, oder wenn ich ihn einem Blatt Papier anvertraue, das nicht antwortet. Im Zorn werde ich gespannt und abweisend, meine Welt engt sich ein auf das, was am Schwarzen Brett geschah. Der Zorn verliert seinen Zugriff, wenn ich mich entspanne und es fertigbringe, über mich selbst zu lachen:

über den Märtyrer, den man mit zwei Sätzen gehängt, gerädert und gevierteilt hat. Ich kann nicht länger mit finsterer Miene herumlaufen, sobald ich beginne, für jene zu beten, die verletzt sind, und Christus für das Wachstum durch kritische Mitmenschen zu danken, die mir geholfen haben, mir meine Fehler einzugestehen und sie zu korrigieren. Kann ich Jesus bitten, die Schwächen meines Kritikers zu heilen, und ihm dafür danken, daß er seine Stärken so zu entfalten vermag, dann wachse auch ich daran. Es ist schwer, dem Herrn zu danken für einen kritischen Mitmenschen und ihn zu bitten, an ihrer Kritik zu wachsen – ihm aber gleichzeitig feindlich gesonnen zu bleiben! Kann ich schließlich wieder Besuche in einem Krankenhaus oder Altenheim machen, dann sieht auch die Welt um mich nicht mehr so eng und so dunkel aus.

Es ist auch nicht die Art Jesu, sich auf seinem Zorn auszuruhen oder Wehrufe gegen die Pharisäer auszustoßen und dann fischen zu gehen. Christus gebraucht seinen Zorn, um Ungerechtigkeit bloßzustellen und sie dadurch abzubauen. Er sieht in der Synagoge einen Mann mit einer gelähmten Hand (Mk 3,1–6) und findet es ungerecht, daß man am Sabbat nicht heilen darf. Sein Zorn bewegt ihn dazu, die Ungerechtigkeit aufzugreifen, was andere vermieden haben, indem sie ihren Zorn hinunterschluckten: „Und zu den andern sagte er: Ist es erlaubt, am Sabbat Gutes statt Böses zu tun, ein Leben zu retten, statt es zugrunde gehen zu lassen? Sie aber schwiegen. Da schaute er sie der Reihe nach an, voll Zorn und Trauer über die Verhärtung ihres Herzens, und sagte zu dem Mann: Streck deinen Arm aus! Er streckte ihn aus, und sein Arm war wieder gesund. Da gingen die Pharisäer hinaus und faßten zusammen mit den Anhängern des Herodes den Beschluß, Jesus umzubringen" (Mk 3,4–6).

Sowohl Christus als auch die Pharisäer waren also zornig. Christus gebraucht den Zorn, um dem Unrecht mit Liebe und Heilung zu begegnen. Die Pharisäer reagieren darauf wütend, hartherzig und feindselig dem Heiland gegenüber.

Das Heilen der Wunden des Zorns beginnt mit kleinen Schritten. Heilung durch Gebet aber zeitigt große Ergebnisse.

Eine Frau betete in der Kirche um Heilung von ihrer Alkoholsucht. Danach konnte sie sich wieder um ihre vier kleinen Kinder kümmern, die sie wegen ihrer Trunksucht verlassen hatte. Nichts schien zu helfen – weder die Anonymen Alkoholiker noch lange Gespräche mit Beratern. Auch die Schreie der hungrigen Kinder vermochten nicht, sie nüchtern zu halten. Beim *Gebet* um Nüchternheit aber wurde sie von Liebe zu dem Mann durchflutet, der zwei Jahre zuvor ihren Ehemann getötet hatte. Sie haßte ihn nicht mehr, vergab ihm und betete, daß der Herr sich ihm zuwende. Seit diesem Tag ist sie nüchtern geblieben und den Kindern wieder eine hingebungsvolle Mutter geworden. In den folgenden Jahren vertiefte sich diese Vergebung noch: Sie wurde von Migräne und Nervenschmerzen in einem schon früher verletzten Handgelenk geheilt. Körperliche Heilung von Migräne, Geschwüren, zu hohem Blutdruck, Schlaflosigkeit, Darmverschluß, Asthma, Arthritis und sogar Krebs geschieht häufig, wenn Christus uns den Zorn nimmt und uns dafür seine vergebende Heilkraft schenkt. All das kann geschehen, wenn wir die drei Schritte der Emmausjünger nachvollziehen.

9. Kapitel
Die dritte Stufe: Verhandeln

Nachdem ein Patient dem Tod ins Gesicht gesehen hat und die Ärzte und Gott nicht mehr anklagt, sieht er langsam ein, daß er die Ärzte und Gott *braucht,* wenn er mit dem Leben davonkommen oder zumindest seine Todesstunde hinauszögern will. Er beginnt mit ihnen zu *verhandeln.* Als Gegenleistung sollen sie ihm helfen: „Wenn ich aufhöre zu rauchen, alle Medikamente nehme und weiter um mein Leben kämpfe, dann *müßt* ihr mir helfen, länger zu leben und wieder gesund zu werden." Gott schlägt man etwa folgenden Handel vor: „Wenn ich diese Novene halte und jeden Tag meines mir verbleibenden Lebens bete, dann *mußt* du mir noch eine Chance geben." Oder aber: „Ja, ich werde das Trinken aufgeben, aber erst laß mich hier gesund herauskommen!" – „Ja, ich will den Tod annehmen, aber erst laß mich sehen, ob meine Tochter glücklich verheiratet ist." Es gibt endlose Variationen zum Lied, alle aber haben den gleichen Kehrreim: „Ich will schon ..., wenn du nur ..."

Aber nicht nur auf den Tod reagieren wir mit Verhandeln. Dem Polizisten auf der Autobahn begegnen wir betont freundlich, versprechen ihm, nie wieder über 130 zu fahren und bieten ihm vielleicht ein bißchen Bargeld an – nur um einer schriftlichen Anzeige zu entgehen. Fügt jemand unserem Auto eine Schramme zu, sind wir gern bereit, den Unfall nicht zu melden, wenn er das Bargeld für die Reparatur sofort hinlegt. Verbreitet unsere Nachbarin unvorteilhaftes Geschwätz über uns, sind wir bereit, ihr zu vergeben, sobald sie sich öffentlich entschuldigt. Auch hier sind die Varianten ohne Ende: „Ich vergebe ihm, *wenn* er sich ändert, sich entschuldigt, das Trinken aufgibt, die Konsequenzen für sein Tun trägt, verspricht, es nie wieder zu tun ..." Dieses Verhandeln ist leicht zu rationalisieren: Wir möchten jemand nur *helfen,* das Richtige zu tun.

1. Symptome des Verhandelns

Verhandeln ist ursprünglich eine Mischung aus Zorn (Anklage des andern) und Depression (Selbstanklage). Darum richten sich auch die Symptome danach, ob ich eher zornig oder eher depressiv bin. Herrscht der Zorn vor, dann habe ich genug Energie, mein Zimmer in allen Farben des Regenbogens zu streichen. Habe ich eine Depression, dann sind die gelben Wände grau, und ich kann nicht einmal mein Bett machen – wenn ich überhaupt aus den Federn gekommen bin! Auf der Stufe des Verhandelns wird jede Form der Liebe fein säuberlich abgewogen: sowohl was ich *bekomme* (weil der Zorn mir sagt, *er* soll sich ändern), als auch was ich *gebe* (weil die Depression mir sagt, *ich* soll mich ändern).

Meistens fange ich das so an: „*Wenn* Gustav sich ändert, *dann* werde ich ihm vergeben.“ Ich meine damit: *Nur* wenn er sich ändert. Die Alternative zu solchem Verhandeln ist, einen Menschen *bedingungslos* zu lieben, wie er ist. Die meisten menschlichen Beziehungen aber sind geprägt vom Verhandeln, weil nur unerschrockene und freie Menschen auf die Dauer bedingungslos zu lieben vermögen.

Erst eine geraume Zeit, nachdem Gustav behauptet hatte, ich würde meine Berufung verlieren, erreichte ich die Phase des Verhandelns. Erst als ich sah, wieviel an ihm hing, wie viele gute Seiten er hatte und wie seine Kritik an mir nichts anderes war als ein Schrei nach Hilfe und nach Liebe, begann ich mit dem Verhandeln. Natürlich wollte ich nur sein Bestes und ihm nur *helfen*. „Ich werde Gustav vergeben, *wenn* er mir zeigt, daß er mich wirklich ernst nimmt, besonders mein Gebet.“ – „Es ist alles in Ordnung, *wenn* er aufhört, hinter meinem Rücken über mich zu reden.“ – „Er würde mir ganz recht sein, *wenn* er seine Ungereimtheiten und Unzulänglichkeiten zugeben könnte.“ – „*Wenn* er mir sagen könnte, daß es nicht so gemeint war, würde ich es glatt vergessen.“ – „Und selbst wenn er nicht zugeben kann, daß er einen Fehler gemacht hat – *wenn* er mir nur einen Gefallen täte, würde ich sehen, daß es ihm leid tut.“

Seit dem ersten Eindruck, daß Gustav sich einfach nicht

ändern kann, war ich ihm wirklich schon weitgehend entgegengekommen. Ich erinnerte mich jetzt ganz deutlich an die Verletzung selbst. Wort für Wort klang sie viel weniger schmerzhaft und entstellend. Gustav war also gar nicht so schlecht! Er hatte sogar ein paar gute Seiten! Er schlug nur auf mich ein, weil er selbst verwundet war. In dem Versuch, mich ihm zuzuwenden wie Christus, war ich ihm zwar etwas nähergekommen, aber ich wollte immer noch, daß er sich meine Vergebung *verdient*. Christus aber wollte ihm vergeben, nicht weil er das verdient hätte, sondern weil er es *brauchte*. Ich wollte ihn ändern, um ihn lieben zu können. Christus wollte ihn lieben, damit er sich ändern kann. Wollte ich also meine Verhandlungsmentalität aufgeben, dann brauchte ich dazu den Geist und das Herz Christi.

Der heilige Franz von Assisi beschreibt den Geist und das Herz Christi, die man auf der Stufe des Verhandelns braucht. Das ist der rechte Maßstab! Denn nur jemand, der von der Phase des Zornes zur Phase des Verhandelns fortgeschritten ist und den Wunsch aufgegeben hat, zuerst getröstet und verstanden zu werden, kann dieses Gebet ehrlich sprechen:

Herr,
mache mich zum Werkzeug deines Friedens:

daß ich liebe, wo man sich haßt,
daß ich verzeihe, wo man sich beleidigt,
daß ich versöhne, wo man sich streitet,
daß ich Hoffnung wecke, wo man verzweifelt,
daß ich dein Licht anzünde, wo es finster ist,
daß ich Freude bringe, wo man weint.

Herr,
laß mich danach streben:

nicht getröstet zu werden,
sondern zu trösten,
nicht verstanden zu werden,
sondern zu verstehen,
nicht geliebt zu werden,
sondern zu lieben.

Denn wer hingibt, der empfängt,
wer sich verliert, der findet,
wer verzeiht, dem wird verziehen,
und wer stirbt, der erwacht zum ewigen Leben.

2. Verhandeln in der Heiligen Schrift

Im Gleichnis vom verlorenen Sohn offenbart sich die ganze Dynamik des Verhandelns. Der jüngere Sohn kehrt zurück und denkt, sein Vater wird mit ihm handeln wollen: Er wird ihn nur dann zurücknehmen, wenn er als Tagelöhner zurückkehrt (Lk 15,17). Der Vater aber ist darüber erhaben und nimmt den Sohn *bedingungslos* an. Er wartet nicht ab, ob der Sohn vielleicht nur kommt, weil er noch mehr Geld haben will: Als der Sohn noch weit entfernt ist, läuft der Vater ihm entgegen, umarmt und küßt ihn – selbst wenn der Sohn sich überhaupt nicht geändert haben sollte! Der Vater konzentriert sich weder auf seine eigene Verletzung, noch erwartet er eine Entschuldigung. Er läßt den Sohn nicht einmal seine vorbereitete Beichte ablegen. Der Vater *feiert* die Wiederkehr des Sohnes! Er gibt ein Festmahl und ehrt den Sohn, der ihn verletzt hat, mehr als je zuvor. Dieser Vater ist wie der Vater im Himmel: Er weiß nichts von Verhandeln, nur von bedingungsloser Vergebung.

Wie der Vater des verlorenen Sohnes vergibt auch Christus bedingungslos. Er belastet die Vergebung nicht mit Bedingungen, indem er sagt: „Ich werde dir nur vergeben, wenn du dich änderst, dich entschuldigst und die Vergebung zunächst verdienst.“ Ob jemand unfähig ist, ihm zu folgen (Mk 10,21), ihn verleugnet wie Petrus, ihn verrät wie Judas oder ihn ans Kreuz schlägt: Christus vergibt immer und überall bedingungslos. Er hofft, daß seine Vergebung angenommen wird. Christus ist bereit, siebenundsiebzigmal verletzt zu werden (Mt 18,22) und uns dennoch zu vergeben – wie er es in der Beichte tut. Jesus gab sein Leben dahin zur Vergebung der Sünden (Mt 26,28). Er wiederholt dieses Angebot täglich in der Eucharistie. Seine Aussage „Es gibt keine größere Liebe als die, wenn einer sein Leben gibt für seine *Freunde*“ (Joh

15,13) hat er selbst noch überboten, indem er sogar für seine *Feinde* starb. Christus liebt uns nicht nur, wenn wir uns ändern, sondern so, wie wir sind. *Dadurch* gibt er uns die Kraft, uns zu ändern.

Wir brauchen also Christus wirklich nicht *nötigen,* uns zu vergeben, wir brauchen nur offen zu sein, jene unendliche Vergebung *anzunehmen,* die er selbst den schlimmsten Sündern anbietet. Wir sind so offen für die Vergebung Christi, wie wir offen sind für Christus, der in unserem Gegner gegenwärtig ist. Sagen wir zu ihm: „Ich kann dich nicht lieben und dir vergeben", dann sagen wir es damit auch Christus. Wenn wir den Geringsten nicht lieben, selbst den Schuldner im Gefängnis, dann lieben wir *Christus* nicht. Wir hindern uns selbst daran, seine Vergebung zu empfangen (Mt 25,41–46). Christus kann Vergebung anbieten, aber er kann uns nicht dazu zwingen, sie anzunehmen. Auch wir können den Gegner nicht zwingen, unsere Vergebung anzunehmen. Aber wie Christus müssen auch wir ihm die *ganze* Vergebung anbieten, selbst wenn sie nicht angenommen wird. „Vergebt einander, weil auch Gott euch durch Christus vergeben hat" (Eph 4,32).

Das ist der Schlüssel zur Heilung einer Erinnerung: Wenn wir unseren Gegnern vergeben, und zwar so vollkommen und bedingungslos, wie Gott uns vergibt, dann empfinden wir die vergangenen Verletzungen nicht mehr als Schmerz, sondern als Wachstum. Wir werden wie Christus und konzentrieren uns nicht mehr auf den Schmerz, sondern sagen: „Vater, vergib ihnen, denn sie wissen nicht, was sie tun" (Lk 23,34). Verletzung wandelt sich in vergebende Liebe. Es kann dort keine Wunde bleiben, die uns verschließt, wo Vergebung entsteht und uns selbst zu denen hingehen läßt, die uns verwundet haben. Das geschieht, wenn wir über die Grenzen unserer Vergebung hinaus in den Geist und das Herz Christi hineinwachsen. Erinnerungen werden nicht nur durch Psychologie geheilt, sondern durch die Übernahme des Geistes und des Herzens Christi und der Kraft, in seiner Vollmacht zu vergeben.

Vergeben wir mit dem Geist und dem Herzen Christi, so gewinnt auch unser Gebet eine neue Kraft. Allzuoft meinen wir, die Kraft des Gebetes hänge nur von unserem Glauben ab. Aber Jesus besteht auf dem Glauben *und* auf der Vergebung. „Darum sage ich euch: Betet und bittet, um was ihr wollt; glaubt nur, daß ihr es schon erhalten habt, dann wird es euch zuteil. Und wenn ihr beten wollt und habt einem andern etwas vorzuwerfen, dann vergebt ihm, damit euer Vater im Himmel auch euch eure Fehler vergibt" (Mk 11,24–26). Johannes wiederholt dieselbe Verheißung, er unterstreicht nur noch, daß wir im *Namen Christi* bitten sollen: „Alles, um was ihr in meinem Namen bittet, werde ich tun, damit der Vater im Sohn verherrlicht wird. Wenn ihr mich um etwas in meinem Namen bittet, werde ich es tun" (Joh 14,13–14). Für die Juden ist „Name" nicht nur eine Bezeichnung wie „Jesus", sondern meint *den ganzen Menschen,* seine Gegenwart mit Geist und Herz. Deswegen beten wir in „seinem Namen", wenn wir das Wort „Jesus" gebrauchen. Aber wir bitten nicht schon in seinem Namen, wenn wir automatisch das Wort „Jesus" aussprechen, sondern erst dann, wenn wir beten wie er: mit ganzer Hingabe an den Vater. Ein Gebet wird erhört in dem Maße, wie wir beten wie Jesus. Deswegen geschieht die Heilung von Erinnerungen nicht einfach durch das Ausgraben der Vergangenheit und ihre Darlegung im Gebet, sondern durch unser Wachstum, indem wir Geist und Herz Jesu übernehmen und dem Menschen, der uns verletzt hat, wie Christus vergeben. Im Philipperbrief heißt es, daß Erinnerungen geheilt werden in dem Maße, wie sie zur Erinnerung Christi werden und wir wie Christus am Kreuz vergeben: „Seid so gesinnt, wie es das Leben in Christus Jesus fordert. Er war wie Gott, hielt aber nicht daran fest, Gott gleich zu sein, sondern entäußerte sich, wurde wie ein Sklave und den Menschen gleich. Sein Leben war das eines Menschen; er erniedrigte sich und war gehorsam bis zum Tod, bis zum Tod am Kreuz" (Phil 2,5–8).

3. Verhandeln kann heilsam sein

Verhandeln kann wie Röntgenstrahlen sein, die jene verborgenen Bereiche durchleuchten, in denen ich Christus noch nicht ähnlich geworden bin. Sie zeigen genau, wo meine Stärken zu Schwächen geworden sind und meine Schwäche noch nicht wieder erstarkt ist. Warum habe ich gefordert, daß Gustav aufhört, andere zu kritisieren, und zeigt, daß er seine Meinung über mein Gebet und meine Berufung geändert hat? Ich forderte, daß er das Kritisieren anderer aufgibt, nicht nur um ihrer selbst willen, sondern weil ich tatsächlich meinte, daß ihm das leicht fiele. Ich setzte voraus, daß er es tun könne, weil ich selbst erfolgreich aufgehört hatte, meine Schüler zu kritisieren. Wenn *ich* das konnte, dann müßte auch er es können mit etwas Anstrengung. Ich dachte nicht daran, daß es für mich leichter war, weil ich von Natur aus ruhig bin oder weil die Kraft Christi mir diesen Sieg ermöglichte. Was ich für eine Tugend hielt, war in Wirklichkeit mein *Stolz*. Ich verlangte das von einem andern, worauf ich selbst stolz geworden war! Durch derlei Geschäfte aber ist mein sündhafter Stolz endlich deutlich geworden.

Solches Verhandeln bringt also nicht nur von Stolz aufgeblähte Stärken an den Tag, sondern auch besonders verletzliche Bereiche der Schwäche. Am liebsten hätte ich von Gustav hören mögen: „Danke für deinen Vortrag über das Gebet. Zunächst war ich enttäuscht, weil ich anders bete. Aber deine Art zu beten hilft *dir* und macht dich zu einem guten Jesuiten. Einiges von dem, was du erwähnt hast, werde auch ich versuchen." Ich wollte hören, daß ich gut bete und meine Berufung als Jesuit nicht verlieren würde. Warum? Tief innen hatte ich Angst, daß ich bei der dauernden Hetze mir nicht genug Zeit zum Gebet nahm und meine Berufung tatsächlich verlieren könnte – wie andere, die aufgehört hatten zu beten. Was ich am liebsten hören möchte, ist oft das, was ich am nötigsten brauche, um mich zu ändern und mich selbst zu korrigieren. Mit einem stärkeren Vertrauen in die mir innewohnende Kraft, wie Christus zu lieben, konnte ich schließlich die Forderung aufgeben, Gustav müßte sich ändern! Ich konnte endlich vergeben! „Er hat sich zu ändern" wurde zu: „Ich kann mich ändern – und sogar die nicht Liebenswürdigen lieben."

Wenn ich mich durch Vergebung ändere und dadurch neues

Leben schaffe, indem ich den andern annehme, ändert sich komischerweise oft auch der *andere!* Gott verspricht *jedem* neues Leben, dem wir vergeben und der offen ist für Gottes Angebot (1 Joh 5,16). Zu einem Seminar über innere Heilung kam eine Reihe von Geschiedenen und Wiederverheirateten, die das ganze Wochenende über versuchten, ihrem ersten Ehepartner zu vergeben. Sie durchliefen alle Stufen der Vergebung, bis sie sogar *dankbar* dafür waren, durch die verletzende Trennung innerlich gewachsen zu sein. Ein Jahr später kamen wir wieder zusammen und fragten uns, was das Seminar bewirkt habe. Von den sieben, die ihrem ersten Ehepartner vergeben hatten, nachdem sie jahrelang voller Ressentiments gewesen waren, erlebten fünf, daß auch ihr früherer Ehepartner einen Anlauf genommen hatte, ihnen zu vergeben und eine neue Brücke zu bauen. Einer von diesen Ehepartnern rief eine Woche nach dem Seminar plötzlich wieder an, ein anderer reiste 3000 Kilometer, um seine Familie wiederzusehen, und ein dritter schrieb einen ersten Brief nach zehn Jahren absoluten Schweigens. Alle fünf hatten nichts anderes getan, als nur im Gebet vergeben und den *Herrn* gebeten, sie eine Brücke bauen zu lassen, falls ihr früherer Ehepartner unerwarteterweise reagieren sollte. Selbst wenn wir nur vergeben, ohne zu wissen, wie eine Brücke gebaut werden könnte, kann der Herr aus unserer neuen Liebe dem Menschen, dem wir vergeben haben, neues Wachstum schenken. Agnes Sanford sagt ihren Seminarteilnehmern immer, sie müßten vergeben und dann heimgehen und bei dem Menschen, dem sie vergeben haben, eine Veränderung *erwarten.*

Ebenso wie unsere Vergebung weit entfernt lebende Personen betreffen kann, kann sie auch längst Verstorbene erreichen. Lebende und Tote sind Glieder des *einen* Leibes Christi und können durch Vergebung einander beistehen, indem einer des anderen Last trägt (Röm 14,9f; 1 Kor 12,12ff; 2 Makk 12,44f). Wenn wir den Toten vergeben und ihre Vergebung annehmen, dann lassen wir ihnen die Liebe Jesu zuteil werden und mildern ihr Urteil, das darauf beruht, wie sie Christus in denen geliebt haben, denen sie auf Erden begegnet sind (Mt 25,31–46). Sie bedürfen nicht länger der Reinigung für die

Art, wie sie uns verletzt haben. Vergeben wir ihnen, so erfahren sie unsere Liebe, die sie dazu befreit, diese Liebe intensiver zurückzugeben. Die Toten möchten uns für alles vergeben, was sie verletzt haben könnte. Nachdem sie Christus von Angesicht zu Angesicht begegnet sind, möchten sie ihn in uns lieben. Sie möchten uns so vergeben, daß die Liebe Christi in uns wachsen kann und wir die Ewigkeit mit ihnen teilen. Selbst wenn die Lebenden und die Toten reagieren würden, wenn wir ihnen vergeben, so vergeben wir ihnen doch nicht um ihrer Reaktion willen. Das wäre eine Art, mit ihnen zu handeln! Wie Christus muß ich die Menschen lieben, nicht weil sie gut sind oder damit sie gut werden, sondern einfach weil sie Sünder sind. „Schwerlich wird jemand für einen Gerechten sterben; allenfalls wird er für einen guten Menschen sein Leben wagen. Gott aber hat seine Liebe zu uns darin erwiesen, daß Christus für uns gestorben ist, als wir noch *Sünder* waren“ (Röm 5,7–8).

Wenn wir verhandeln, dann zeigt das, daß wir nur jene Menschen lieben möchten, die gut sind. Wenn wir das Verhandeln aufgeben, vertieft sich unsere Liebe, bis wir wie Christus nicht die Sünde lieben, umsomehr aber den Sünder.

Weil es schwierig ist, einen Sünder zu lieben, versuchte ich, wenn ich Menschen half, eine tiefe Verletzung zu vergeben, zunächst krampfhaft, Sündhaftigkeit zu verhehlen. Ich bestand darauf, daß die meisten Verwundungen unwillentlich geschehen. Wer dich verletzt, reagiert ja nur auf Verletzungen, die er selbst erlitten hat, und er meint dich nicht persönlich. Du mußt seine guten Seiten sehen, außerdem trübt der Zorn deinen Blick dafür, daß der andere sich schon geändert hat. Ich stützte mich dabei oft auf alle möglichen Determinismen: Er reagiert so wegen seiner schwachen Gesundheit (biologischer Determinismus), weil er geistig behindert ist (genetischer Determinismus), weil er als Kind schlecht behandelt wurde (psychologischer Determinismus), weil er in einem Elendsviertel aufgewachsen ist (ökologischer Determinismus), weil er keine guten Freunde hatte (sozialer Determinismus). Ich versuchte, sie sagen zu lassen: „Vater, vergib ihnen, *denn sie wissen nicht,* was sie tun“ (Lk 23,34).

Ich bestand darauf, ein Buchhalter sollte seinem Chef vergeben, daß er ihn hinausgeworfen hat, weil der Chef selbst unter Leistungsdruck stand und es nicht tat, um den Buchhalter böswillig zu verletzen. Der Buchhalter sollte für seinen Chef sagen: „Vater, vergib ihm, *denn er weiß nicht,* was er tut." Ich erschrak, als er sagte: „*Aber er wußte,* was er getan hat." Er war überzeugt, sein Chef hätte ihn ganz bewußt und böswillig verletzen wollen, als er ihn hinauswarf.

Damit aber lehrte er mich eine neue Tiefe des Vergebens. „Ich vergebe trotzdem", sagte er. „Vater, vergib ihm, *denn er wußte,* was er tat." Der Buchhalter brauchte seinen Zorn gar nicht erst mit frommen Sprüchen zu rationalisieren wie: „Mein Chef hat es eigentlich gar nicht so gemeint." Er sah das Schlimmste, den Sünder im Chef, und ließ ihm dieselbe Vergebung und dieselbe Liebe zuteil werden wie Christus den Sündern. Verzichten wir auch noch auf diesen Handel: „Ich könnte dir vergeben, *wenn* du nur auf den Druck anderer hin reagiert hast", dann finden wir zu einer tieferen Liebe, zur Liebe Christi zu den Sündern. Wir sind gerufen, die Sünder zu lieben, ob sie sich nun ändern wie der rechte Schächer oder mit einem Fluch auf den Lippen sterben wie der linke.

Sollten wir vielleicht gar nicht *wollen,* daß andere sich zum Besseren ändern, daß es ihnen leid tut und sie die Vergebung annehmen? Natürlich – aber das kann keine *Bedingung* für die Liebe sein! Eine Mutter weigert sich auch nicht, ihr krabbelndes Kind zu lieben, weil es noch nicht laufen kann! Erst die Liebe der Mutter gibt dem krabbelnden Kind das Vertrauen, es zu wagen und ihr in die Arme zu laufen. Wenn wir Bedingungen stellen und sie dann fallenlassen, lieben wir einen Menschen, der am Boden kriecht! Durch unsere Liebe geben wir ihm die Kraft, neue Schritte zu wagen. Der erste Anstoß, sich zu ändern, erwächst kaum aus Forderungen, eher aus empfangener Liebe.

Auch Erwachsene brauchen oft diese bedingungslose Liebe, bevor sie der Forderung entsprechen können, aufrecht zu gehen und nicht mehr zu kriechen. Ich habe einen Freund namens Joe, der in den letzten 20 Jahren schon mehrmals im Gefängnis saß und von Diebstahl bis Mord ziemlich jeden

Verbrechens angeklagt war. Viele sagten, er sei ein hoffnungsloser Fall und ein abgebrühter Krimineller. Im Umgang mit Joe habe ich viel von dem gelernt, was die Anonymen Alkoholiker als bedingungslose „harte" Liebe bezeichnen. Als ich Joe vor 15 Jahren zum ersten Mal begegnete, tat ich alles, um ihm zu helfen. Als er im Gefängnis landete, versuchte ich einen guten Anwalt und einen großzügigen Richter zu finden, um ihn herauszuholen. Dann stahl Joe wieder und erwartete von mir, daß ich ihn wieder heraushole. So lernte ich, daß bedingungslose Liebe nicht bedeutet, jemanden damit zu verletzen, daß man alles für ihn tut, sondern nur bedingungslos zu tun, was liebevoll und hilfreich für sein *Wachstum* ist. Wenn Joe jetzt wieder im Gefängnis landet, dann weiß er, daß ich nichts anderes für ihn tue, als ihn zu besuchen. Wir haben ein Abkommen geschlossen: Wenn er sich selbst in Schwierigkeiten bringt, muß er sich selber wieder herausholen. Ich finde das die beste Art, ihn zu lieben, ihn als Erwachsenen zu behandeln, der für seine Taten verantwortlich ist. Ich lernte, ihn unbedingt und „hart" zu lieben, das heißt, ihn niemals aufzugeben. Heute ist Joe frei, und sein Verantwortungsbewußtsein wächst von Tag zu Tag.

Um Joe zu mehr Selbstverantwortung zu verhelfen, empfahl ich ihm, jede Woche einen „geheilten" Alkoholiker aufzusuchen, um mit seinen Schwierigkeiten umgehen zu lernen, bevor sie ihm über den Kopf wuchsen. Wie Joe hat dieser Freund gegen den Alkohol kämpfen gelernt, und so konnte er ihm viel besser helfen als ich. Wir sind zwar aufgerufen, bedingungslos zu lieben, aber oft heißt das, sich zurückzuhalten und den Menschen ausfindig zu machen, der diese Liebe am besten vermitteln kann. Das gilt besonders dann, wenn wir selbst erschöpft sind. Wir sollten dann vielleicht jemanden für eine Weile nicht mehr sehen, bis wir wieder stark genug sind, aus der Begegnung mit ihm zu wachsen. Es ist immer schwer, nein zu sagen, wenn jemand uns um Hilfe bittet. Aber wir können uns auch übernehmen und brauchen dann selbst Hilfe. Das „Nein" darf nicht aus dem Wunsch geboren sein, möglichst nicht belästigt zu werden, sondern muß vom Verlangen getragen sein, selbst gesund zu bleiben, um mehr bedingungslose Liebe verschenken zu können. Auch Jesus konnte das Volk nur heilen, weil er „nein" sagen konnte, um aus dem Gebet in der Einsamkeit neue Kraft zu schöpfen.

Wie die Volksmassen, die Jesus aufsuchten, fühlen wir uns von der Güte jener Menschen, die nicht mit uns handeln wollen, instinktiv angezogen. Während andere Ordensgemeinschaften aussterben, zieht Mutter Teresa von Kalkutta Hunderte junger Mädchen an, die dem sterbenden Christus unter den Ärmsten der Armen dienen wollen. Sie sammeln jene von den Straßen ein, die dem Tod ohne Freunde und ohne Krankenbett entgegensehen müssen. Die Schwestern können von diesen Kranken nichts erwarten – außer dem Vorrecht, in ihnen Christus zu begegnen. Als Ordensfrau versucht Mutter Teresa nicht einmal mit dem Sterbenden zu verhandeln, er solle doch Christus annehmen, sondern sie liebt ihn bedingungslos, weil er für sie Christus ist. Wünscht ein sterbender Moslem, Stellen aus dem Koran zu hören, dann liest Mutter Teresa ihm so andächtig aus dem Koran vor, als läse sie Christus aus dem Alten Testament vor. Wer aber hat in unserer heutigen Zeit mehr getan, um die Herzen zu verwandeln, als Mutter Teresa mit ihrer bedingungslosen Liebe zu den Sterbenden?

Viele möchten heute sein wie Mutter Teresa und den Ärmsten der Armen in einem fremden Land dienen. Seit Gründung der ersten „Arche" für körperlich und seelisch Behinderte durch Jean Vanier nimmt diese heute auf über fünfzig Häuser in aller Welt angewachsene Lebensgemeinschaft einen ständigen Strom von Besuchern und Freiwilligen auf, die bei diesem Werk helfen möchten. Seine Philosophie ist einfach: Die Behinderten und die Gesunden brauchen einander. Die Behinderten geben uns sehr viel, weil sie selbst zum Ertragen ihrer Schmerzen und Behinderungen eine tiefere Liebe brauchen. Ihre Bedürftigkeit ruft in anderen eine neue Tiefe und neue Möglichkeiten der Liebe und Zuwendung hervor. Die Mitglieder der Gemeinschaft lernen einander so zu lieben, wie sie sind – und nicht um dessentwillen, was sie zu geben imstande sind. Zur Gemeinschaft in Haiti gehört ein

Mann namens Jolibors, der nicht sprechen kann, der vor jedem Angst hat, der sein ganzes Leben in einem Asyl zugebracht hat. Ohne es zu wollen, fordert er jeden zu einer echten Liebe heraus, die keine Worte braucht und die ihm seine Angst überwinden hilft. Die zutiefst Verletzten lassen die Gemeinschaft am stärksten wachsen – dorthin, wo es kein Verhandeln mehr gibt, sondern nur noch bedingungslose Liebe. Jean Vanier sagt, die Gesunden brauchen die Behinderten, um sich selbst zu lieben: „Die Behinderten, die Randfiguren der Gesellschaft, die Gestörten und Zerstörten haben mir das Evangelium nähergebracht als die Klugen und Bedachten. Durch Wachstum, Annahme und Hingabe haben mich die Verwundeten gelehrt, meine Schwächen anzunehmen und nicht zu behaupten, stark und fähig zu sein. Die Behinderten haben mir gezeigt, wie behindert ich selbst bin, wie behindert wir alle sind. Sie haben mich daran erinnert, daß wir alle schwach sind und alle zum Tode berufen – und daß dies die Wirklichkeiten sind, die wir am meisten fürchten.“[11]

Aber die Behinderten brauchen auch die bedingungslose Liebe der Gesunden: „Einem Alkoholiker wird gesagt, er solle aufhören zu trinken, das wäre schlecht für seine Gesundheit. Aber das braucht man ihm nicht zu sagen – den ganzen Tag hat er erbrochen: Er kann niemanden brauchen, der ihm das Gesetz verkündet, denn das Gesetz kennt er! Er sucht jemanden, der ihm Kraft, Antrieb und Durst zum Leben gibt. Nicht weil man ihm sagt, du sollst nicht stehlen, wird er damit aufhören, sondern weil ihm eine Beziehung die Kraft, das Leben und den Mut, den Frieden und die Liebe gibt, die ihm helfen, nicht mehr zu stehlen oder keine Drogen mehr zu nehmen, nicht mehr zu trinken oder nicht depressiv zu werden.“[12]

Verhelfen uns jene, die uns am meisten verletzen, zu weniger Wachstum? Brauchen sie weniger bedingungslose Liebe? Warum möchten wir alle fortlaufen, um mit Jean Vanier zu leben, wenn die Behinderten doch so gegenwärtig sind – gerade in jenen, die wir am dringendsten ändern möchten?

[11] Jean Vanier, *Be Not Afraid,* New York 1975, S. VIII.
[12] Ebd., S. 95.

4. Verhandeln im Gebet

Aufrecht zu gehen ist gefährlicher, als am Boden zu kriechen. Die sanfte Welt der Teppichmuster wird plötzlich zu Büchergestellen und Schreibtischgebirgen: Rückfälle, Tränen und Nasenstüber bezeugen, daß zwei Beine nicht den gleichen Halt bieten wie ein runder Bauch. „Das darfst du nicht“ und „Das tut man nicht“ wird häufiger, wenn mit dem Tischtuch alles herunterkommt und man erforschen möchte, was in einem heißen Ofen vorgeht. Manchmal muß ein Kind sich wünschen, es hätte niemals laufen gelernt.

Ähnlich ergeht es uns, wenn wir uns durch die Phase des Verhandelns durcharbeiten. Es scheint gefährlich, die Schwarzweiß-Welt des Zorns hinter sich zu lassen, wo man auf jeden Fall recht hatte und der Schuldner unrecht. Die aufrechte Haltung Christi, die Feinde zu lieben und ihnen zu vergeben, kommt uns fremd vor, denn wir kommen aus einer Welt, wo die Menschen geliebt werden, wenn sie selber lieben und sich die Liebe verdienen. Beim Weitergehen in Richtung Vergebung werden wir noch oft genug fallen! Bei der Vergebung sagen wir: „Ich will alles Verletzende von dir annehmen und es mit Liebe zu vergelten suchen, bis deine Feindseligkeit verschwindet und meine Freundlichkeit dich heilt.“ Eines Tages aber können wir nicht mehr auf den harten Fußboden schimpfen, weil er uns Schmerzen bereitet hat, sondern müssen unsere ungeschickten Beine dafür verantwortlich machen, daß wir uns beim Hinfallen weh getan haben! Wie oft wünsche ich, ich könnte jemand anderen beschimpfen – und müßte nicht selbst die ersten Schritte in der Welt der Erwachsenen tun, d. h. meinen Feind mit den Augen Christi ansehen.

Auch auf der Stufe des Verhandelns sind die ersten Schritte wieder jene der Emmausjünger: Christus sagen, wie uns zumute ist (Lk 24,13–24), aus der Schrift heraushören, wie Christus empfindet (Lk 24,25–27) und mit brennendem Herzen die Reaktion Christi erleben (Lk 24,32–35).

Christus sagen, wie uns zumute ist
Der erste Schritt besteht darin, Christus ehrlich zu sagen, wie ich mich fühle, und nicht nur, wie ich mich fühlen möchte: „Herr, ich sehe jetzt, wie überlastet Gustav war, und auch einige seiner guten Seiten. Aber er muß sich doch noch mehr zum Guten wandeln, damit andere nicht durch ihn verletzt werden. Ich würde ihm vergeben und ihn auch annehmen können, wenn er nur aufhören würde, die andern zu kritisieren. Wenn er auf irgendeine bescheidene Weise zeigen könnte, daß er mich annimmt, durch ein gutes Wort oder eine neue Aufgabe, wäre es viel einfacher für mich, auch ihn anzunehmen und ihm wirklich zu vergeben. Am meisten möchte ich von ihm hören, daß ich ein guter Jesuit bin und nicht in Gefahr, meine Berufung zum Priestertum zu verlieren. Das ist doch nicht zu viel verlangt: Ich komme ihm mehr als nur auf halbem Weg entgegen; ich verlange ja nicht mehr, daß er sich zunächst öffentlich entschuldigt, einen Versuch macht, selbst zu beten, oder sich wenigstens bei mir persönlich entschuldigt, bevor ich ihn ganz annehme. Hilf du ihm, Herr, sich so zu ändern, wie du mir geholfen hast, mich zu ändern. Es ist nicht fair, daß nur mir geholfen wird."

Aus der Schrift heraushören, wie Christus empfindet
Als zweiter Schritt stellt sich die Frage: „Wann empfand Christus wie ich und wie reagierte er?" Wann wurde er am tiefsten von einem Freund verletzt? Die Leugnung des Petrus, ihn auch nur zu kennen, erinnerte mich an die Weigerung meines Freundes, meine Berufung anzuerkennen. Die Art, wie Christus am Seeufer auf Petrus reagierte (Joh 21), half mir jedoch bei meiner Reaktion auf die Ablehnung durch Gustav. Ich las diese Stelle mehrmals, schloß die Augen, entspannte mich, überließ mich Jesus und begann langsam ein- und auszuatmen: „Jesus!" Als ich nach etwa zehn Minuten deutlich seine Liebe empfand, setzte ich mich mit Petrus und Jesus an das Feuer am See, spürte den Sand zwischen den Zehen und roch den gebratenen Fisch über den züngelnden Flammen. So friedlich die Szene war, so heikel war das Gespräch: „Simon, Sohn des Johannes, liebst (*agapao*) du

mich mehr, als diese mich lieben?" Vor seiner Verleugnung hätte Petrus gerufen: „Ja", weil er immer und überall der erste sein mußte, selbst wenn es hieß, über das Wasser zu gehen! Christus fragt nach *agape*-Liebe, das heißt: Liebst du mich *ganz?* Bist du bereit, *alles* hinzugeben, selbst dein Leben? Petrus aber kennt seine Schwäche, er weiß, daß er Christus verleugnet hat, er kann nicht *agapao* versprechen, sondern nur *phileo,* die gewöhnliche Freundesliebe. Dennoch liebt Christus das Leidenschaftliche an Petrus, das ihn zur Führungsaufgabe befähigt, so leidenschaftlich er Jesus auch verleugnet haben mag. Christus bedient sich der größten Schwäche des Petrus und macht daraus die Gabe der Leitung: „Weide meine Lämmer!" Ein zweites Mal prüft ihn Christus, ob seine Liebe jetzt die *agapao*-Ebene erreicht hat: „Simon, Sohn des Johannes, liebst du mich (*agapao*)?" – „Ja, Herr, du weißt, daß ich dich liebe (*phileo*)." – „Weide meine Schafe!" (Joh 21,16). Wiederum akzeptiert Christus Petrus so, wie er ist, nämlich ohne daß er sich geändert hat und ohne daß er sich nach *agapao* ausstreckt. Christus nimmt nicht nur den schwachen, leidenschaftlichen Petrus an, sondern auch den sündigen Petrus, der ihn bewußt verleugnet hat, nicht nur einmal, sondern dreimal. Er nimmt ihn an, wie er ist, obwohl Petrus Zeit zum Nachdenken und zur Wandlung hatte. Beim dritten Mal übernimmt Christus das Wort des Petrus für Liebe: *phileo.* Christus möchte ihm zeigen, daß er ihn so annimmt, wie er ist: ein Sünder, kein Held.

Weil Jesus Petrus so liebt, wie er ist, mit all seinen Schwächen und seiner *phileo*-Reaktion, kann Petrus in die Liebe zu Jesus hineinwachsen, bis er schließlich seine *ganze* Liebe (*agape*) durch seinen Märtyrertod in Rom bezeugen kann. Wachstum in der Liebe wird weder durch den Wunsch noch durch die Vorstellung möglich, sondern nur durch die Wirklichkeit: dadurch, daß wir *geliebt* werden.

Christus sprach kein hörbares Wort zu mir, aber er sprach zu meinem Herzen, als er zu Petrus sprach. Er schien mich etwas zu fragen, sehr viel zu fragen. Könnte ich jetzt die Initiative ergreifen und Gustav vergeben, so wie Christus, als er zu Petrus kam, sein Boot mit Fischen füllte, ihn stärkte und ihm dreimal seine Liebe anbot, um die dreimalige Verleugnung zu heilen? Könnte ich das Leidenschaftliche an Gustavs Kritik so sehen, wie Christus es bei Petrus sah: als Gabe der Aufrichtigkeit und Befähigung zur Leitung? Könnte ich wie Christus Gustav sogar in seiner Sündhaftigkeit lieben – mit jener bestätigenden Liebe, die ihn genügend anerkennt, so daß er sich zu wandeln vermag? Könnte ich alle Bedingungen fallenlassen und dafür einen Blankoscheck mit der selbstlosen Liebe Christi ausstellen, die immer nur gibt – ohne zu fragen, was sie zurückerhält? Könnte ich Gustav selbst dann noch lieben, wenn er mich weiter kritisiert und weiter meint, ich würde wohl demnächst meine Berufung verlieren?

Die Reaktion Christi erleben

Es ist leichter zu sagen „Ja, ich will für Gustav das sein, was für Christus Petrus war", als das zu tun, was Christus getan hat. Es ist leichter mitanzusehen, was Christus zu Petrus sagte und mit ihm tat, als anzuschauen, was Christus zu Gustav sagt und mit ihm tut! Vielleicht würde Christus Gustav Kaffee nachschenken und ihm helfen, sich auf das zu konzentrieren, was er gut macht, ihm helfen, sich vom Zorn zu befreien, indem er ihm verständnisvoll zuhört, ihm helfen, sich nicht bei der Kritik an mir aufzuhalten, sondern nach tieferen Verletzungen zu suchen, ihm helfen, seine Stärken zu sehen, ihm Hoffnung machen, wo Finsternis war, und ihm mit jener Liebe zulächeln, die ihn zutiefst heilt. Dann aber bin *ich* dran, zunächst in Gedanken all das für Gustav zu tun, was Christus für ihn getan hat – bis Christus mich schließlich benützen kann, um Gustav tatsächlich zu sagen, was Jesus von ihm möchte.

Woher aber weiß ich, daß ich jetzt wirklich den Geist und das Herz Christi übernommen habe und nicht nur Reaktionen übe? Ich merke es daran, ob ich die letzten beiden Bedingungen fallenlassen kann: „*Wenn* du aufhörst, andere zu kritisieren, werde ich dir vergeben" und „*Wenn* du über meine Berufung und mein Gebetsleben anders denkst, werde ich dir erst recht vergeben." – Bei einer echten Vergebung kann ich nämlich mit Christus sagen: „Gustav, ich vergebe dir *alles* –

ob du weißt, was du getan hast, oder nicht. Ich möchte dich lieben, selbst wenn du weiter kritisierst und meinst, ich würde meine Berufung verlieren."

Durch den Verzicht auf meine Bedingungen werde ich mehr Gutes in Gustav sehen und weniger kritisch sein, selbst wenn ich noch einmal verletzt werden sollte. Gleicht meine Liebe der Liebe Christi und habe ich meine Bedingungen wirklich fallengelassen, dann werde ich auch nicht auf einem Gegengeschäft bestehen, bevor ich selbst etwas gebe. Es wird immer Zeiten geben, wo ich mich kritisiert und zornig fühle. Denn durch Vergeben werde ich geheilt, und durch Heilung wird weiteren verdrängten Gefühlen Raum gegeben. Aber diese Gefühle werden dann auch in der Tiefe geheilt, weil ich mich entschieden habe, zu lieben und nicht mehr zu kritisieren. Liebe ist eine *Entscheidung,* nicht nur ein Gefühl. Aber selbst die Gefühle verändern sich, sobald sie erkannt, Christus mitgeteilt und ihm überlassen worden sind. Es hilft mir dabei, wenn ich tief ausatme, was ich fühle, und einatme, was Jesus fühlt.

Sobald ich mehr Gutes an Gustav entdecke, kann ich auch beginnen, *mich selbst* anzuklagen. Warum habe ich so reagiert? Warum bin ich so leicht verletzlich? Warum brauche ich so lange, um zu vergeben? Andere können Kritik einstecken, warum ich nicht? Wenn ich wirklich vergebe, höre ich auf, *andere* anzuklagen, und beginne die Verantwortung für meine Reaktionen zu übernehmen. Meine Bedingungen ändern sich: Nicht mehr die andern haben sich zu ändern, bevor ich vergebe, sondern ich selbst muß mich ändern, bevor ich mir vergebe. Ich fühle mich vielleicht schlechter als vorher – aber nur deswegen, weil die Frage auf einer tieferen Ebene gestellt ist. Statt „Was stimmt nicht mit *ihm*?" heißt es jetzt: „Was stimmt mit *mir* nicht?"

Einem andern vergeben, bis ich sagen kann: „Was stimmt mit *mir* nicht?" klingt vielleicht sehr kompliziert oder gerade noch annehmbar für kleinere Verletzungen im Leben, nicht aber für solche, die eine jahrelange psychotherapeutische Behandlung erfordern. Wir brauchen gar nicht immer bewußt Bedingungen zu stellen und sie dann fallenlassen, manchmal müssen wir andern einfach die bedingungslose Vergebung Christi zuteil werden lassen. Corrie ten Boom entdeckte zu ihrem Erstaunen, daß die Vergebung Christi selbst so tiefe Wunden heilen kann wie ihre Lagerhaft und die Ermordung ihres Vaters und ihrer Schwester Betsie durch die Gestapo. Sie faßt in wenigen Worten zusammen, was mich ein ganzes Kapitel gekostet hat: „Es war bei einem Gottesdienst in München. Ich sah ihn, den früheren SS-Mann, der an der Tür des Duschraumes Wache gestanden hatte, in der Todesbaracke in Ravensbrück. Er war der erste unserer Bewacher, den ich wiedersah. Plötzlich stand alles wieder vor mir: dieser ganze Raum voller grinsender Männer, die Kleiderhaufen und Betsies schmerzensbleiches Gesicht. Er kam auf mich zu, als die Kirche sich leerte, er strahlte und verbeugte sich: ‚Wie dankbar ich für Ihre Botschaft bin', sagte er. ‚Man stelle sich vor: ER hat, wie Sie sagen, meine Sünden hinweggenommen.' Er streckte mir die Hand hin. Und ich, die ich so oft der Gemeinde in Bloemendaal die Notwendigkeit der Vergebung gepredigt hatte, hielt meine Hand zurück. Aber gerade als wütende Rachegedanken in mir aufbrodelten, sah ich ihre Sündhaftigkeit: Jesus Christus war auch für diesen Menschen gestorben! Hatte ich da ein Recht, Bedingungen zu stellen? ‚Herr Jesus', betete ich, ‚vergib mir und hilf mir, ihm zu vergeben!' Ich versuchte zu lächeln, kämpfte darum, ihm die Hand zu geben, aber ich konnte nicht. Ich fühlte nichts, nicht den leisesten Funken Wärme oder Liebe. So betete ich noch einmal still: ‚Jesus, ich kann ihm nicht vergeben. Gib mir deine Vergebung!' Als ich schließlich seine Hand annahm, geschah das ganz und gar Unglaubliche. Von der Schulter den Arm hinab durch die Hand schien ein Strom von mir zu ihm überzufließen, in meinem Herzen aber stieg eine solche Liebe für diesen Fremden auf, daß sie mich fast überwältigte. Und so entdeckte ich, daß die Heilung der Welt nicht von unserer Vergebung und Güte abhängt, sondern von IHM allein. Wenn ER uns gebietet, unsere Feinde zu lieben, dann gibt er mit diesem Gebot auch die Liebe dazu."[13]

---

[13] Corrie ten Boom, *The Hiding Place,* Old Tappan 1971, S. 238.

10. Kapitel
Die vierte Stufe: Depression

Sieht der Sterbende seine Kräfte schwinden, dann weiß er, er wird weder durch Verhandeln noch durch bessere Ärzte, noch durch Gebetsversprechungen, auch nicht durch Spenden oder durch engelgleiches Benehmen gerettet werden. Schließlich läßt er seiner Wut freien Lauf. In brütender Stille wälzt er Fragen: „Warum bin ich nicht zum Arzt gegangen, bevor es zu spät war? Warum habe ich nicht *gleich* den besten Arzt genommen? Warum bin ich nicht mit auf diesen Familienausflug gegangen und habe mehr Zeit mit den Kindern und Enkelkindern verbracht? Jetzt ist es endgültig zu spät." Beginnt der Sterbende, sein Leben und seine Freundschaften zu werten, wird er häufig depressiv.

Überschaue ich mein Leben und meine Freunde, werde sicher auch ich Depression erleiden. Ich wurde depressiv wegen meiner Reaktion auf Gustavs Kritik, weil das für mich hieß, einen guten Freund, möglicherweise sogar meine Priesterberufung zu verlieren. Wäre mir Gustav egal gewesen und wäre es mir unwichtig gewesen, im Gebet zu wachsen und Priester zu sein, wäre ich nicht depressiv geworden. Ich werde nicht depressiv, wenn mir jedermann gleichgültig ist und wenn ich nicht nach irgendwelchen Zielen strebe. Gehe ich keine Risiken ein, nämlich zu lieben und daran zu wachsen, dann kann ich auch nicht versagen und depressiv werden.

1. Symptome der Depression

Die dunkle Wolke der Depression überfällt uns mit anklagenden Gedanken: „Hätte ich doch nur..." Gewöhnlich weiß ich nicht, daß ich depressiv bin. Aber ich merke, daß jede Seite meines Bettes die falsche Seite zum Aufstehen ist – und daß ich daher am besten liegen bleibe. Zwei eherne Gesetze halten mich im Bett fest: Erstens das Gesetz der Schwerkraft, zweitens das Gesetz der Dualität – von zwei möglichen Ereignissen wird immer nur das unerwünschte eintreten. Schließlich sage ich mir: „Du hättest schon vor einer Stunde aufstehen müssen", gleite aus dem Bett und gähne mich lustlos durch die Pläne für den Tag. Ich schiebe auf, was warten kann, und komme überall zu spät. Ich greife nichts Neues auf, sondern wärme alte Schulstunden und eine alte Predigt auf. Ich frage öfter als sonst: „Was hältst du von der Predigt?" Aber in Wirklichkeit kann ich die Komplimente nicht mehr hören und vertrage auch keinerlei Kritik. Ich melde mich freiwillig, die Predigt zu halten, selbst wenn ich lieber die schlimmste der Predigten über mich ergehen lassen würde. Es fällt mir schwer, nein zu sagen, weil ich andern gefallen muß. Niemals nein zu sagen führt unvermeidlich zu Überlastung. Das ist ein weiterer Grund, mich selbst anzuklagen. Denn ich habe viel zuviel zu tun und keine Zeit, irgend etwas richtig zu machen.

Niemals nein sagen und total überlastet sein ist aber nur *eine* der sündhaften Verhaltensweisen der Depression. Die Schwere der Depression zeigt sich daran, wie oft ich auf Verletzungen sündhaft reagiere. Jede Verwundung macht mich noch anfälliger für die Sünde. Sündige ich durch Stolz, dann bin ich noch anfälliger für Kritik und überdecke diese mit noch mehr Stolz. Hänge ich an den Dingen, dann werde ich noch tiefer verletzt, wenn mir die Dinge genommen werden oder wenn man sie mißbraucht. Ich überdecke diesen Verlust, indem ich mich noch mehr an dem festklammere, was mir bleibt.

Es ist ein Teufelskreis! Hacke ich auf mir selbst herum, weil ich mich schuldig fühle („Hätte ich nur..."), dann mache ich alles falsch – worauf ich mich noch schuldiger fühle. Meine sündhaftesten Jahre waren die Jahre, in denen ich am depressivsten war. Wenn ich mir die Haare raufte, weil ich sechs Themen so schlecht behandelt hatte, daß die halbe Klasse nicht mehr zum Unterricht erschien, dann kritisierte ich schließlich auch die Schüler, wetterte über meine Überlastung, betete weniger und hoffte, daß andere Lehrer sich gleich schwer taten – und wand mich unter Gustavs Kritik. Werde ich depressiv, dann werde ich zum Sünder, dadurch noch depressiver und noch sündiger.

Ich versuche den Teufelskreis der Depression zu durchbrechen, indem ich ins Gebet gehe wie ein Sünder, der Hilfe braucht – aber dann erwische ich mich dabei, wie ich versuche, noch mehr aus mir selbst zu tun. Ich konzentriere mich auf *meine* Probleme – und nicht auf Jesus. Und dann wundere ich mich, daß ich durch das Gebet noch depressiver werde. Auf ein „Danke, Herr" folgen bestimmt zehn „Laß mich das anders machen…" Mein Versuch, die Sünde zu hassen und den Sünder zu lieben, endet sicher damit, die Sünde zu hassen und den Sünder auch. Liebe ich mich nicht selbst, dann glaube ich schließlich, auch Gott liebt mich nicht – und höre auf zu beten. In der Depression dreht sich mein Denken nur um *meine* Probleme und nicht um den Herrn. Es ist ein Krampf, auch nur laut zu beten oder zu singen. Kann ich überhaupt denken oder beten, dann dämmert mir, daß es schon ein Fehler war, mich verletzen zu lassen. Öffentlich mag ich mich noch rechtfertigen und meine Reaktion verteidigen, innerlich aber hätte ich lieber anders reagiert. Ich habe jetzt plötzlich *zwei* Probleme: Gustavs Kritik und meine übertriebene Reaktion. Ich kann doch Gustav nicht einfach wegen meiner Reaktion anklagen! Ich beginne mich zu fragen: „Wie haben wir Gustav früher verletzt, so daß er zurückschlagen *mußte?* Warum brauche ich so lange, jemandem, der mich verletzt hat, zu vergeben und ihm zu helfen? Warum sehe ich Gustavs Belastung nicht? Warum bete ich nicht mehr? Er hat einen Fehler gemacht – aber warum kann ich ihn noch immer nicht lieben?"

„Er hat einen Fehler gemacht" ist nur die Wiederholung dessen, was ich auf der Stufe des Zornes gesagt habe, denn ich habe noch einigen Zorn bis in die Depressionsphase mitgeschleppt. Zorn- und Depressionssymptome kommen oft gleichzeitig hoch. Vieles an der Depression ist hinuntergeschluckter Zorn und verschwindet mit der Antwort auf die Frage: „Wer oder was irritiert mich?", weil ich mich dann mit dem Zorn auseinandersetzen kann. Ich bin selten zornig auf jemand andern (Zornstufe), ohne auf mich selbst zornig zu sein (Depressionsstufe) und umgekehrt. Kann ich den Zorn nicht leiden, dann heißt das gewöhnlich, ich fühle mich schuldig daran. Auf der Depressionsstufe sage ich öfter: „Hätte *ich* nur..." als „Hätte *er* nur..."

2. Depression in der Heiligen Schrift

Im Gleichnis vom verlorenen Sohn werden die Vergebung des Vaters und die Feier der Heimkehr des jüngeren Sohnes dem Zorn des älteren Sohnes gegenübergestellt, der sein kaltes Herz übersieht und sich auf die Schuld des Bruders fixiert: Im Zorn kann er weder Liebe geben noch annehmen.

Der Jüngere ist in seiner Depression besser dran als sein älterer Bruder, weil er weiß, daß er ein Sünder ist, der der Vergebung bedarf. Er läßt den Kopf hängen und hat allen Grund dazu: Er hat unreine Schweine mehr geachtet als Gott, seine Gaben verschwendet und auf seinen liebenden Vater verzichtet. Voller Trauer sagt er: „Vater, ich habe gegen Gott im Himmel und gegen dich gesündigt; ich bin nicht mehr wert, dein Sohn zu sein" (Lk 15,21). Er durchbricht den Teufelskreis (Depression – Sünde – stärkere Depression – größere Sünde), indem er seine Schuld bekennt und die Vergebung annimmt. Das für die Depression typische „Hätte *ich* nur..." führt beim jüngeren Sohn zu stärkerem Wachstum als beim älteren, der im Zorn verharrt: „Hätte *er* nur..."

Eines der sichersten Symptome einer gesunden Depression ist der Wunsch nach Vergebung. Weil der verlorene Sohn depressiv genug war, umzukehren und um Vergebung zu bitten, kommt er dem Vater näher als zuvor und erhält neue Gaben: das schönste Kleid, den Ring und die Schuhe. Die Sünde, weggelaufen zu sein, wird zur Quelle vieler neuer Gaben: Vater und Sohn werden ihr Zusammensein nicht mehr einfach als selbstverständlich hinnehmen, sie werden weniger kritisch sein und sich stärker bestätigen. Der Vater wird mehr Verständnis für die Hungernden haben, und beide werden sich mit dem älteren Bruder versöhnen wollen – wenn er nicht auch wegläuft und dieselben Fehler macht! Das Gleichnis hebt hervor, daß die Annahme der Depression und ihrer Symptome zu tieferer Liebe und zu neuer Öffnung für das Leben führen kann.

Die Sünden zu bekennen und Vergebung anzunehmen ist auch der deutlichste Unterschied zwischen der Haltung des Petrus und des Judas. Beide Männer verleugneten Christus und wurden darüber depressiv. Aber nur Petrus ist bereit, die Sünde anzunehmen und Versöhnung mit dem Herrn zu suchen. Er kehrt um, um Jesus aus ganzem Herzen zu dienen. Judas dagegen kann seine Sündhaftigkeit nicht ertragen und sucht keine endgültige Versöhnung mit dem, den er verraten hat. Sein Versagen und seine Depression führen zum Selbstmord. Petrus wird seine Verleugnung vergeben, er bleibt zutiefst geliebt, und man vertraut ihm sogar die Führung der Kirche an: „Weide meine Schafe!“ Von Judas, mit dem es keine Versöhnung gab, sagt Jesus später: „Für ihn wäre es besser, er wäre nicht geboren“ (Mt 26,24).

Depression führt entweder zu Verzweiflung oder zu neuer Hoffnung, je nachdem, ob wir uns auf unsere Probleme oder auf die Liebe Christi zum Sünder konzentrieren. Judas konzentrierte sich auf sein Problem und erhängte sich. Petrus konzentrierte sich auf die Vergebung Christi und hängte sein Problem an den Nagel. Judas dachte, gewisse Sünden wären zu gewaltig, um vergeben zu werden. Petrus wußte: Je größer die Sünde, desto lieber vergibt sie Christus. In der Schrift sind die Depressiven, die daran wachsen, jene, die ihre Sünden bekennen und Gottes Liebe annehmen. Es sind jene, die verstehen, daß das Bekenntnis der Sünden nicht dazu da ist, *Gottes* Meinung zu ändern, so daß er uns mit unseren Sünden annimmt, sondern daß es dazu dient, *unsere* Meinung zu ändern, so daß wir Gottes Vergebung annehmen, die er uns Sündern auf Golgota geschenkt hat (1 Joh 1,8–9).

Jahrelang dachte ich, Christus liebt die Schwachen wie den verlorenen Sohn oder wie Petrus, aber die Vollkommenen, die wie der Vater im Himmel vollkommen sind, hat er doch lieber (Mt 5,48). In dem Bemühen, vollkommen zu werden, konzentrierte ich mich auf meine Anstrengungen und wurde eher zum Egozentriker als zum Sünder, der den Heiland braucht. Schließlich las ich Matthäus noch einmal und entdeckte die Stelle Mt 5,43–48, wo uns gesagt wird, wir sollen zwar vollkommen sein wie der Vater im Himmel – aber nur in einem einzigen Bereich, nämlich dem der Liebe und des Erbarmens mit den Feinden. Der Herr möchte von mir nur, daß ich mit Petrus und dem verlorenen Sohn in mir und in andern Erbarmen habe. Am meisten werden wir Christus und dem Vater ähnlich nicht dann, wenn wir vollkommen sind, sondern wenn wir vergeben. Unser Vater liebt uns nicht, weil wir vollkommen sind und niemals Fehler machen, sondern weil wir Kinder sind, die durch Hinfallen laufen lernen und besonderer Zuwendung bedürfen. Seine Liebe zu den Schwachen und Kindern zeigt sich in der Liebe einer Mutter zu ihrem hilflosen Neugeborenen: „Kann denn eine Frau ihr Kind vergessen, eine Mutter ihren eigenen Sohn? Und selbst, wenn sie ihr Kind vergessen würde: Ich vergesse dich nicht. Sieh her: Ich habe dich eingezeichnet in meine Hände“ (Jes 49,15–16).

3. Depression kann heilsam sein

Es gibt so viele Definitionen der Depression, wie es Depressive gibt. In diesem Buch aber gebrauchen wir Depression ausschließlich im klassischen Sinn des gegen mich selbst gerichteten Zorns. Auf der Depressionsstufe wendet sich der Zorn nach innen und erzeugt Schuldgefühle darüber, daß ich es zugelassen habe, verletzt zu werden, oder Schuldgefühle über die Verletzung eines andern. Ob ich auf mich selbst zornig bin oder auf meine Werke, unterscheidet unheilsame Depression von heilsamer. Wie heilsamer Zorn mich dazu führt, wütend zu sein auf die lieblose Kritik von Gustav, während ich ihn selbst liebe und ihm vergebe, so kann heilsame Depression mich dazu führen, wütend zu sein auf meine lieblosen Taten, während ich mich selbst weiter annehme und mir vergebe, meine Gaben sehe und sie einsetze, um meine Taten zu korrigieren.

Ich muß mich selbst lieben und mir vergeben lernen, mich selbst oder jemand andern verletzt zu haben, sei es gewollt (sündhaft) oder ungewollt (böse). In den meisten Fällen des Sich-selbst-Vergebens handelt es sich um ungewolltes Böses: wenn ich es gut gemeint, aber trotzdem Fehler gemacht habe, indem ich mich zum Beispiel allzu leichtgläubig verführen ließ, trotz wirklicher Anstrengung nicht zum Erfolg kam oder die Not eines andern nicht erkannte. Gewöhnlich vergebe ich mir das Ungewollte leichter (daß ich mich unwillentlich von Gustavs Kritik verletzen ließ und ihn verletzte) als das Gewollte (willentlich auf Gustavs Bemerkung herumzureiten und zurückzuschlagen). Das ungewollte Böse kann ich mir mit einem „Ich bin schließlich auch nur ein Mensch" leicht vergeben. Damit befinde ich mich eher wieder auf der Zornstufe: „Es ist *sein* Fehler." Bleibe ich dagegen depressiv und höre ich auf das „Hätte ich nur..." meiner Schuldgefühle, dann fühle ich mich vielleicht für *mehr* verantwortlich als nur für das ungewollte Böse. Kann ich mir mit einem „Ich habe es doch nur gut gemeint" nicht vergeben, dann heißt das, ich muß mich tiefer lieben und mir tiefer vergeben. Mit dem heiligen Augustinus sollte ich sagen: „Hasse die Sünde und liebe den Sünder!"

Die Sünde zu hassen und den Sünder zu lieben hilft mir, das zu ändern, was anders werden muß. Wenn ich z. B. in einen Autounfall verwickelt bin, dann kann ich mir einreden, daß der Unfall nur etwas ungewollt Böses war, weil ich ja vorsichtig gefahren bin. Habe ich aber die Bremsen nicht nachstellen lassen, wie man mir gesagt hatte, dann fühle ich mich tief innen vermutlich doch schuldig, weil ich nicht rechtzeitig gebremst habe. Entdecke ich, warum ich mich verantwortlich fühle für meine Sünde, dann hilft mir das, die Situation zu verändern, anstatt einen weiteren Unfall zu bauen. Außerdem muß ich mir selbst vergeben und mich lieben – oder ich werde anfälliger für Unfälle, weil ich unbewußt versuche, mich selbst zu bestrafen. Depression ist nur dann heilsam, wenn sie dazu führt, die Sünde zu hassen und den Sünder zu lieben.

Carl Menninger, Psychotherapeut und Gründer der berühmten Menninger-Klinik, sagt in seinem Buch *Whatever Became of Sin*[14], zu leugnen, daß ich ein Sünder bin, sei besonders ungesund. Für Menninger ist der Sünder *verantwortlich* für seine lieblosen Handlungen und kann sich *ändern*. Wenn ich mich selbst oder den andern verletze, dann kann ich es entweder leugnen und weitermachen oder das Böse daran einsehen und es korrigieren. Ich habe drei Wahlmöglichkeiten: das Gefängnis, weil ich weiß, daß ich Böses tue, aber es nicht ändern kann; eine psychiatrische Klinik, weil ich geisteskrank bin und nicht weiß, was ich Böses tue, und es darum auch nicht ändern kann; oder aber der Tatsache ins Auge sehen, daß ich ein Sünder bin, weil ich weder geisteskrank noch ein Verbrecher bin und also das Böse, das ich tue, ändern kann und darum für meine Handlungen verantwortlich bin. Wenn ich gesund bin und hoffen kann, mich zu ändern, dann bin ich ein verantwortlicher Sünder und bereit, mich zu bekehren. Hasse ich aber meine Sünden nicht, dann werde ich unempfindlich für meine Selbstzerstörung, anstatt sie zu korrigieren. Liebe ich dagegen den Sünder nicht, dann werde ich depressiv und skrupulös und habe keine Kraft, meine Selbstzerstörung aufzugeben. Wie für den heiligen Augustinus ist auch für Menninger derjenige gesund, der die Sünde haßt und den Sünder liebt. Depression kann heilsam sein, wenn ich die Sünde hasse und dabei drei wesentliche Schritte beachte: a) Ich muß die Zerstörung sehen, b) die Verantwortung auf mich nehmen und c) Schritte unternehmen, um das Veränderbare zu ändern.

Die Sünde hassen

Die Zerstörung sehen und die Verantwortung übernehmen, die Sünde hassen und den Sünder lieben ist nicht nur darum ein Gebot, weil Christus vor 2000 Jahren durch die Sündhaftigkeit der Menschen umgekommen ist, sondern weil auch heute noch „Christus in mir" durch die Sünde erstickt wird. Sie schleicht umher wie ein brüllender Löwe und sucht, wen sie verschlingen kann – nicht nur den Christus in mir, sondern

---

[14] Carl Menninger, *Whatever Became of Sin*, New York 1973.

in jedem! Die Sünde ist nicht nur das Böse, das ich tue, sondern auch das Gute, das ich unterlasse. In dem Maße, wie ich weiß, ich kann heilen, aber tue es nicht, bin ich ein Sünder.

Unser Beichtspiegel sollte deswegen nicht nur eine Aufzählung unserer Fehler enthalten, sondern auch unserer Gaben, die nicht gebraucht werden, um andere zu heilen. Gesündigt haben wir nicht nur, wo wir die Zehn Gebote gebrochen haben, sondern wo wir unsere Gaben, Gott und den Nächsten zu lieben, mißbraucht oder verdrängt haben, so wie der faule Diener, der seine Talente vergrub (Mt 25,14–30). Indem er sein Geld versteckt, bricht er kein einziges der Zehn Gebote, aber er vernachlässigt seine Gaben und bekommt zu hören: „Du schlechter und fauler Diener..." und wird in die äußerste Finsternis geworfen (Mt 25,26–30). Auch meine Sünden werden oft nicht nur darin bestehen, daß ich andere verletze, sondern daß ich meine Heilungsgabe verdränge oder mißbrauche. Eine meiner Sünden besteht darin, daß ich meine Schriftstellergabe nicht nütze, weil ich nicht die Disziplin aufbringe, mich hinzusetzen und zu schreiben – während ein anderer dies bis zur Erschöpfung tut. Ähnliches gilt für Petrus und Judas, die mehr gesündigt haben als die Volksmenge, als sie Christus verleugneten, weil sie ihn als seine Jünger besonders gut kannten und eine größere Gabe hatten, Christus zu lieben und ihm zu dienen. Weil große Heilige besonders befähigt sind zu lieben, haben sie auch besondere Möglichkeiten zu sündigen. Ich bin verantwortlich nicht nur für den Gebrauch meiner Gabe zu lieben, sondern auch dafür, noch weitere Gaben der Liebe zu entwickeln. Vielleicht war ich deshalb so angsterfüllt und wütend am Schwarzen Brett, weil ich schon in der ersten Klasse vom Lehrer kritisiert worden bin und dann ein Leben lang mit ungeheilten Wunden herumlief. Die Sünde schleicht sich nämlich nicht schon ein, wenn ich Angst habe oder wütend bin, sondern erst, wenn ich Furcht und Zorn *bemerke*, sie bewußt wieder verdränge und feindselig handle, anstatt solche Reaktionen zu heilen, indem ich bete, mich mit einem Freund ausspreche, psychologische Hilfe in Anspruch nehme oder in seltenen Fällen auch um Befreiung von dämonischen Einflüssen beten lasse. Es mag sein, daß ich nicht dafür verantwortlich bin, reizbar zu sein. Sicher aber bin ich verantwortlich für die Entscheidung, ob ich meinen Zorn hinunterschlucke und mich in Arbeit vergrabe, bis ich erschöpft bin und meine Schüler anschreie, oder ob ich mir Zeit zum Beten und zur Erholung nehme, so daß ich neue Kräfte sammeln kann, um mit der Situation fertig zu werden. Es ist nicht sündhaft, wütend zu werden, wohl aber die Wut zu schüren, indem ich mich weigere, die bleibende Gabe der Freiheit anzunehmen, auf Christus zuzuwachsen, um meine Wunden heilen zu lassen. Die Sünde schleicht sich ein, wenn ich mich einfach hinsetze und mich von längst Vergangenem beherrschen lasse – und mich dadurch der Verantwortung entziehe, die mir verbliebenen Gaben zu meinem Wachstum einzusetzen.

Menninger hofft, daß immer mehr Menschen sagen werden: „Ich bin ein verantwortlicher Sünder und kann mich ändern", anstatt die Verantwortung für ihre Taten auf schlechte Erbanlagen, einen fehlenden Vater, einen bösen Geist, ein verletzendes Wort oder einen schlechten Lehrer abzuschieben. Sicher üben alle diese Faktoren einen gewissen Einfluß auf uns aus, sie können unsere Verantwortlichkeit vermindern – aber wenn wir gesund sind, dann liegt die Entscheidung bei *uns*, wie wir auf Einflüsse reagieren.

Wir würden viel öfter sagen können: „Ich bin ein verantwortlicher Sünder und kann mich ändern", wenn wir unsere Gedanken bei einer Verletzung näher betrachteten. Sie entscheiden nämlich über die weiteren Gefühle und ermöglichen uns daher, sündhafte Reaktionen zu ändern. Die Veränderung tritt dann ein, wenn wir uns unbewußte Gedanken bewußt machen und sie durch die Gedanken Christi ersetzen. Meine Feindseligkeit Gustav gegenüber ergab sich nicht nur aus seinen Worten, sondern auch aus meiner unvernünftigen Deutung. Ich sagte mir: „Weißt du noch, was Gustav da zum besten gab? Es klang wie das Referat eines Novizen. Kaum glaublich, daß er sechs Jahre gebetet hat. Ich möchte wissen, wie lange er noch Jesuit bleibt."

Also nicht sein Kommentar hatte mich verwundet, sondern meine Reaktion! Ich hätte mir sagen können: „Vielleicht hat

Gustav recht, weil seine Kritik mich trifft. Ich habe tatsächlich zuviel gearbeitet und zuwenig gebetet. Ich bin froh, daß er mich auf diese Gefahr aufmerksam gemacht hat, bevor es zu spät ist." Hätte er wirklich unrecht gehabt, dann hätte ich mir sagen können: „Armer Gustav, er muß wirklich verletzt sein und wütend auf etwas anderes. Was kann ich nur für ihn tun?" Beide Reaktionen würden mich Gott und Gustav nähergebracht und mich selbst bereichert haben.

Aber anstatt nüchtern zu betrachten, wie das Geschehene mir hätte helfen können, Gott und Gustav näherzukommen, fühlte ich mich angegriffen und reagierte ganz unvernünftig. Als ich Gustavs vernichtende Kritik unvernünftigerweise so auslegte, daß manche Menschen eben schlecht sind (und nicht nur schlecht handeln) und daß sie ernsthaft getadelt und bestraft werden müssen, damit sie sich ändern, wurde ich wütend und sagte mir: „Gustav ist ein Unmensch. Er muß bestraft werden, damit er sich ändert. Trau ihm nie mehr!"

Der Zorn verging schließlich – und die Depression kündigte sich mit einer neuen, ganz unvernünftigen Idee an: „Ich muß geliebt werden und mich annehmen lassen von denen, die mir wichtig sind, und ihren Erwartungen auch entsprechen." Das führte mich dazu, mich nicht auf die Wandlung von Gustav zu konzentrieren, sondern auf meine eigene. Ich sagte mir: „An dir muß alles ganz anders werden, und zwar sofort, gerade jetzt, damit die, die dir wichtig sind, dich wirklich lieben und dich als etwas Positives betrachten." Nicht nur das Geschehene, sondern vor allem meine unvernünftige Sicht lähmte mich durch ungeheilten Zorn, von mir gestellte Bedingungen und Depression.

Albert Ellis bestätigt aus seiner klinischen Erfahrung, daß Gefühle nicht nur durch ein Geschehen erzeugt werden, sondern auch durch dessen Deutung. Er hat zehn unvernünftige Sichtweisen zusammengestellt, die zu destruktiven Gefühlen und sogar zu Geisteskrankheit führen können. Ellis schließt daraus, daß die Gesundheit wiederhergestellt werden kann, wenn die unvernünftigen Sichtweisen durch vernünftige ersetzt werden. Ähnlich tritt bei der Heilung von Erinnerungen der Heilungseffekt dann ein, wenn wir die unvernünftige

Sicht aufgeben und die Erinnerung aus der Sicht Christi sehen. In diesen zehn unvernünftigen Sichtweisen zeigt sich auch unsere Mitverantwortung daran, uns durch eine Verletzung lähmen zu lassen, anstatt die Verwundung als Gabe zu betrachten und daran zu wachsen.

Die zehn unvernünftigen Sichtweisen von Ellis werden hier leicht abgeändert wiedergegeben und einer Schriftstelle, welche die heilbringende Sicht Christi aufzeigt, gegenübergestellt. Erscheinen sie uns echt, dann verdeutlichen sie vielleicht unsere Mitverantwortung an der Verletzung und die mögliche Umkehr in Richtung Heilung. Sie zeigen uns im einzelnen, wo wir durch den Angriff des Teufels auf die „Frucht des Geistes" in uns verwundet worden sind. „Die Frucht des Geistes aber ist Liebe, Freude, Friede, Langmut, Freundlichkeit, Güte, Treue, Sanftmut und Selbstbeherrschung; dem allem widerspricht das Gesetz nicht" (Gal 5,22).

Wenn wir eine der Früchte des Geistes entbehren, können wir uns auf unsere verletzten Gefühle besinnen und fragen: „Wie habe ich es gerechtfertigt, zornig zu bleiben auf den, der mich verletzt hat? Welche Gedanken haben mich zornig bleiben lassen auf mich selbst?" Wir können dann diese unvernünftigen und unversöhnlichen Gedanken Christus übergeben und seine lebenspendende Sicht übernehmen.

DIE ZEHN UNVERNÜNFTIGEN SICHTWEISEN

Ich bin selbst verantwortlich dafür, daß ich mich (weiter) verletzt fühle, wenn ich unvernünftigerweise denke:

1. Ich muß von jenen geliebt und angenommen werden, die mir am wichtigsten sind, und ihren Erwartungen entsprechen. (Diese Sicht widerspricht bedingungsloser Liebe.)
   „Selig seid ihr, wenn ihr um meinetwillen beschimpft und verfolgt und auf alle mögliche Weise verleumdet werdet" (Mt 5,11).
2. Ich muß vollkommen kompetent und erfolgreich sein in allem, was ich tue, bevor ich mit mir selbst zufrieden sein kann. (Diese Sicht widerspricht der Freude.)
   „Es genügt dir meine Gnade; denn sie erweist ihre Kraft in

der Schwachheit. Daher will ich mich all meiner Schwachheit rühmen, damit die Kraft Christi auf mich herabkommt. Deswesen habe ich meine Freude an jeder Schwachheit, an Mißhandlungen und Nöten, an Verfolgungen und Ängsten, die ich für Christus ertrage; denn wenn ich schwach bin, dann bin ich stark" (2 Kor 12,9–10).

3. Es ist leichter, gewissen Schwierigkeiten und Verantwortungen aus dem Weg zu gehen, als sie anzupacken. Wenn ich sie nicht zur Kenntnis nehme, gehen sie vielleicht an mir vorüber. (Diese Sicht widerspricht dem wahren Frieden inmitten von Anfechtungen.)
   „Wer zu mir gehören will, der verleugne sich selbst, nehme täglich sein Kreuz auf sich und folge mir nach" (Lk 9,23).
4. Ich muß unbedingt die schnellste und vollkommenste Lösung meines Problems finden. (Diese Sicht widerspricht der Geduld.)
   „Eure Güte (Geduld) werde allen Menschen bekannt... Sorgt euch um nichts, sondern bringt in jeder Lage betend und flehend eure Bitten mit Dank vor Gott" (Phil 4,5–6).
5. Einige Leute sind schlecht, sie müssen für die von ihnen begangenen Sünden ernsthaft getadelt und bestraft werden. (Diese Sicht widerspricht der Freundlichkeit.)
   „Vater, vergib ihnen, denn sie wissen nicht, was sie tun" (Lk 23,24).
6. Ich muß auf das Schlimmste vorbereitet sein, indem ich bei dem verweile, was schlecht, gefährlich oder bedrohlich ist. (Diese Sicht widerspricht der Güte.)
   „Furcht gibt es nicht in der Liebe, sondern die vollkommene Liebe vertreibt die Furcht. Denn die Furcht rechnet mit Strafe, und wer sich fürchtet, ist in der Liebe nicht vollendet" (1 Joh 4,17f). – Hier sollten verbleibende Befürchtungen intensiv erforscht werden, und wir sollten uns ihnen gegenüber auf die alles überwindende Liebe Christi konzentrieren.
7. Ich bin von der Vergangenheit geprägt und werde mich nicht mehr ändern. (Diese Sicht widerspricht beharrlichem Vertrauen.)

„Wenn also jemand in Christus ist, dann ist er eine neue Schöpfung: das Alte ist vergangen, Neues ist geworden" (2 Kor 5,17).

8. Es ist furchtbar, nichts geht nach meinen Plänen! (Diese Sicht widerspricht der Sanftmut.)
   „Vater, alles ist dir möglich. Nimm diesen Kelch von mir! Aber nicht, was ich will, sondern was du willst, soll geschehen" (Mk 14,36).
9. Ich bin nicht meines Glückes Schmied; mein Glück hängt davon ab, was mit mir geschieht. (Diese Sicht widerspricht der Selbstverantwortung.)
   „Das Auge gibt dem Körper Licht. Wenn dein Auge gesund ist, dann wird dein ganzer Körper hell sein. Wenn aber dein Auge krank ist, dann wird dein ganzer Körper finster sein. Wenn nun das Licht in dir Finsternis ist, wie groß muß dann die Finsternis sein" (Mt 6,22–23). – Nicht das Ereignis selbst, sondern meine Sicht des Ereignisses macht mich glücklich!
10. Ich mache es lieber so, wie ich es immer getan habe, ohne neue Verpflichtungen einzugehen. (Diese Sicht widerspricht der Freiheit.)
   „Die Liebe erträgt alles, glaubt alles, hofft alles, hält allem stand" (1 Kor 13,7).

Wenn ich die Sünde wirklich hasse, dann muß ich nicht nur die sündhafte Haltung genau erkennen, sondern ich muß sie auch ändern, denn ich kann die Telefonrechnung nur dadurch niedriger halten, daß ich Anzahl und Länge der Ferngespräche verringere. Dennoch werde ich weiter anrufen, denn ich freue mich, die Stimme eines Freundes zu hören, und möchte nicht endlos auf schriftliche Antwort warten. Freude und Schmerz sind jene „Sekundärgewinne", die mich trösten und es mir deswegen schwer machen, mich zu ändern. Sie können bewußt oder unbewußt sein. Eine heilsame Depression zwingt dazu, mich zu ändern, selbst wenn ich die meist destruktiven Sekundärgewinne preisgeben muß.

Die oben angeführten zehn unvernünftigen Sichtweisen zeigen uns nicht nur die zur Sünde führende unheilvolle Sicht und die heilsame Sicht Christi, sondern auch jenen Sekundärgewinn, der eine Veränderung verhindert, aber gebeichtet und gegen die Sicht Christi und die Kraft des Heiligen Geistes ausgetauscht werden kann. Oft wachsen aus den zehn unvernünftigen Sichtweisen bittere Früchte, die den Früchten des Heiligen Geistes zwar ähnlich sehen, aber dennoch lieblos sind. War es wirklich an mir, Gustav zu vergeben (und nicht umgekehrt!), dann hatte ich zunächst auf die folgenden Sekundärgewinne zu verzichten:

ZEHN HINDERNISSE, MICH ZU ÄNDERN

Ich möchte mich nicht ändern und Gustav vergeben:

1. Weil es so schön ist, wenn einem Sympathie entgegengebracht und man geliebt wird, als wäre man ein Märtyrer, der Gustavs Feinde zu Freunden hat. Ich möchte gar nicht wissen, wie meine Liebe zu Gustav dahinschwand und wie ich ihn fallen ließ, so daß er andere verwundete (falsche Liebe).
2. Weil ich mit mir selbst zufrieden sein kann, wenn ich Gustav für sein Versagen verantwortlich mache und nicht mein ungenügendes Gebet um einen guten Vortrag über das Beten (falsche Freude).
3. Weil die Dinge jetzt so friedlich sind und man daher keinen Sturm im Wasserglas entfachen soll, indem man die Schwierigkeiten und die Verantwortung auf sich nimmt, neue Brücken zu Gustav zu bauen. Es gibt ja auch gar nicht so viel zu vergeben (falscher Friede).
4. Weil Gustav unrecht hat und er sich ändern wird, wenn ich Geduld mit ihm habe. Das ist die einfachere Lösung, als *mich* zu ändern (falsche Geduld).
5. Weil ich mich überlegen und gütig fühlen kann, wenn ich auf Gustav hinuntersehe, wie unfreundlich er ist (falsche Freundlichkeit).
6. Weil sich Gustav auf jeden Fall ändern muß und aufhören, andere zu kritisieren. Das wird allen guttun. Bis dahin werde ich ihm besser nicht trauen und mich nicht noch einmal von ihm verletzen lassen, weil ich schon jetzt genug zu tragen habe (falsche Güte).

7. Weil ich Gustav tolerieren kann, wie er ist. Er ist zu alt und festgefahren, um sich noch zu ändern. Warum sollte ich meine Energie verschwenden und mich ihm mehr zuwenden als den andern (falsches Vertrauen)?
8. Weil Gustav, wenn ich mit ihm sanft und freundlich umgehe, bis es ihm leid tut, den Schaden schon wiedergutmachen und all das tun wird, was ich mir vorgestellt habe (falsche Sanftmut).
9. Weil ich meines eigenen Glückes Schmied bin und Gustav gar nicht brauche. Ich kann ihm doch nicht helfen, er muß sich selbst beherrschen lernen. Wenn ich ihm helfe, dann wird er von mir abhängig (falsche Selbstverantwortung).
10. Weil ich jetzt nicht genug Zeit und Energie habe und mich nicht dazu hergeben kann, neue Brücken zu Gustav zu bauen. Man braucht ihm nur den kleinen Finger hinzustrecken, und er wird die ganze Hand nehmen und mich in meiner Freiheit einschränken (falsche Freiheit).

Eine *heilsame* Depression deckt die unvernünftigen Sichtweisen auf, die mich daran hindern, die Verantwortung für meine Sünden und die erzielten Sekundärgewinne zu übernehmen, die den Wunsch untergraben, mich zu ändern. Eine Änderung tritt nicht ein, wenn ich mit zusammengebissenen Zähnen guten Willen zeige, nett zu Gustav zu sein, sondern nur, wenn ich deutlich erkenne, welche unvernünftigen Sichtweisen (im Gegensatz zu der heilsamen Sicht Christi) mich anfällig dafür machen, mich durch Kritik verletzen zu lassen, und welcher Sekundärgewinn mich meinen Groll nähren läßt. Dann kann ich meine sündhafte Sicht und Handlungsweise hassen, sie Christus bekennen und jene Gaben zum Wachstum einsetzen, die Jesus mir in seiner Liebe zum Sünder zuteil werden läßt.

Den Sünder lieben

Wenn ich Exerzitien gebe, erlebe ich oft, daß der entscheidende Augenblick zum Wachstum nicht so sehr derjenige ist, in dem der Teilnehmer seine unvernünftigen Sichtweisen erkennt oder Antwort auf seine Fragen findet, sondern der

Moment, wo er sich selbst als Sünder sehen lernt – mit all seinen unvernünftigen Sichtweisen und Problemen – und erkennt, daß Jesus ihn *als Sünder* liebt und auch er sich als Sünder lieben kann. Sieht er sich *nur* gut und begabt und deswegen von Gott geliebt, dann kann er die unverdiente Tiefe der Liebe des Vaters nicht erkennen. „Schwerlich wird jemand für einen Gerechten sterben; allenfalls wird er für einen guten Menschen sein Leben wagen. Gott aber hat seine Liebe zu uns darin erwiesen, daß Christus für uns gestorben ist, als wir noch Sünder waren“ (Röm 5,7–8). Die Tiefe der Liebe Gottes erkennen wir erst, wenn wir die Tiefe des Bösen und der Sünde *in uns* erkennen. Andere wenden sich deswegen ab, Jesus aber gab sein Leben dafür. Sind wir wirklich depressiv, dann sind wir auch nahe daran zu entdecken, daß wir wirklich geliebt werden.

Gottes unendlicher Liebe werden nur durch das mangelnde Bewußtsein meiner Hilfsbedürftigkeit Grenzen gesetzt. Er verfügt über ein Reservoir an Liebe, das niemals erschöpft ist und nur in dem Maße uns zuteil werden kann, wie wir unsere Leere, unsere Schwäche und unsere Bedürftigkeit erkennen. Das ist der Grund, weshalb die Heiligen gerade dann, wenn sie Gott am nächsten sind, sich am weitesten von ihm entfernt meinen und sich wirklich als Sünder fühlen. Petrus und Paulus wurden zu großen Heiligen, als sie sahen, daß sie große Sünder sind. Der Prüfstein der Heiligkeit ist nicht, wie nahe ich mich Gott fühle, sondern wie groß mein Hunger nach Gott ist. Das ist hart, denn natürlich ist es mir lieber, mich Gott nahe zu fühlen, als die Bedürftigkeit des Depressiven nach Gott zu erleben. Als der heilige Ignatius von Loyola Gott nahe sein wollte, erinnerte er sich all seiner Sünden – und war sehr bald von der liebenden Dankbarkeit für Gottes rettendes Erbarmen erfüllt. Heilige sind Menschen, die die Sünde hassen und den Sünder lieben.

Wie kann aber die Erkenntnis unserer Sündhaftigkeit und Schwäche uns dazu führen, uns selbst als liebenswert zu erfahren? Die Sünde macht uns zwar lieblos, aber nicht unliebenswürdig. Wir sind bekümmert wegen der lieblosen Seite an uns, die Zerstörung bewirkt, aber wir können dankbar sein für das Wachstum, das aus der Sünde entsteht, für die Auferstehung, die der Vernichtung am Kreuz folgt. Zunächst ist es eine *Gabe,* depressiv zu sein, zu erfahren, daß wir ganz und gar nicht das sind, was wir sein sollten und möchten. Wenn wir sagen: „Hätte ich nur...“, dann machen wir uns noch immer selbst Komplimente wie: „Ich habe höhere Werte und auch die Möglichkeit, sie zu verwirklichen.“ Je mehr ich aber das Zerstörerische jeder Kritik einsehen lernte und sah, daß ich schon einmal vom Kritisieren befreit worden war, desto enttäuschter und depressiver war ich, als ich erneut dem Kritisieren verfiel.

Die Einsicht in unsere Sündhaftigkeit kann nur dann zur Depression führen, wenn sie mit einer tieferen Erkenntnis unserer Gaben verbunden ist. Im Gleichnis vom verlorenen Sohn wäre der jüngere Sohn vermutlich nicht depressiv geworden, wenn sein Vater ein Tyrann gewesen wäre und ihn ohne einen Pfennig fortgeschickt hätte, um nicht noch jemanden ernähren zu müssen. Der Sohn wäre dann vielleicht zornig geworden, aber nicht depressiv. Weil er aber einen liebenden Vater hatte, Geld und Nahrung genug, wird er depressiv durch die Einsicht in seine Sündhaftigkeit und bereit, umzukehren. Nur wenn wir unsere Gaben erkennen und wie wir sie mißbraucht haben, werden wir wirklich depressiv und bezeichnen uns selbst als Sünder. Ist aber wenig Sündenbewußtsein vorhanden, dann ist gewöhnlich auch kaum ein Bewußtsein für Gottes Gaben da. Gabenerkenntnis ist der Beginn der Sündenerkenntnis. Sündenerkenntnis aber ist der Beginn der Erkenntnis neuer Gaben.

Welche Gaben erwachsen uns aus der Sünde? Wir sündigen stets im Bereich unserer stärksten Gaben. Sind wir begabte Redner, dann reißen wir das Gespräch an uns und lassen den Schüchternen nicht aus sich herauskommen. Haben wir einen Sinn für Unrecht in der Welt und wie man es beheben kann, dann werden wir leicht zu kritisch. Sind wir begabte Zuhörer, dann sündigen wir, indem wir zuviel zuhören und nicht gegen die Ungerechtigkeit ankämpfen.

In der Volksschule sagte ich mir mit zusammengebissenen Zähnen: Gedichte aufsagen kann ich auch. Aber ich hatte

Angst, frei zu sprechen, denn in der zweiten Klasse hatte man mich beim Aufsagen ausgelacht. Seitdem ließ ich lieber andere sprechen und wurde ein guter Zuhörer, selbst wenn ich mir anhören mußte, wie andere hinter ihrem Rücken kritisiert wurden. Aus diesem sündhaften Verhalten vermochte ich nicht dadurch auszubrechen, daß ich mehr Willenskraft entwickelte, sondern einfach, indem ich die Gabe des Zuhörens benützte. Ich hörte sorgsam zu aus Angst, ich würde nichts zu sagen haben. Durch das aufmerksame Zuhören aber lernte ich langsam, mich in ihre Lage zu versetzen und sie zu lieben, bis ich unwiderstehlich sprechen mußte, um sie zu verteidigen, wenn sie kritisiert wurden. Mein sündhaftes Schweigen hörte auf, weil ich diese Gabe entdeckte, als ich selbst verletzt wurde.

Die Sünde verschwindet nicht, indem wir mit zusammengebissenen Zähnen sagen: „Nein, nein, nie wieder!", sondern indem wir lächelnd unseren Trieb als Gabe einsetzen. Anstatt sich durch starke sexuelle Gefühle entmutigen zu lassen, tun wir besser daran, Gott dafür zu danken. Sexuelle Versuchungen verschwinden nicht, indem ich sage: „Ich will nicht", sondern indem ich Gott dafür danke und sie schöpferisch einsetze, um den Freunden näher zu kommen und auch jenen, die von anderen gemieden werden. Viele Prostituierte entwickeln durch eine Neuorientierung ihrer starken sexuellen Bedürfnisse eine tiefinnere Liebe zu Christus (Lk 7,37; 15,1).

Aber nicht nur starke sexuelle Wünsche, die zur Prostitution führen, sondern jeder Trieb, der zur Sünde führt, kann durch eine andere Ausrichtung zur Gabe werden. Das Bedürfnis des Petrus, immer der erste zu sein, wandelt Christus um zur Gabe der Leitung. Der fanatische Eifer des Paulus bei der Christenverfolgung läßt ihn schließlich die Gute Nachricht bis nach Rom tragen. Nicht nur für Petrus und Paulus, sondern auch für uns werden die gegenwärtige Sünde und die schlimmste Schuld der Vergangenheit zur Quelle innerer Gaben, wenn wir Christus darum bitten, aus den Momenten, in denen wir andere Menschen am tiefsten verletzen, Gutes entstehen zu lassen.

Aber kann denn *jede* Sünde zur Gabe werden? Wie fängt

man es an, sich selbst zu lieben, wenn man einen andern bei einem Autounfall getötet hat? Wenn man durch die eigene Trunksucht die Familie zerstört hat und die Kinder deshalb psychisch behindert sind? Wenn man durch eine Abtreibung unschuldiges Leben getötet hat? Wenn man einem Depressiven, der schließlich Selbstmord beging, nicht geholfen hat? Wenn man soviel getrunken hat, daß man durch einen dadurch verursachten Autounfall für den Rest seines Lebens gelähmt ist? Wenn man von zu Hause weggelaufen ist und niemals mehr eine Chance hatte, der inzwischen verstorbenen Mutter zu sagen, daß man das bedauert? Ich habe Depressive in jeder der beschriebenen Situationen kennengelernt. Alle wurden langsam, aber sicher von ihrer Depression geheilt, sobald sie sich ihre Schuld eingestanden, die Liebe Christi annahmen und sahen, wie aus der Sünde neue Gaben erwuchsen.

Ist das möglich? Einer der am tiefsten verletzten Menschen, denen ich begegnete, war eine Lehrerin, die Angst hatte, Auto zu fahren, die skrupulös war, die andauernd Türen und Lichtschalter kontrollieren mußte, die sich fragte, ob die in der Vergangenheit gebeichteten Sünden wirklich vergeben waren, und die sich ständig selbst dabei ertappte, wie sie gut vorbereitete Schulstunden noch einmal und noch einmal durchging. Die früheste Erinnerung ihrer Selbstanklage war die, als junge Lehrerin einen Schüler, der sich schlecht benommen hatte, mit einer Ohrfeige bestraft zu haben. Der Schüler verlor teilweise das Gehör. Nach Tagen des Gebetes entdeckte sie, daß Christus sie selbst in dieser Situation noch gern hatte.

Sie sah langsam ein, daß dieses Geschehen nicht nur die Quelle all ihrer Probleme war, sondern auch ihrer Gaben. Die Schuld, das Kind verletzt zu haben, half ihr, mit behinderten Kindern zu arbeiten und die Schulstunden gründlich vorzubereiten, so daß sie keine disziplinären Probleme mehr hatte. Als eine an sich schon ausgezeichnete Lehrerin ließ sie sich zusätzlich für Mathematik und Schreibmaschine ausbilden, für Fächer also, in denen Genauigkeit erforderlich war. Sie begann ein besonderes Verständnis für Halbwüchsige zu entwickeln, die es schwer hatten mit sich selbst. Sich ständig weiter fortzubilden und ihre Kenntnisse zu erweitern wurde ihr zu einem wichtigen Anliegen.

Selbst wenn sie ein Kind verletzte, so hat sie durch die Gaben, die ihr aus der Depression erwuchsen, doch vielen anderen geholfen. Anstatt sich schuldig zu fühlen, begann sie selbst für ihre Skrupel zu danken, die sie als Alarmsignal für jene Spannung ansah, mit der sie sich auseinandersetzen mußte, bevor sie zerstörerische Formen annahm. Mit wachsender Dankbarkeit verschwanden langsam auch ihre Ängste und Skrupel. Nach der Erkenntnis, daß ihre Gaben von ihrem Versagen herrührten, versuchte sie auch nicht mehr vollkommen zu sein und ermöglichte dadurch Christus, aus ihren Fehlern etwas Gutes zu machen. Sie konnte sich selbst als Sünderin lieben, als sie erkannte, auf wie unübersehbare Weise Christus sie als Sünderin liebte.

Merkmal heilsamer Depression:
Liebe ich mich selbst genug, um andere Sünder zu lieben?

Woher wissen wir, ob wir unsere Sünden hassen und uns als Sünder lieben? Wie können wir sagen, ob wir die Liebe Jesu zu uns Sündern annehmen oder ob es noch einen Bereich in uns gibt, den wir nicht lieben können wie Jesus? Wenn Exerzitienteilnehmer mir sagen: „Jetzt weiß ich wirklich, wie sehr mich Gott als Sünder liebt“, dann frage ich sie meist: „Wer hat Sie im ganzen Leben am meisten verletzt?“ Und dann schicke ich sie fort, damit sie versuchen, einen Tag lang im Gebet diese Sünder zu lieben wie Jesus. Nur jene, die verstehen, wie sehr sie Gott als Sünder liebt, können dieselbe Annahme denen zuteil werden lassen, die sie am tiefsten verletzt haben. Das Merkmal dafür, wie tief wir die Vergebung Gottes erfahren haben, ist einfach, wie sehr wir unserem Nächsten vergeben können und umgekehrt. „Vergebt einander, weil auch Gott euch durch Christus vergeben hat“ (Eph 4,32). Wir lieben Christus und uns selbst in dem Maße, wie wir den Menschen lieben, den wir am wenigsten mögen.

Joan, eine Exerzitienteilnehmerin, versuchte eine Geisteskranke zu lieben und ihr zu vergeben, die jeden beschimpfte, der zu ihr kam. Das Leben mit dieser Frau war für Joan eine Art Alptraum. Sie selbst und ihre Freunde wurden ständig attackiert. Während der Exerzitien konnte Joan ihre eigene Sündhaftigkeit zunächst nicht einsehen. Vier Tage schlug sie sich erfolglos damit herum, der geisteskranken Frau zu vergeben. Nichts half ihr, bis sie erkannte, daß nicht nur die geisteskranke Frau unfähig war zu lieben, sondern auch sie selbst, weil sie ihr keine Liebe und Vergebung entgegenbringen konnte. Was sie am meisten an dieser Frau auszusetzen hatte, fand sie schließlich auch bei sich selbst. Schließlich rang sie sich zu der Einsicht durch, daß Gott ihrem harten Herzen vergeben hatte und sie auch in ihrer Schwäche liebte. Als sie dann erlebte, daß Gott sie in ihrer Schwäche annahm, war sie auch fähig, dieselbe Schwäche bei der geisteskranken Frau anzunehmen und ihr zu vergeben.

Oft kann ich nur dann vergeben, wenn ich einsehe, daß das, was Gott in ihr annimmt, genau das ist, was ich im andern nicht annehmen kann. Als ich entdeckte, daß ich meine Schüler kritisiere, weil mein Freund mich kritisiert hat, fiel es mir leichter, Gustav zu vergeben. Ich habe mich oft gefragt, warum Gott mir die Vergebung nicht leichter und schneller ermöglichte, wenn ich doch schon darum betete. Heute sehe ich ein, daß Kämpfe und Schwierigkeiten bei dem Versuch, einem andern zu vergeben, es mir ermöglichen, die Kämpfe und Schwierigkeiten anderer zu verstehen, mir näher zu kommen. Wenn ich sehe, wie Gott uns beide annimmt, wie wir sind, dann kann auch ich uns beide annehmen, wie wir sind. Diese Vergebung ist tiefer, weil ich dann die Vergebung Gottes weitergebe und nicht meine sehr begrenzte Liebe. Gottes Vergebung mir gegenüber und meine Vergebung dem andern gegenüber gehören zusammen wie ein Ruf und sein Echo.

Wenn ich bekennen kann „Ich bin ein von Jesus geliebter Sünder", hasse ich die Sünde und liebe den Sünder. Dadurch öffne ich mich selbst für die Heilung an Geist, Seele und Leib. Mich selbst einen von Gott geliebten Sünder zu nennen heißt jene heilen zu wollen, deren Verwundung durch mein zerstörerisches Tun entstand, heißt sich durch die Liebe Christi ändern, seine Liebe tiefer erfahren, zufriedener sein können, vernünftig mit der heilenden Sicht des Herrn leben wollen, neue Gaben in sich entdecken können und neue Kraft haben, anderen Sündern zu vergeben und sie zu lieben wie mich selbst. Aus all diesen Gründen kann Depression heilsam sein.

4. Depression im Gebet aufarbeiten

Wenn wir nicht mit der Depression umgehen lernen, können wir geisteskrank oder sogar körperlich krank werden. Loring Swaim, Professor für Arthritis an der Medizinischen Fakultät der Harvard-Universität, hat in 50 Jahren orthopädischer Praxis herausgefunden, daß die ersten Anzeichen rheumatischer Arthritis fast immer großen seelischen Belastungen folgen. Konnten die Patienten Bitterkeit und Ressentiments überwinden und jenen vergeben, die für das Ereignis verantwortlich waren (Zorn), und schließlich auch sich selbst für ihre unbefriedigten egozentrischen Forderungen (Schuld), wurde die Krankheit oft gestoppt. Der Anfall blieb stationär, bis es der Patient erneut unterließ, sich mit Zorn oder Schuld konstruktiv auseinanderzusetzen. Bei erneuter Vergebung entwickelten sich die akuten Symptome wieder rückläufig. Wenn wir nicht mit negativen Gefühlen umgehen, dann gehen diese mit uns um!

Ist die Verletzung jedoch besonders tief, dann kann der Umgang mit der Depression Monate dauern, bis die Stufe der Zustimmung erreicht wird. Handelt es sich um eine länger anhaltende Depression mit Selbstmordgedanken oder mit Schlaf- und Appetitstörungen, dann sollte man zusätzlich die Hilfe von Fachleuten in Anspruch nehmen. Bei leichteren Depressionen kann der Prozeß durch das Gespräch mit einem verständnisvollen Freund und durch Bestätigung aus der unmittelbaren Umgebung beschleunigt werden. Ich brauche die Annahme durch einen andern, um die Annahme durch Christus konkret zu erleben und mich selbst annehmen zu können. Als ich von Gustav verletzt wurde, ließ mich das Bewußtsein des Angenommenseins durch meine Kollegen schließlich genügend Sicherheit gewinnen, um die von Christus im Gebet angebotene Annahme auch wirklich zu akzeptieren. Ich brauchte *alle* Gaben Gottes – ob sie nun so massiv dargeboten werden wie die Hilfe durch medizinische Fachkräfte und Medikamente, ob sie mir durch die Anteilnahme eines Freundes entgegengebracht werden oder ob es sich um das Angenommensein durch Christus im Gebet handelt.

Wie kann ich im Gebet mit Schuldgefühlen umgehen lernen? Der Ablauf ist auch hier wieder derselbe wie auf den vorhergehenden Stufen. Wie die Emmausjünger kann ich Christus sagen, wie uns zumute ist (Lk 24,13–24), aus der Schrift heraushören, wie Christus empfindet (Lk 24,25–27) und mit brennendem Herzen die Reaktion Christi erleben (Lk 24,32–35).

Geheilt bin ich, wenn ich in Geist und Herz Christi eindringe und leben kann wie er. Mit einem verständnisvollen Freund sprechen und beten kann mir dazu verhelfen.

Christus sagen, wie uns zumute ist

Wenn ich depressiv bin, hilft es mir oft, die Stationen des Kreuzweges oder eine Szene der Passion durchzubeten, um ein Gespür dafür zu bekommen, wie *Christus* verstanden und durchgestanden hat, was mir jetzt widerfährt. Ich bitte dann Christus, mir erkennen zu helfen und mir mitzuteilen, was mich so depressiv sein läßt. Bin ich wirklich zornig auf jemand andern oder auf mich selbst und wünsche ich nichts sehnlicher, als daß ich alles anders gemacht hätte? Dann sage ich Jesus einfach, so ehrlich ich kann, was ich spüre. Gewöhnlich beginnt es mit Selbstmitleid darüber, daß ich mich selbst verletzt habe. Dann aber sehe ich das Unvernünftige an meiner Sichtweise ein und möchte das Zerstörerische an meiner Reaktion wiedergutmachen. Dazu bitte ich Jesus um Hilfe. Bin ich wirklich ehrlich, dann finde ich oft aufgestaute Wut, die sich als Wut auf mich selbst verkleidet. Die zehn unvernünftigen Sichtweisen durchzugehen hilft mir oft, meine sündhafte Sicht so genau zu erkennen, daß ich Christus mitteilen kann, wie dringend ich seiner Vergebung und seiner Sichtweise bedarf. Mein Gebet kann dann etwa lauten:

„Herr, Gustav hat zwar ein Problem, aber ich reagiere

genauso übertrieben. Warum glaube ich unvernünftigerweise, daß mich jeder respektieren muß? Warum sage ich immer nur ja, bis ich überfordert bin und anfällig für die leiseste Kritik? Warum kümmert mich mehr, was Gustav von mir denkt, als was du von mir hältst? Warum spreche ich mit anderen über Gustav, aber klage ihn selbstgerecht an, daß er mit anderen über mich spricht? Warum fürchte ich wütende Kritik und verdränge sie, bis ich explodiere? Man hat mich geschickt, den Sioux zu helfen, und ich meine, daß ich wirklich andere Kulturen zu verstehen vermag, aber den Hilfeschrei eines anderen Jesuiten verstehe ich nicht! Warum habe ich Gustavs Überlastung nicht erkannt? Warum muß ich gerade auf die Leute so wütend werden, die am meisten der Hilfe bedürfen? Warum ist meine Liebe so selbstgerecht nur denen zugewandt, die gut zu mir sind? Vielleicht bin ich wirklich nicht geeignet, hier zu arbeiten? Vielleicht tauge ich nicht einmal zum Jesuiten? Vielleicht bete ich nicht genug, um ein guter Priester zu sein? Warum fange ich nicht endlich an zu beten, anstatt immer nur zu behaupten, *er* sei im Unrecht? Warum kann ich die ungerechte Kritik nicht vergessen und mich ändern, wo die Kritik berechtigt war? Herr, meine Liebe und meine Vergebung sind so winzig im Vergleich zu deiner Liebe zu Gustav und zu mir! Heile mich und laß mich wachsen!“

„Herr, was ich jetzt gesagt habe, ist so ichbezogen. Ich kümmere mich nur darum, wie ich *mich* verletzt habe, und sehe nicht einmal, daß ich auch *dich* verletzt habe. Die eigentliche Tragödie ist nicht, wie ich *mich* verletzt habe, sondern wie ich *dich* verletzt habe in mir und in anderen. Du hast gesagt: ‚Was ihr einem der Geringsten meiner Brüder tut, das habt ihr mir getan.‘ Immer wenn ich mich oder einen meiner Schüler durch eine Bemerkung verletze, dann verletze ich auch dich. Irgendwie scheinst du weit weg. Es tut mir weniger weh, dich zu verletzen, als mich selbst zu verletzen. Vergib mir, daß es mir nicht stärker weh tut, daß ich mich mehr darum kümmere, was *ich* leide, als was *du* meinetwegen gelitten hast. Herr, ich brauche Heilung für mein kaltes Herz! Ich kann dir nicht einmal sagen, daß es mir wirklich weh tut.“

„Herr, ich bin überrascht, wieviel Böses mein kaltes Herz

tun kann, nachdem ich leicht kritisiert worden bin. Warum geschieht es nicht öfter? Ich sehe jetzt ein, es ist nicht meine Stärke, die mich davon abhält, durch Bemerkungen erschüttert zu werden, sondern es ist deine vergebende Liebe und Kraft, die mich dauernd beschützen. Vergib mir mein Selbstmitleid – und daß ich mich jetzt auf meine Schwäche konzentriere und dir nicht dafür danke, daß ich erkennen darf, wie sehr ich dich und deine schützende Liebe brauche, um dieses Fallen zu vermeiden. Ich fühle immer mehr, daß ich all meine Sünden erkennen und von ihnen loskommen muß, wenn ich wirklich deine Liebe annehmen soll, damit ich die Kraft habe, etwas Neues anzufangen. Hilf mir, daß ich aufhöre, mir selbst weh zu tun und gute Vorsätze zu fassen, anstatt dir dafür zu danken, wie ich mich fühle und wie du mir helfen willst, darüber hinauszuwachsen. Meine schlimmste Sünde ist nicht etwas, das ich getan habe, sondern mein mangelnder Glaube an das, was wir zusammen tun können, um eine neue Zukunft aufzubauen und wiedergutzumachen, was ich angerichtet habe. Jesus, zeig mir meine Sünde, daß ich deine heilende Liebe und Vergebung verkünden kann, die noch größer ist als meine Schwäche. Laß nicht zu, daß ich mich auf meine Sünde konzentriere, sondern laß mich deine heilende Liebe und Vergebung preisen, die mich stärkt und wachsen läßt."

„Herr, all das, was ich lieber anders gemacht hätte, lege ich in deine Hände, denn ich möchte deine Vergebung und deine Heilung. Ich übergebe dir, wie ich die andern verletzt habe, und bitte dich, daß du uns alle heilen mögest auf jede nur mögliche Weise, in der wir noch an meinen Untaten oder Unterlassungen leiden. Ich möchte dir nichts von dem verbergen, was der Heilung bedarf. Mach mir alles bewußt, was du anrühren möchtest."

Aus der Schrift heraushören, wie Christus empfindet

Nachdem ich alles Christus übergeben habe, was ich lieber anders gemacht hätte, alle Zerstörung, die der Heilung bedarf, schaue ich auf Christus, was er getan und gesagt hätte. Teile ich Jesus mit, was in mir vorgeht, und höre ich ihm zu, wie er mir eine andere Sicht durch die Deutung der Schrift vermittelt, dann geht es mir wie den Jüngern auf dem Weg nach Emmaus: „Brannte nicht unser Herz ...?"

Was würde Christus sagen und tun, um mich zu heilen? Wie reagierte Christus auf einen Menschen, der so fühlte wie ich? Ich fühlte mich wie Simeon, der Pharisäer, der die Frau zu den Füßen Jesu kritisierte und sich sagen lassen mußte, daß er selbst der größere Sünder war (Lk 7,36–50). Ich lese diese Stelle mehrmals, entspanne mich als Zeichen der Hingabe, konzentriere mich auf Christus und stelle mir jedes Detail dieser Szene vor und höre nach innen.

Christus scheint mir zu sagen: „Ja, du hast dich wirklich benommen wie Simeon, der Pharisäer! Du hast auf deinen Bruder herabgesehen und meine Armut in den Sioux nicht erkannt. Aber Simeon wußte nicht einmal, daß er ein Sünder war! Sei dankbar, daß du es weißt! Ich habe Simeon Zeit gegeben, richtig zu reagieren und selbst zu entdecken, daß er ein Sünder ist. Ich habe dir nicht sofort gesagt, daß du kritisch warst und überempfindlich, weil ich wollte, daß du selbst die Tiefe jener Schwäche entdeckst, die ich dir vergebe, so daß du einem andern seine Schwäche in derselben Tiefe vergeben kannst. Jetzt kannst du mit deiner Schuld zu mir kommen, und mit mir zusammen kannst du einem andern die Schuld vergeben. Ich vergebe dir so viel, daß auch du fähig wirst, viel zu lieben und viel zu vergeben. Du kannst mehr Menschen lieben und ihnen vergeben, weil du jetzt weißt, wieviel dir vergeben worden ist. Sei dankbar, daß du in jenen, denen du vergeben mußt, immer auch deine eigenen Fehler erkennst!"

„Du hast Angst, deine Berufung zu verlieren. Wer klammert sich an meine Füße? Simeon, der vollkommen sein möchte, kritisiert mich, während die Frau, die weiß, daß sie eine Sünderin ist, mich liebt und mir nahe bleibt. Je schwächer du dich weißt, desto näher können wir uns kommen, denn du brauchst mich mehr, und ich kann dir mehr geben. Kümmere dich nicht darum, ob du vollkommen bist, sondern darum, ob du mir zu Füßen liegst und ob du es zuläßt, geliebt zu werden. Ich nenne schwache Instrumente jene, die auf meine Stärke vertrauen."

„Aber du möchtest immer noch, daß du keine Fehler hättest! Du meinst, du würdest mir näher sein, wenn du vollkommen wärest. Das nenne ich Bedingungen stellen. Du hast Gustav mit meinen Augen gesehen und warst in der Lage, ihn zu lieben, wie er ist. Jetzt schau dich an mit *meinen* Augen und liebe dich mit all deinen Schwächen! Laß deine unausgesprochenen Bedingungen fallen: ‚Wenn ich weniger kritisch wäre, weniger empfindlich, beweglicher und nicht immer dieselben Fehler machte, dann könnte ich mir vergeben und mich gern haben.' Du sollst aber die Sünde hassen und den *Sünder* lieben, nicht nur den netten Menschen in dir!"

„Auch ich möchte, daß du weiter wächst. Aber Wachstum kommt nicht davon, daß du dich selbst nicht magst und dir immer mehr Mühe gibst, dich zu ändern, sondern daß du dich selbst liebst, und zwar genauso liebst, wie ich dich liebe, und meine Liebe dazu brauchst, zu wachsen. Die Menschen ändern sich, wenn sie verliebt sind, weil sie der Liebe gerecht werden möchten, die ihnen dargeboten wird. Sieh dich selbst nicht als den, der du sein *möchtest,* sondern als den Sünder, der du bist, so daß du sehen kannst, wie sehr ich dich liebe. Jeder kann den gern haben, der du sein möchtest, ich allein aber kann ganz und gar den lieben, der du bist. Laß deine Bedingungen fallen und liebe dich, wie du bist: mit meiner vergebenden Liebe. Ich habe dich nicht zum Engel gemacht, sondern zum Menschen, der dazu geschaffen ist, Fehler zu machen und daraus zu lernen. Ich möchte dich nicht als Hollywoodstar, der niemals müde wird und dem nie die Kugeln ausgehen."

„Du bittest immer weiter um Vergebung, wie die Frau zu meinen Füßen, die nicht wußte, daß ihr längst vergeben war! Du wärest nicht gekommen, um mehr Liebe zu bitten, wenn dir nicht schon vergeben wäre. Du brauchst nur die Vergebung anzunehmen, die ich dir gegeben habe, als ich für dich am Kreuz starb. Nimm meine Hand und fühle die für dich geöffneten Wunden! Was kann ich mehr tun, um dich zu lieben? Leg deine andere Hand in meine, um mir zu zeigen, daß du mir näher sein willst als je zuvor. Laß mich dir die Hand auf die Schulter legen, um dich mit meiner Kraft zu erfüllen, um dir zu zeigen, wie man leere Menschen erfüllen kann und nicht nur jene, die auch dich lieben."

„Du sagst, daß es dir nicht weh genug tut. Schon wieder denkst du, daß du meine Vergebung *verdienen* mußt – diesmal, indem du dich richtig *fühlst*. Ich habe die Frau zu meinen Füßen nicht geliebt, weil sie teures Öl vergossen hat, sondern weil sie mit leerem Herzen gekommen ist. Dein Mangel an Gefühlen ist ein Teil jener Leere, die ich liebe. Komm zu mir mit dem Glauben, daß du nicht fühlen mußt, daß dir vergeben ist, damit dir vergeben wird. Simeon, der Pharisäer, hat sich durchaus nicht als Sünder gefühlt, aber er war einer! Die Frau zu meinen Füßen fühlte sich wie eine Sünderin, war aber geliebt. Daß einem vergeben ist und daß man geliebt wird, hängt nicht vom *Gefühl* ab, ob einem vergeben ist oder ob es einem weh tut. Vergebung ist eine tiefere Wirklichkeit als Gefühle, die kommen und gehen. Konzentriere dich nicht darauf, ob es dir weh genug tut – es kann dir gar nicht weh genug tun! Konzentriere dich auf meine große Liebe zu den Sündern. Gefühle der Reue sind gut, aber das Wichtigere ist meine große Liebe zu dir – ob es dir nun weh tut oder ob du dich trocken fühlst wie Straßenstaub. Atme mit einem tiefen Stoßseufzer alles aus, was unerwünscht ist, all die depressiven Gefühle und Ängste. Atme meinen Frieden und meine heilende Kraft ein! Ruhe jetzt in meiner Umarmung aus, so daß ich dich heilen und mit meiner Liebe erfüllen kann. Dein Glaube hat dir geholfen. Geh hin in Frieden!"

Dann betrachte ich, wie ich all das noch einmal tue, wovon ich Christus gerade sagte, ich wolle es nicht: wie ich am Schwarzen Brett durch ein paar kritische Worte verletzt wurde, wie ich Gustav und meine Schüler rechthaberisch kritisierte, wie ich so lange jede Aufgabe annahm, bis ich erschöpft ins Bett sank und keine Zeit mehr zum Beten hatte. In jeder Szene betrachte ich, wie mir Christus die Hand auf die Schulter legt und mich lächelnd umarmt, weil *er* eine Schuld von fünfhundert und nicht nur von fünfzig vergeben kann und gerade aus der Sünde eine größere Nähe erwachsen läßt. Ich ruhe in seinen Armen, bis ich mich geliebt fühle, wieder zu lächeln vermag und mich selbst in den Situationen der Sünde so annehmen kann, wie Christus mich annimmt. Das ist nicht nur ein eingebildetes Angenommensein! Um zu prüfen, ob ich wirklich erlebt habe, wie Christus meine Schwäche annimmt und mir neue Kraft schenkt, stelle ich mir Gustav vor und sehe, ob ich in ihm den Sünder annehmen kann, den Christus jetzt gerade in mir umarmt. War dies ein echtes Erleben, dann möchte ich dieselbe Annahme und dieselben Gaben, die Christus mir gab, jetzt Gustav zuteil werden lassen.

Was Christus sagte und wie er heilt, kann nicht in Worte gefaßt werden, denn er spricht in der Sprache des Herzens und heilt gerade dann, wenn ich in ihm ruhe. Gewöhnlich kommt im Gebet der Zeitpunkt, wo Christus zu meinem Herzen spricht und ich nur noch schweigend in ihm ruhen und geliebt werden möchte. Das fällt mir schwer, weil ich meine, wenn ich nicht spreche, dann tue ich nichts. Aber wenn ich jemanden gut kenne, dann kann ich mit ihm zusammen sein und mich mit ihm freuen, ohne viel zu sagen oder zu tun. Die heilenden Momente des Gebetes sind nicht so sehr jene, in denen ich neue Einsichten bekomme, als vielmehr jene, in denen ich in der liebenden Umarmung Christi ruhe.

Die Reaktion Christi erleben

Der dritte Schritt, als Geheilter zu handeln, beginnt im Gebet. Ich bitte Christus, mir in meiner Vorstellung seine Art des Handelns zu zeigen und mir seine Kraft der Wiedergutmachung des bei mir und anderen entstandenen Schadens ins Herz zu legen. Fehler mache ich auch dann noch, aber meist nur, wenn ich entweder wütend auf mich selbst bin und alle diesbezüglichen Versuche aufgebe, oder wütend auf Gott und alles wieder wie früher mache: auf meine Art und aus meiner Kraft. Dann bete ich etwa so:

„Herr, ich komme zu dir und sehe, wie du die Frau zu deinen Füßen anrührst und sie heilst: ‚Dein Glaube hat dich gerettet. Geh in Frieden!‘ Ich weiß, daß du dasselbe auch mir geschehen lassen willst. Zeige mir, wie ich mit deinem Geist und deinem Herzen leben soll. Du willst jetzt, daß ich Gustav ganz und gar vergebe, nachdem ich gesehen habe, wie ähnlich ich ihm bin und wie du mich annimmst. Hilf mir, ihn so zu lieben, wie er ist! Gib mir zu verstehen, wie du ihn am liebsten heilen und durch ihn wirken möchtest, damit ich alles tun kann, um ihm bei seinem Wachstum zu helfen. Zeige mir, wie sehr du ihn liebst, damit ich Gustav noch mehr lieben kann."

„Herr, ich danke dir, daß du mir hilfst, Gustav *deine* Liebe zu geben. Meine Vergebung geht tiefer, wenn ich ihn lieben kann, wie er ist, und jene Brücken bauen, die *du* möchtest. Ich bin bereit, ihm näher zu kommen. Laß mich den günstigsten Augenblick finden, wo auch er dazu bereit ist, und laß mich mit ihm die gleiche Geduld haben wie du mit mir. Zeige mir in den kommenden Tagen, wie ich den Schaden wiedergutmachen kann, den ich ihm und auch meinen Schülern zugefügt habe, indem ich hinter ihrem Rücken schwatzte. Mach mich hellhörig für Augenblicke, wo ich andern etwas Gutes über ihn sagen kann."

„Herr, ich möchte deine heilende Liebe zu allen, die mich umgeben, nicht hindern. Zeige mir, wie du gerade das benützen möchtest, was ich am meisten an mir auszusetzen habe. Nimm mir meine Empfindlichkeit gegenüber der Kritik anderer und mach mich empfindlich für die Kritisierten. Laß mich durch die Kritik an meinem Gebetsleben einfühlsamer werden für die Empfindungen der Sioux, wenn ihr Gebet mit der Friedenspfeife kritisiert wird. Mach mich noch empfindsamer für jegliche Kritik, die in der Luft liegt, wenn ich in diesem Sommer mit einer Sioux-Familie lebe. Halte mir jene Sündhaftigkeit vor Augen, die ich zu verdrängen suche, so daß ich danach hungere, mehr zu beten und meine Berufung nicht zu verlieren. Laß mein Selbstmitleid darüber, nicht angenommen zu sein, zum Antrieb werden, eine Gemeinschaft aufzubauen, in der wir uns gegenseitig annehmen und tragen. Zeige mir, wie du mich heilen möchtest, und gib mir deine Gaben, damit ich dir dafür danken kann."

Wenn ich zu beten beginne und mich auf die Gaben konzentriere und nicht auf das, was nicht stimmt mit mir, dann kann ich nicht depressiv bleiben. Depression ist weitgehend gleichbedeutend mit der Entscheidung, weiter auf mir selber herumzuhacken. Oft habe ich einfach nur die Wahl, mich durch meinen Hang zur Kritik entmutigen zu lassen oder ihn als Gabe zu gebrauchen, um zu ändern, was anders werden muß. Jeder Konflikt kann entweder zur Sünde oder zur Tugend führen. Glaubenszweifel zerstören den Glauben oder bestärken ihn. Die Tugenden werden uns nicht in die Wiege gelegt, sie entfalten sich in dem Maße, wie wir der Versuchung widerstehen und aus Fehlern lernen, indem wir stärker auf die Kraft Christi vertrauen. Heilige sind nicht diejenigen, die niemals sündigen, sondern Menschen, deren Sünde sie Christus näherbringt.

Die Reaktion Christi erleben in der Beichte

Vieles kann zur Heilung einer Depression beitragen: etwas bereuen und es auch sagen, angerichteten Schaden wiedergutmachen, mit einem Freund sprechen und beten, den Kreuzweg meditieren, Kranke besuchen, sich Ruhe und Erholung gönnen, besonders aber die Beichte. Während unserer Exerzitien und Seminare habe ich den Herrn bei den verschiedensten Gelegenheiten heilen sehen, die liebste Zeit dafür aber scheint ihm die Beichte gewesen zu sein. Innerhalb von Minuten kann er die tiefsten Wunden heilen wie zum Beispiel Selbstmordabsichten. Es bedarf dazu nicht eines besonderen Beichtvaters, sondern nur der Bereitschaft, mit dem Herrn zusammen die folgenden Fragen zu beantworten:

1. Welche Gaben habe ich vom Herrn?
2. Wo bedarf ich der Sündenvergebung, weil ich diese Gaben nicht genützt habe?
3. Wer hat mich so verletzt, daß ich als unsicherer Sünder reagierte, und bedarf nun meiner Vergebung?
4. Was ist mir aus dieser Verletzung erwachsen? Wofür möchte ich dem Herrn danken und ihn um weiteres Wachstum bitten?

Der Beichtritus in seiner neuen Gestalt wurde geschaffen, um dem Sakrament seine heilende und versöhnende Wirkung zurückzugeben, indem ich Vergebung annehme und anbiete und Gott danke für das mögliche Wachstum. Der neue Beichtritus zeigt deutlicher als früher, daß das Sündenbekenntnis *heilend* wirkt. Deswegen spricht man auch heute nicht mehr von der „Beichte“, bei der vor allem die Sünden aufgezählt werden, sondern von „Versöhnung“ mit Gott und dem Nächsten und mit uns selbst in unserer ganzen Tiefe.

Jeder Teil des neuen Ritus ist zur Heilung von Erinnerungen geeignet: Durch die Schriftlesung sollen wir die Situation so erkennen, wie Jesus sie gesehen hat. Das Gespräch von Angesicht zu Angesicht soll die bloße Aufzählung der Sünden überwinden helfen, um ihre Wurzeln in vergangenen Verletzungen aufzudecken. Die Freiheit, sich selbst eine heilende Buße zu wählen und nicht nur drei „Ave Maria“ herzusagen, die Handauflegung bei der Lossprechung als herkömmliches Zeichen der Heilung und auch die neue Lossprechungsformel sowie die abschließenden Worte: „Danket dem Herrn, denn er ist freundlich, und seine Güte währet ewiglich“ sollen uns daran erinnern, daß die Heilung weitergeht, wenn sich das Erbarmen Christi bis zu dem Punkt vertieft, wo wir für die Gaben *danken,* die uns aus der Verletzung erwachsen. Im übrigen wirkt das Sündenbekenntnis derart heilend, daß *jedes* Sakrament mit einem kurzen Ritus der Versöhnung beginnt.

Gebet und Beichte sind jedoch kein Ersatz für die persönliche Versöhnung, sondern nur die Vorbereitung dazu. Christus zu sagen, daß es mir leid tut, Gustav kritisiert zu haben, ist nur die Vorbereitung dazu, Gustav selbst zu sagen: „Ich habe mich geirrt, willst du mir vergeben?“ Den anderen persönlich um Vergebung zu bitten ist schwerer und braucht eine tiefere Verdemütigung, die darum auch heilender wirkt. Wenn ich anstatt „Ich habe wirklich eine Wut auf dich“ sage: „Es tut mir leid“, wird es dem anderen leichter zu sagen: „Auch mir tut es leid.“ Mit dem Bruder sollen wir uns nämlich nicht nur versöhnen, wenn wir etwas gegen ihn haben, sondern wenn wir bei näherem Hinsehen erkennen, daß auch er etwas gegen uns hat. Eine Ehe kann daran zerbrechen, daß die Frau den Ehebruch ihres Mannes einfach hinnimmt; und sie kann wiederhergestellt werden, wenn die Frau einsieht, daß sie selbst mitschuldig daran ist, daß der Mann sich einer anderen Frau zugewandt hat.

Die Tiefe der Vergebung zeigt sich nicht an den Worten, sondern an den Taten der Versöhnung. Der neue Beichtritus schlägt Bußen vor, durch welche der durch die Sünde angerichtete Schaden wiedergutgemacht wird. Anstatt drei „Ave Maria" aufzugeben, wirkt es sicher heilender, die entstandene Verletzung durch einen Brief, ein Kompliment, ein Telefongespräch, einen Besuch, ein Geschenk, einen Fasttag oder einen Gemeindedienst wiederherzustellen, indem man zum Beispiel einen älteren Nachbarn zum Einkaufen mitnimmt. Ein Vater, der mit seinem aufsässigen Kind die Geduld verloren hat, kann als Buße wählen, einige Zeit ausschließlich mit seinem Kind zu verbringen. Eine Stunde, die man dem Kind allein widmet, ist soviel wert wie zehn Stunden, die man mit ihm in Gemeinschaft anderer verbringt.

Allzuoft vergesse ich, bei *mir* Dinge wiedergutzumachen! Betrachte ich mich als liebenswerten Sünder, Sohn des Vaters, erlöst durch Christus und Tempel des Heiligen Geistes, dann sollte ich auch liebevoll mit mir umgehen! Anstatt eine selbstbestrafende Buße zu wählen, sollte ich mich fragen: „Was würde ich tun, wenn ich mich wirklich selbst liebte?" Vielleicht würde ich ein anregendes Buch lesen, mir endlich Zeit für den dringend benötigten Schlaf nehmen, mehr Gymnastik treiben, die mir guttut, oder mir eine schöne Zeit mit einem Freund gönnen. Es ist viel leichter und unheilvoller, mir selber weiter weh zu tun, als mit einem Fest die Rückkehr des verlorenen Sohnes zu feiern. Unser Buch *Healing of Memories* (New York 1974) mag dort weiterhelfen, wo die Beichte zu einer Routineangelegenheit ohne Heilkraft geworden ist und nicht zu einer Feier neuer Freiheit geriet.

Auch wenn ich alle diese Vorschläge beherzige, kann ich noch immer depressiv sein. Das geschieht besonders dann, wenn ich anders sein möchte, als ich bin, und wenn ich das Bedürfnis, für meine Gefühle verantwortlich zu sein, noch nicht Christus übergeben habe. Anstatt von mir zu hören, wie ich gern sein möchte, will der Herr vielleicht, daß ich ihm sage: „Ich möchte endlich über meine Gefühle hinauswachsen. Hilf mir, bitte, wachsen!" Liebe und Vergebung in der Tiefe erwachsen aus der Entscheidung, auch dann zu lieben und zu vergeben, wenn uns nicht danach zumute ist. Anstatt auf diesen ungeheilten Gefühlen schleichender Depression zu beharren, sollten wir besser nach den geheilten Gefühlen, wirklich geliebt zu sein, Ausschau halten.

Der Mann, der einen Arm verloren hat, mag zwar das Gefühl haben, als wäre der Arm noch da, kann aber trotzdem nicht mehr damit essen. Bin ich den einzelnen Schritten in diesem Kapitel gefolgt, so ist mir vergeben worden. Ob ich mich nun so fühle oder nicht, ob ich dankbar sein kann statt depressiv oder nicht – langsam, aber sicher wird die Vergebung an Tiefe gewinnen, bis ich mich schließlich geliebt fühle und auch lieben kann. Bin ich noch immer depressiv, dann beginne ich andere mit noch größeren Belastungen zu besuchen, zum Beispiel einen arbeitslosen Vater, einen von Schmerzen geplagten Kranken, eine trauernde Witwe, die kärglich leben muß, einen älteren Nachbarn, der einsam auf den Tod wartet. Sehe ich, was andere zu tragen haben, dann fällt es wirklich schwer, unter meiner geringen Last depressiv zu bleiben.

Hält dieser Zustand dennoch an, so ist das eigentliche Problem möglicherweise nicht Depression, sondern *Zorn*. Blicke ich auf meine Sünden und sehe nicht, daß mir vergeben ist und daß mir neue Gaben daraus erwachsen, dann ist der Grund dafür sicher nicht der, daß ich zu sündig bin, sondern daß ich wütend bin auf Gott und seine Liebe nicht annehmen kann. Zorn auf Gott kann sich auf vielfältige Weise zeigen: lieber arbeiten als beten und wenig Änderung vom Gebet erwarten, befürchten, daß Gott zu viel verlangen kann, und die Gebetszeit lieber abkürzen, totale Hingabe versprechen, aber doch etwas für sich behalten. Versuche ich derlei Kompromisse zu schließen, dann muß ich wirklich auf die Zornstufe zurück und mit Ijob Gott fragen, warum er es zuließ, daß die Familie tot ist, die Scheunen verbrannt sind und ich am ganzen Körper mit Geschwüren bedeckt bin. Erkenne ich aber seine Liebe sogar noch in dieser Tragödie, dann nähere ich mich langsam der Stufe der Zustimmung und Annahme.

Vielleicht klingt das alles hoffnungslos kompliziert und unrealistisch. Sich durch die Depression hindurchzuarbeiten aber ist so kompliziert und so realistisch, wie sich vom

Alkohol zu befreien. Bei einer seelischen Verletzung beginnen einige zu trinken, andere wählen eine andere Sünde. Der Weg zur Umkehr beginnt für jeden bei dem Eingeständnis, daß er ein Problem hat, um Vergebung bittet und die Kraft des Herrn empfängt, sich selbst und andere zu lieben. Darum kann dieses ganze Kapitel auch zusammengefaßt werden in den „zwölf Schritten“ der Anonymen Alkoholiker:

DIE ZWÖLF SCHRITTE DER AA

1. Wir haben zugegeben, daß wir dem Alkohol gegenüber machtlos sind und unser Leben nicht mehr allein meistern konnten.
2. Wir gelangten zu der Überzeugung, daß nur eine Macht, größer als wir selbst, uns unsere geistige Gesundheit wiedergeben kann.
3. Wir faßten den Entschluß, unseren Willen und unser Leben der Sorge Gottes – wie wir Ihn verstehen – anzuvertrauen.
4. Wir machten gewissenhaft und furchtlos Inventur in unserem Inneren.
5. Wir gestanden Gott, uns selbst und einem anderen Menschen ehrlich unsere Verfehlungen ein.
6. Wir sind vorbehaltlos bereit, unsere Charaktermängel von Gott beseitigen zu lassen.
7. Demütig bitten wir Ihn, uns von diesen Mängeln zu befreien.
8. Wir machten eine Liste aller Personen, die wir gekränkt hatten, und wurden willig, sie um Verzeihung zu bitten.
9. Wenn immer möglich, entschuldigen wir uns bei ihnen, es sei denn, sie oder andere würden dadurch verletzt.
10. Wir machen täglich Gewissensinventur und, wenn wir unrecht haben, geben wir es sofort zu.
11. Durch Gebet und Besinnung suchen wir die bewußte Verbindung zu Gott – wie wir Ihn verstehen – zu vertiefen und bitten Ihn um die Fähigkeit, Seinen Willen zu erkennen, und um die Kraft, ihn auszuführen.
12. Nachdem wir durch diese Schritte ein inneres Erwachen

erlebt haben, versuchen wir, diese Botschaft an andere Alkoholiker weiterzugeben – und unser ganzes Leben nach diesen Grundsätzen auszurichten.

Nachdem mein Freund Joe diese zwölf Stufen durchschritten hatte, wandelte sich die Klage über seine Depression in ein Danklied für seine überwundene Alkoholabhängigkeit. Er lernte seine Abhängigkeit als Gabe erkennen, die Kraft Gottes zu erfahren: wie sehr er geliebt wird, weil ihm viel vergeben wurde – und als Gabe, anderen Alkoholikern zu helfen. Diese Gaben der vom Alkohol Befreiten können uns *allen* zuteil werden, wenn wir, von Depressionen befreit, schließlich die Stufe der Zustimmung erreichen.

11. Kapitel
Die fünfte Stufe: Zustimmung

Gehen Sie in irgendein Krankenzimmer – und Sie finden dort gewöhnlich Genesungswünsche, Blumen, Süßigkeiten und einen lächelnden Patienten. Auch wenn ihm eine Operation oder der Tod bevorsteht – auf die Frage, wie er sich fühlt, wird er so zuversichtlich lächeln, als gelte es, einen Wahlkampf zu gewinnen. Kaum aber ist der Besuch fort, fängt er wieder an zu klagen über die Krankenschwester, die ihm niemals etwas zu trinken bringt! Woher also weiß man wirklich, ob ein lächelnder Patient sein Schicksal wirklich angenommen hat oder es einfach nicht wahrhaben will?

Auch ich täusche zuweilen Zustimmung vor. Weil ich mir selbst vorwarf, auf Gustavs Kritik übertrieben reagiert zu haben, dachte ich, ich hätte ihm ganz und gar vergeben und ihn angenommen. Als er mich aber eine Woche später in seinem Büro sehen wollte, verkrampfte ich mich prompt und bekam Angst: Was ist jetzt schon wieder los? Nichts kam mir in den Sinn, und doch zitterte ich. Ich konnte mich nicht erinnern, je in sein Büro gerufen worden zu sein. Jetzt aber hatte ich Angst, ich würde wieder verletzt werden, weil die Wunde noch nicht verheilt war und ich Gustav noch nicht soweit vergeben hatte, daß ich ihn annehmen konnte. Als sich meine Vergebung in den folgenden Wochen vertiefte, schwand jedoch auch die Angst, mich mit Gustav auseinanderzusetzen.

1. Symptome der Zustimmung und Annahme

Wenn es so leicht ist, anderen Annahme und Zustimmung vorzutäuschen, woran erkennen wir dann *echte Vergebung?* Nicht-wahrhaben-Wollen und Zustimmung scheinen sich zum Verwechseln ähnlich. Als ich Gustavs Kritik am Schwarzen Brett hörte, wollte ich sie nicht wahrhaben: „Nun gut, aber die anderen fanden den Vortrag ausgezeichnet." Auf der Stufe der Zustimmung aber sagte ich ebenfalls: „Ja, ja, das ist schon richtig!" Aber ich brauchte keine offene Wunde mehr damit abzudecken! Die Wunden der Verdrängung werden durch Rationalisierung, sündhaftes Verhalten, Ausflüchte, Hunger nach Anerkennung und andere Formen der Unsicherheit verdeckt. Auch auf der Stufe des Nicht-wahrhaben-Wollens kann ich lächeln, wenn Gustav kommt, aber mein Zorn nagt so lange an mir, bis ich mir selbst oder meinen Schülern grolle oder meine, Gott sei unfair. Auf der Stufe der Zustimmung jedoch bin ich frei von diesen Symptomen. Statt dessen empfinde ich Dankbarkeit für das Wachstum, das aus dieser Verwundung entsteht, für die Fähigkeit, auch durch jede neue Verletzung zu wachsen, für den offenen Zugang zu allen meinen Gefühlen, für das Bedürfnis, auf andere zuzugehen, und für eine Hingabe an Christus, wie sie auf der Stufe des Nicht-wahrhaben-Wollens nicht denkbar wäre. Anstatt meine Erfahrung zu verleugnen, frage ich jetzt: „Wie kann ich diesen Menschen, diesen Tag, diese Aufgabe noch besser nutzen und mich daran freuen?" Das Maß der Vergebung und Heilung ist ablesbar an der alltäglichen Offenheit Gott, dem Nächsten und mir selbst gegenüber.

Was geschieht am Tag der Zustimmung? Tage totaler Zustimmung sind so selten wie Regentage, an denen ich begeistert aus dem Bett springe. Habe ich wirklich alles angenommen, dann erwache ich ausgeruht und beginne gern den neuen Tag, auch wenn ein Picknick im strömenden Regen geplant ist. Letzte Nacht habe ich geträumt, daß ich die Brooklyn-Brücke verkauft hätte! Zu derartigen Erfolgsträumen kann es dann kommen, wenn alte Wunden verheilt sind und den Weg freigeben für neue Verwundungen, die betrachtet sein wollen.

Auf dem Weg zum Frühstück muß ich am Schwarzen Brett vorbei und kann mich zu einem seltenen Acht-Uhr-Morgen-Lächeln entschließen, das sagen will: „Ich freue mich, daß das alles geschehen ist." Alles scheint gut, sogar der lauwarme Kaffee. Das Frühstück schmeckt, ich habe Freude am

Gespräch. Es ist nicht nur ein Auftanken für den nächsten Job. Den ganzen Tag hindurch freue ich mich an dem, was ich tue. Ich habe es auch nicht eilig, fertig zu werden.

Nach dem Frühstück ist die Zeit zum Unterricht. Am Anfang ist nur die Hälfte der Schüler anwesend, aber diesmal bin ich dankbar für die Hälfte, die da ist, und klage nicht über die andere Hälfte, die wegblieb. Weil ich selbst kritisiert worden bin, bin ich jetzt auch empfindsamer für den Schaden, den ich anderen durch meine Kritik zufügen kann. Früher habe ich sie kritisiert, wenn sie sagten: „Ich bin nur ein Indianer und kann nicht soviel Mathematik lernen." Heute aber weiß ich, was kritisiert werden heißt und auch was Depression heißt, die jede Initiative lähmt. Ich habe keine fertigen Antworten bereit, wie sich das ändern ließe, aber die Definition der Sioux, was ein *Freund* ist, führt mich weiter: „Jemand, der meine Sorgen auf seinem Rücken trägt." Aus meinen Schwierigkeiten ist mir die Gabe erwachsen, das Leiden der andern zu verstehen. Oder wie es auf einem Spruchband in der Klasse heißt: „Du darfst die Verwundeten so lange nicht berühren, bis deine Hände selbst voll Narben sind."

Mitleiden mit andern kann mich nicht nur stärker öffnen für meine Schüler, sondern auch für Christus. Ich bete jetzt ehrlicher. Sogar meinem Zorn darüber, daß Christus mich so langsam geheilt hat, mache ich Luft! Mich hungert danach, Christus meine Gefühle zu übergeben, um noch weiter geheilt zu werden, wenn ich seinen Geist und sein Herz übernehme. Ist eine Erinnerung wirklich geheilt und sehe ich sie mit den Augen Christi, dann möchte ich nicht mehr vergeben und vergessen. Ich möchte vergeben und erinnern, was Christus sieht, nämlich das mögliche Wachstum, das verheißt: „Wir wissen, daß Gott bei denen, die ihn lieben, alles zum Guten führt, bei denen, die nach seinem Ratschluß berufen sind" (Röm 8,28). So ermögliche ich Christus, mir das Wachstum zu zeigen, das aus positiv angenommener Kritik herrührt – jenes Wachstum, das womöglich meine Berufung gerettet hat. Wäre ich nicht kritisiert worden, dann hätte ich vermutlich nicht wieder zu beten begonnen, und ich hätte meine Berufung sehr leicht verlieren können, wie es der Hälfte meiner Mitbrüder geschah, die mit mir unterrichtet haben.

Mit steigender Dankbarkeit für die aus der Kritik erwachsenen Gaben werde ich auch mehr bereit, zu vergeben. Ich versuche nicht, meinem Kritiker aus eigener Kraft zu vergeben, sondern ich bitte Christus um Hilfe, daß meine Vergebung ebenso tief ist, wie Christus mich annimmt. Nachdem die Depressionsphase mir die Tiefe meiner Schwäche gezeigt hat, fällt es mir schwerer, die Schwäche eines anderen zu kritisieren. Nach und nach lasse ich die Liste fallen, wie *andere* sich zu bessern hätten. Es geht mir jetzt eher darum, Gottes Hilfe beim Wachstum aus *meinen* Fehlern zu erbitten. Mein Gebet, niemals mehr durch Kritik verletzt zu werden, wandelt sich zu der Bitte, an künftiger Kritik zu wachsen.

Gottes Geduld mit mir gibt mir neue Geduld, anderen Menschen wachsen zu helfen. Menschen sind wie Pflanzen: sie brauchen Zeit, Licht und täglich frisches Wasser zum Wachsen. Ich verlange heute von einem scheuen Veilchen nicht mehr, sich wie eine dekorative Rose zu benehmen. Ich habe es aufgegeben, Ratschläge zu erteilen, höre den Menschen lieber zu, bis ich mich in ihre Lage versetzen kann, und lasse sie Fehler machen, damit sie auf dieselbe Weise lernen wie ich. Ich lade sie ein, mir Angst, Zorn und Depressionen mitzuteilen, weil sie dann spüren, daß ich mit negativen Gefühlen vertraut bin und nicht auf sie herabsehe. Wir beginnen über innere Kämpfe zu reden und nicht nur über das Wetter oder den Sport. In der gegenseitigen Bestätigung können wir über unsere Fehler lachen und neue begehen.

Auf der Stufe der Zustimmung kann ich sogar meinen Kritiker Gustav bestätigen, wenn er mir sagt, daß er erfolgreiche Exerzitien gegeben hat. Ich frage mich dann nicht eifersüchtig: „Warum läßt man ihn andauernd gehen und all das machen, was ich auch gern tun würde?“, sondern ich bin froh, daß er Erfolg gehabt hat. Ich möchte das Beste für ihn! Das heißt sicher, daß ich wie er wachsen und weniger kritisch sein möchte, aber ich warte nicht erst, daß er sich ändert, bevor ich auf ihn zugehe. Ich beginne, Brücken zu bauen, indem ich zuhöre, bis ich ihn verstehe, selbst wenn ich nicht mit ihm einverstanden bin. Ich kann in sein Büro gerufen werden, ohne mich zu fragen, was nun schon wieder falsch gelaufen ist, und ohne mich auf Verteidigung vorzubereiten. Ich kann seine Wut anhören, ohne mich abzuwenden aus Angst vor neuen Verletzungen. Wenn ich ihm in der Halle begegne, lächle ich ihm schnell zu. Ich möchte, daß er weiß, daß ich ihm vergeben habe und ihn annehme, und daß er sich nicht schlecht fühlt dabei.

Indem ich jemand anderen annehme, kann ich auch mich selbst auf einer neuen Ebene annehmen. Wenn ich ein seltenes Kompliment höre, dann sage ich weniger oft: „Ja, aber..." und dafür öfter: „Danke!" Das „Hätte ich nur..." wird zum „Wie kann ich durch diesen Fehler wachsen?" Ich bin bereit, Risiken einzugehen und zu versagen und sogar einen neuen Vortrag über das Gebet zu halten. Ich beginne, mit mehr Geduld bei schwierigen Aufgaben zu bleiben, zum Beispiel einem problematischen Schüler näherzukommen, den ich früher aus meiner Klasse versetzt haben wollte. Weil ich neue Risiken eingehe, gibt es mehr Versagen. Aber im Unterschied zu früher wachse ich jetzt öfter an den schlechten Ergebnissen.

All das Gesagte kann auch in der Therapie geschehen. Es kann sich aus der Bewunderung für den Therapeuten ergeben. Aber wenn es dadurch geschieht, daß ich den Geist und das Herz *Christi* im Gebet annehme, bis ich seine Reaktionen erlebe, dann gelange ich zu einer tieferen Hingabe an Christus. Ich werde eine Kraft und eine Liebe entdecken, die jede Therapie übersteigen. Denn ich kann nur das geben, was ich empfangen habe. Ich habe die bedingungslose Annahme durch Christus in einer Weise empfangen, wie kein Therapeut mich auch nur annähernd annehmen kann. Die Echtheit meiner Zustimmung mißt sich am besten daran, wie ehrlich ich sagen kann: „Ich bin von Christus geliebt und möchte ihn die Mitte meines Lebens sein lassen."

Nur ein ganz und gar furchtloser und freier Mensch kann auf die Dauer diese bedingungslose heilende Liebe wirklich weitergeben. Zu oft bleibe ich durch eigene Bedürfnisse und Verwundungen Gott, meinem Nächsten und meinem tiefsten Selbst gegenüber verschlossen. Wie also kann ich auf der Stufe der Zustimmung bleiben? Die Antwort der Schrift ist deutlich: durch *Leiden,* wie sie der heilige Paulus und alle jene ertrugen, die die Seligpreisungen gelebt haben.

2. Zustimmung und Annahme in der Heiligen Schrift

In dem Maße, wie wir die Seligpreisungen leben (Mt 5,1–12), leben wir auch in der Zustimmung. Wir führen ein glückliches und gesundes Leben, das sich nicht auf den Schmerz der Wunden konzentriert, sondern auf das Wachstum aus diesen Wunden. Die Bergpredigt verheißt nicht, daß wir uns selbstzerstörerisch am Bösen freuen und leiden werden, wenn wir arm sind oder kritisiert werden, sondern daß wir glücklich sein werden über das Wachstum, das durch die Zustimmung immer gegenwärtig sein kann. Christus zeigt im Gleichnis vom verlorenen Sohn, wie sogar noch aus dieser Tragödie Glückseligkeit erwuchs (Lk 15). Die Umkehr, zu vergeben und Vergebung zu erfahren, wurde für den verlorenen Sohn zur Erfahrung der Seligpreisungen, nämlich zur Annahme Gottes, seines Vaters und seiner selbst. Seine Armut im Geist ermöglichte es ihm, sich einzugestehen, daß er bedürftig ist und daß er ohne Gott und seinen Vater nicht weiterleben kann. Weil der verlorene Sohn es wirklich bedauerte, gegen den Himmel und seinen Vater gesündigt zu haben, wird er auch nie mehr weglaufen. Statt wegzulaufen, kommt er heim und bittet darum, Knecht sein zu dürfen. Aber er erhält die ganze Erbschaft, die er durchgebracht hat, noch einmal in dem Ring und dem schönsten Kleid, das der Vater zu bieten hat. Er wird jetzt Hunger und Durst nach Gerechtigkeit für die Knechte haben, weil er weiß, was es heißt, als Tagelöhner Hunger zu leiden. Jede einzelne Seligpreisung ruft den verlorenen Sohn zum Wachstum auf, wenn er sich nicht auf seine Verletzungen konzentriert, sondern auf das mögliche Wachstum daraus.

Auch der Vater akzeptiert die Verletzung und hört den Ruf, daran zu wachsen, besonders als Friedensstifter. Weil der Vater schon die Stufe der Zustimmung erreicht hat, setzt er sich mit dem älteren Sohn nicht feindselig auseinander, sondern in Liebe: „Alles, was ich habe, gehört auch dir." Im Frieden mit seinem eigenen Zorn versteht der Vater den Zorn des älteren Sohnes, ohne jedoch seine Feindseligkeit zu übernehmen. Weil der Vater die Depressionsstufe aufgearbeitet hat, erkennt er sein eigenes Versagen: Er hat dem jüngeren Sohn nicht geholfen, mit seinen Schwierigkeiten fertig zu werden. Deswegen versucht er nun umso mehr, einen ähnlichen Konflikt mit dem älteren Sohn zu vermeiden, um ihn vor dem Weglaufen zu bewahren. Die Evangelien sagen nicht, wir sollten Auseinandersetzungen grundsätzlich vermeiden, sondern mit ihrer Austragung warten, bis wir zu Friedensstiftern geworden sind und uns in Liebe statt in Feindseligkeit auseinanderzusetzen vermögen. Wir müssen uns fragen: „Will ich mich mit dir auseinandersetzen, weil du mich ärgerst – oder weil ich dich liebe?"

Die Seligpreisungen rufen uns selbst dort noch zur Liebe auf, wo wir verletzt sind: Nicht mit sauren Trauben, sondern mit dem geschlachteten Mastkalb sollen wir feiern! In jeder Situation können wir entweder den älteren Sohn spielen, nämlich zornig und auf die Verletzung konzentriert bleiben – oder der vergebende und annehmende Vater sein, der aus der Verletzung wächst. Die Annahme gibt uns Kraft zu wachsen – ob nun der andere sich ändert wie der verlorene Sohn oder sich versteift wie sein zorniger Bruder.

Die Herausforderung der Seligpreisungen, am Leiden zu wachsen, ist ein Ideal, das nicht nur im Gleichnis vom verlorenen Sohn tatsächlich erreicht wird, sondern auch im Leben des heiligen Paulus. Durch Erfahrung entdeckte Paulus, daß er alles Leiden annehmen und aus ihm heraus mit Christus wachsen kann. Er rühmt die Liebe Christi, nicht weil sein Leben frei von Verwundungen gewesen wäre, sondern weil er in Schiffbrüchen, Auspeitschungen, Steinigungen, Gefangenschaft, Raubüberfällen und Hunger gewachsen ist (2 Kor 11,23–27). Weil wir wissen, daß Gott bei denen, die ihn lieben, alles zum Guten führt (Röm 8,28), besteht Paulus darauf, daß keine Verletzung oder Prüfung uns am Wachstum auf Christus hin hindern kann: „Was kann uns scheiden von der Liebe Christi? Bedrängnis oder Not oder Verfolgung, Hunger oder Kälte, Gefahr oder Schwert?... Doch all das überwinden wir durch den, der uns geliebt hat. Denn ich bin gewiß: weder Tod noch Leben, weder Engel noch Mächte, weder Gegenwärtiges noch Zukünftiges, weder Gewalten der Höhe oder Tiefe noch irgendeine andere Kreatur können uns scheiden von der Liebe Gottes in Christus Jesus, unserem Herrn" (Röm 8,35–39).

Nachdem er die Christengemeinde der Thessalonicher ermahnt, darauf zu vertrauen, daß sie an dem der Endzeit vorausgehenden Leiden wachsen können, offenbart Paulus das Geheimnis, wie er an solchen Situationen wächst: „Freut euch zu jeder Zeit! Betet, ohne nachzulassen! Dankt für alles; denn das will Gott von euch, die ihr Christus Jesus gehört" (1 Thess 5,16–18). Auch wir können immer und überall wachsen, wenn wir bei einer Verletzung Gott für die Möglichkeit danken, daran zu wachsen. Wir brauchen uns dabei nur die folgenden aus den Seligpreisungen abgeleiteten Fragen zu stellen:

1. „Selig, die vor Gott arm sind, denn ihnen gehört das Himmelreich."
   Hat mich die Verletzung bereit gemacht, mir einzugestehen, daß ich bedürftig bin und Gott mehr vertrauen muß, weil er mich dann besser gebrauchen kann? Daß ich mehr beten muß? Hat meine Bedürftigkeit meine Freundschaften vertieft? Hat sie mich meine Grenzen besser erkennen lassen?
2. „Selig, die trauern, denn sie werden getröstet werden."
   Hat verletzt und getröstet zu werden mich wünschen lassen, auch andere zu trösten, besonders diejenigen, die auf dieselbe Weise verletzt wurden? Bin ich wirklich getröstet worden? Ist die Erinnerung weniger schmerzlich als das Ereignis selbst?
3. „Selig, die keine Gewalt anwenden, denn sie werden das Land erben."
   Ließ mich die Verletzung sanftmütiger werden? Hat sie mich befähigt, anderen beim Wachstum zu helfen, dankbar

für ihre Gaben zu sein und weniger darauf aus, sie zu verletzen?

4. „Selig, die hungern und dürsten nach der Gerechtigkeit, denn sie werden satt werden."
   Hat mich die Verletzung eher bereit gemacht, mich der Leidenden anzunehmen? Hat sie mich dazu angehalten, neue Möglichkeiten, Fähigkeiten und Kenntnisse zu entwickeln, um anderen zu dienen?
5. „Selig, die barmherzig sind, denn sie werden Erbarmen finden."
   Hat mein Ringen, die Verletzung zu vergeben, mir geholfen, andere anzunehmen, die darum ringen, mir zu vergeben? Lasse ich mir leicht vergeben, weil ich selbst leicht vergebe? Habe ich meine Abhängigkeit von der Hilfe Christi erfahren, wenn ich siebenmal siebzigmal vergeben soll, und zwar sofort und ohne Bedingungen? Ist meine Vergebung der Vergebung Christi ähnlicher geworden?
6. „Selig, die ein reines Herz haben, denn sie werden Gott sehen."
   Hat die Verletzung durch Menschen mir geholfen, mehr für Gott und weniger für die Menschen zu arbeiten? Kann ich mehr geben und dabei weniger auf das Gegengeschenk schauen? Kann ich mit Fehlern besser umgehen? Kann ich Gott leichter für sein Wirken in jeder Situation danken?
7. „Selig, die Frieden stiften, denn sie werden Söhne Gottes genannt werden."
   Bin ich ein besserer Friedensstifter geworden, wenn ich versuche, zu vergeben und Frieden zu machen? Hat die Tatsache, daß man mir nicht zuhört und mich nicht achtet, mich zu einem besseren Zuhörer gemacht, der jeden zu schätzen weiß? Kann ich mich selbst und andere beim Nichtzuhören und Nichtbrückenbauen ertappen?
8. „Selig, die um der Gerechtigkeit willen verfolgt werden, denn ihnen gehört das Himmelreich."
   Hat mein Leiden mir geholfen, Geduld und Ausdauer in der Nachfolge Christi auch bei Rückschlägen und Kritik zu entwickeln? Glaube ich, daß ich im Leiden Christus am ähnlichsten werde und ihm am nächsten komme? Ist es eine

Zeit der Wiedergutmachung meiner Sünden? Wenn mir Unrecht geschehen ist – habe ich versucht, es geduldig zu ertragen und dabei zu wissen, daß mit wachsendem Unrecht auch der Lohn der Ewigkeit und die Liebe Christi wachsen?

3. Zustimmung kann heilsam sein

Ist die Stufe der Zustimmung wirklich die Grundlage aller Heilung und allen Wachstums – nicht nur für Paulus, sondern auch für den modernen Menschen?

Viktor Frankl hat sich gefragt, warum einige die Brutalität der Konzentrationslager ertrugen und gesunde Menschen wurden, die ihr Essen den Kranken weitergaben, während andere Essen stahlen, sich selbst damit vollstopften und apathisch zusammenbrachen. Bei der Beobachtung seiner Mithäftlinge entdeckte er, daß einige innerlich wuchsen, nicht weil sie weniger litten, sondern weil sie einen Grund hatten, das Leiden anzunehmen. Trotz Tortur hingen sie am Leben, weil ihnen daran lag, ein Buch fertigzuschreiben, zu ihren Kindern zurückzukommen oder andern dabei zu helfen, das Leiden zu ertragen.

Frankl entdeckte auch, daß das, was ihm zunächst als die größte Tragödie erschien, nämlich die Vernichtung eines Manuskriptes, das sein Lebenswerk enthielt, tatsächlich dafür verantwortlich war, daß er die Greuel des Konzentrationslagers überlebte. Sein Bestreben, das verlorengegangene Manuskript wiederherzustellen, war stärker als alle Tortur. Selbst inmitten eines durch Typhus erregten Fieberwahns hielt er am Leben fest und schrieb seine Gedanken auf irgendwelche Fetzen. Während der Verlust eines Manuskriptes andere dazu bewegte, aufzugeben, wurde er für Frankl zum Grund des Überlebens. Er schließt daraus, daß man einem Menschen alles nehmen kann, nur nicht die Möglichkeit der freien Entscheidung, wie er in einer gegebenen Situation seinen eigenen Weg wählt. Selbst im Konzentrationslager bleiben wir frei, ob wir hassen wollen oder Vergebung und Annahme anbieten. Betrachten wir das mögliche Wachstum aus dem Verlust eines Manuskriptes oder aus einem anderen Schmerz, dann ergibt sich für uns daraus ein Grund, Leiden anzunehmen und zu vergeben.

Jene, die Leiden annehmen und vergeben, werden gesunde Heilige mit der Kraft, das Leiden anderer zu erleichtern. In einem *Time*-Artikel vom 29. Dezember 1975, *Heilige unter uns,* wird ein Dutzend lebender Heiliger beschrieben, wie zum Beispiel Mutter Teresa von Kalkutta. Beim Lesen versuchte ich herauszufinden, was diese ganz gewöhnlichen Menschen zu außergewöhnlichen Heiligen werden ließ. Sie ertrugen Leiden und gebrauchten ihr Leiden als Gabe, das Leiden anderer zu erleichtern. Yaeko Ibuka zum Beispiel wurde in eine Leprakolonie gesteckt, um dort zu sterben, entdeckte aber, daß sie gar keine Lepra hatte. Sie mag die Leprakrankheit nicht gekannt haben, aber im Herzen wußte sie sehr wohl, was die Aussonderung der Aussätzigen bedeutet. 55 Jahre lang (selbst noch im Alter von 78 Jahren) kümmerte sie sich ausschließlich um die Leprakranken. Eine andere moderne Heilige, Schwester Selma Mayer, entschied sich, ledig zu bleiben und 70 Jahre lang Kranke in Jerusalem zu pflegen. Warum? Im Alter von 5 Jahren hatte sie ihre Mutter verloren und sich entschieden, andern zu geben, was sie selbst vermißte: die Liebe einer Mutter und die Sorge um menschliche Wesen. Ihr Leben im Krankenhaus und ganze Nächte am Bett eines Kranken in einer kritischen Situation ließen ihr wenig Freizeit. Trotzdem adoptierte sie zwei Waisenmädchen und zog sie auf. Auch Hermann Gmeiner hat seine Mutter verloren und erlebte so die Heimatlosigkeit der Flüchtlingskinder des Zweiten Weltkrieges am eigenen Leib. Er blieb unverheiratet, um sich ganz und gar den 1500 Waisen in den SOS-Kinderdörfern zu widmen. Die modernen Heiligen sind gewöhnliche Menschen, die ihre Verletzungen als Gaben gebrauchen.

Vergeben bis zum Punkt der Dankbarkeit für das mögliche Wachstum aus der Verletzung ist kein magischer Trick schmerzloser psychischer und geistlicher Heilung. Ein anderer moderner Heiliger, Martin Luther King, erlebte nicht, daß die

Polizeihunde weniger bissen und die Gefängnistore sich öffneten, als er der Polizei von Birmingham vergab. Vergeben und schließlich sogar danken können heißt nicht, Gott zu manipulieren und die Dinge auf unsere Art geschehen zu lassen, sondern zu *seiner* Zeit und auf *seine* Art Heilung zu bringen. Gott verheißt nicht, uns unsere Probleme zu ersparen, sondern uns dabei zu helfen, sie zu erkennen und daran zu wachsen, bis wir zum Schluß in aller Gelassenheit beten können: „Herr, gib mir Gelassenheit, die Dinge anzunehmen, die ich nicht ändern kann, Mut, zu ändern, was ich ändern kann, und Weisheit, zwischen beiden zu unterscheiden."

4. Zustimmung und Annahme im Gebet

Um den Tod gelassen anzunehmen, möchte ein Sterbender schweigend die Hand eines Freundes halten, von dem er sich angenommen weiß. Wir sind bereit, Verletzungen anzunehmen, wenn wir die Hand eines Freundes halten, besonders aber die Hand Christi. Die Schritte dazu sind auch hier dieselben wie für die Emmausjünger: Christus sagen, wie uns zumute ist (Lk 24,13–24), aus der Schrift heraushören, wie Christus empfindet (Lk 24,25–27) und mit brennendem Herzen die Reaktion Christi erleben (Lk 24,32–35).

Christus sagen, wie uns zumute ist

An der Schwelle zur Stufe der Zustimmung war ich mir bewußt, daß Christus mich so angenommen hatte, wie ich den andern noch nicht anzunehmen vermochte. Ich betete etwa so: „Herr, ich weiß, daß du mich annimmst, wie ich bin. Je schwächer ich bin, desto näher kann ich dir sein. Aber ich weiß das mehr mit dem Kopf als mit dem Herzen. Ich fühle mich dir und auch Gustav nicht so nahe wie vor der Verletzung durch seine Kritik. Noch gestern habe ich ihn gefragt, wie er meinen Vortrag über das Gebet fand – und er wechselte das Thema. Es fällt mir immer noch nicht leicht, mit ihm zusammenzuleben. Ich weiß nicht, woran ich bin, ob es mir irgendwie besser geht, weil er mich kritisiert hat. Ich weiß nicht einmal, wie ich mich seiner annehmen soll. Es scheint ihm nichts besonders wichtig. Zeig mir, was du siehst: wie ich wachsen kann, wie ich deine Gaben brauchen kann, um auf ihn zuzugehen – wenn doch von seiner Seite keine Reaktion kommt. Mach mich dankbar ihm und dir gegenüber!"

Aus der Schrift heraushören, wie Christus empfindet

Als nächstes fragte ich Christus, wie er auf einen Menschen reagieren möchte, der empfindet wie ich. Wie lehrte er seine Jünger, dankbar zu sein und sich mit neuen Gaben bereichert zu fühlen, wenn die Menschen ihnen nicht zuhören? Matthäus hörte den Herrn von vielen Gaben sprechen, die uns aus Verletzungen erwachsen. Er faßte sie in den Seligpreisungen zusammen. Als ich mit dem Herzen auf die Seligpreisungen hörte, schien Christus mich endlich über meine Verletzungen hinauswachsen zu lassen.

„Herr, ich danke dir, daß du mir gezeigt hast, wie ich an der Verletzung gewachsen bin. Danke, daß du mich arm vor dir machst, mir eine Leere gibst, die mich wieder ins Gebet treibt, so daß ich meine Berufung nicht verlieren werde. Ich danke dir inmitten meiner Klage, daß du mich durch neue Freunde getröstet hast, als ich wissen wollte, wie sie meinen Vortrag fanden. Ich danke dir auch für die Gabe der Sanftmut, die mich freundlicher erscheinen läßt, weil ich jetzt andere lieber bestätige, als sie hinter ihrem Rücken zu kritisieren. Du hast mich auch zu einem Friedensstifter werden lassen, weil ich jetzt widersprechen möchte, wenn ich höre, wie andere kritisiert werden, und auch helfen möchte, Gustavs Wunden zu heilen. Ich danke dir auch, daß du mir die Gaben der andern zeigst und daß selbst der Kampf eine Gabe ist, die mir hilft, andere anzunehmen. Bei den inneren Kämpfen mit mir selbst sehe ich, wie du das Schlimmste in mir annimmst, deswegen kann auch ich mehr Mitleid mit andern haben. Es ist mir schwergefallen, den Schülern zu vergeben, die ich beim Schwindeln erwischte. Zeig mir, wie ich darauf reagieren soll, wenn das geschieht! Was würdest *du* tun? Hilf mir, das auch zu tun. Wie kann ich heilen, was sie unsicher macht, so daß sie schwindeln müssen? Was würdest *du* tun?"

Die Reaktion Christi erleben
Wir brauchen uns nun aber nicht vorzustellen, wie wir immer und überall alles recht machen! Nehmen wir *eine* Situation und betrachten wir die Reaktion Christi: Heilen bedeutet nicht, uns selbst zu beobachten, sondern an den Reaktionen Christi zu wachsen. Dann können wir uns selbst beobachten, ob wir handeln wie Christus, bis wir wirklich so denken und fühlen wie er. Jemand sagte einmal: „Ich bitte Christus nicht mehr, mit mir zu gehen, ich gehe jetzt mit ihm."

Das Voranschreiten im Geist und mit dem Herzen Christi und im Gleichschritt mit ihm muß zur täglichen Übung werden, wenn wir die Reaktionen Christi in jeder Situation kennenlernen wollen. Um denken und fühlen zu lernen wie ein Sioux, verbrachte ich einen ganzen Sommer mit einer Indianerfamilie, sprach Lakota, aß Hundesuppe und tat alles, was sie taten. Um zu denken und zu fühlen wie Christus, muß ich in einer christlichen Gemeinschaft leben und Christus täglich in der Schrift, in den Sakramenten, in der Liturgie und im stillen Gebet betrachten – und natürlich in jenen, die ihm am ähnlichsten sind, nämlich den Heiligen, bis ich meinen Tag so leben kann wie er: Wie würde Christus essen oder abwaschen? Wie kann ich bei anderen Fehler durchgehen lassen und selbst daraus lernen, so wie Christus aus der Verleugnung des Petrus? Wie kann ich mich den Menschen nähern, wie es Jesus in der Eucharistie tut: als Stärkung – aufbauend und nicht niederreißend?

Christus ist gegenwärtig in Brot und Wein, damit er gegenwärtig sein kann in uns – und durch uns gegenwärtig in der Welt, um sie zu heilen. Im Gebet die Stufe der Zustimmung zu erreichen sollte nicht dazu führen, in der Ecke zu sitzen und weitere Wunden zu heilen. Lieben wir jene, die uns verletzen, dann möchten wir, daß unser Haus zu einem Ort wird, wo ihre Wunden heilen und niemand mehr verletzt wird. Als ich schließlich Gustav vergeben konnte, versuchte ich nicht nur aus der Schule einen Ort zu machen, wo niemand mehr durch Kritik verletzt wird, sondern sogar Gustav Gutes zu tun.

Verletzungen wie Gustavs Kritik können lähmend wirken.

Sind sie aber geheilt, dann erwächst uns daraus die Kraft, eine Umwelt voll Lebensfreude zu schaffen: Wie bei den Anonymen Alkoholikern der von seiner Sucht Befreite einem anderen Abhängigen weiterhilft, so wird uns neue Kraft geschenkt, eine liebenswürdigere Umwelt aufzubauen, wie intensiv wir auch verletzt worden sind und geheilt sein mögen. Eine Frau, die selbst Opfer einer Vergewaltigung gewesen war, führte andere vergewaltigte Frauen durch die Agonie des Zornes und der Schuld bis hin zur Annahme ihrer selbst – und auch der Männer. Die Erfahrung der Brutalität bei der Vergewaltigung hat sie dazu geführt, gegen jede Ursache der Gewalt zu kämpfen. Sie hat eine Familie gegründet, in der Liebe gelebt wird, sieht sich keine gewalttätigen Filme an, nimmt auf überlegte Weise an Wahlen teil und arbeitet für die Aktion „Brot für die Welt", um den Hunger in der Welt zu bekämpfen. Wenn wir nicht den Wunsch haben, eine heilende Umwelt aufzubauen, dann sind wir immer noch gelähmt und noch nicht geheilt.

Der Aufbau einer heilenden Umwelt bedeutet zunächst oft, auf den Menschen zuzugehen, der uns verletzt hat. Die Forderung besteht nicht darin, nach Afrika zu gehen und dort die Armen zu lieben, sondern zum Nachbarn zu gehen, der die ganze Nacht lautstark afrikanische Musik spielt. Dem andern etwas Gutes tun heilt nicht nur mich, sondern auch meine Umgebung – und oft heilt es auch den andern. Selbst wenn er sich nicht ändert, kann ich meinem Feind unmöglich etwas Gutes tun, ohne daß *ich* dadurch geheilt werde. Ich kann das Zimmer eines andern nicht aufräumen oder seine Bleistifte spitzen, ohne daß mein Zorn weggewischt wird und mein Wunsch sich zuspitzt, dem anderen zu vergeben – nicht weil er etwas falsch gemacht hat, sondern weil ich ihn liebe! Die Welt ändert sich, wenn ich frage: „Wer hat mich verletzt? Was kann ich für ihn tun, damit er glücklicher und selbstsicherer wird, damit er niemanden mehr zu verletzen braucht?"

Je mehr ich also auf andere zugehe, desto mehr werde ich mir meiner eigenen Bedürftigkeit bewußt, geheilt zu werden. Von Gustav kritisiert zu werden ließ in mir den Wunsch wach werden, zu Alkoholabhängigen zu gehen, die viel Kritik einstecken müssen. Zunächst fühlte ich mich abgestoßen durch diese Menschen, die betrunken herumtorkeln. Ich mußte erst meine eigenen Wunden heilen lassen – nämlich aus der Zeit, als ich von Trinkern und Unbeherrschten verletzt wurde. Mein Heilungsprozeß schien mir dabei zeitweise keinerlei Fortschritte zu machen, weil ich neue Risiken einging, die unvermeidlich zu neuen Verletzungen führten, die erneut der Heilung bedurften. Manchmal gibt es bei der Heilung einer Verletzung aber auch offensichtlich dramatische Wendungen, die Beifall verdienen. Zum Beispiel konnte ich plötzlich auf Gustav zugehen, ohne Angst vor neuer Kritik zu haben. Meist aber ist die Heilung von Erinnerungen ein Prozeß, der so verborgen ist wie die Verletzung selbst. Die Heilung von Verwundungen *beginnt* oft mit einem Gebet, geht aber immer dann weiter, wenn ich mit dem Geist und dem Herzen Christi handle und dankbar werde für das Wachstum aus der Verletzung. Selbst Christus brauchte drei Jahre, um Petrus von den Wunden zu heilen, die ihn straucheln ließen. Paulus dagegen wurde über Nacht geheilt. Ich habe tiefe Verwundungen auf beide Arten heilen sehen, der Langzeitprozeß wie bei Petrus aber scheint mir häufiger. Eigentlich sollte die Heilung einer Erinnerung ein Leben lang dauern, wenn unsere Dankbarkeit ein Leben lang wachsen soll.

Die tiefste Heilung besteht nämlich weder in der Fähigkeit, wieder gehen zu können, noch auch darin, einem Verwandten vergeben zu haben oder von einer Depression befreit zu sein. Als Christus die zehn Leprakranken zu den Priestern schickte, sind zwar alle zehn körperlich geheilt worden, aber nur einer, ausgerechnet der Samaritaner, kehrte zurück, weil er die tiefste Heilung erfahren hatte: Er lobte und dankte Gott. Da sagte Jesus: „Sind nicht alle zehn rein geworden? Wo sind die übrigen neun? Ist denn keiner umgekehrt, um Gott zu ehren, außer diesem Fremden? Und er sagte zu ihm: Steh auf und geh! Dein Glaube hat dir geholfen" (Lk 17,17–19). Heilung besteht nicht darin, ein von Geburt an lahmes Bein bewegen zu können, auch nicht in der Aufhebung einer zehnjährigen Depression, sondern darin, daß wir Geist und Herz zu Gott erheben können. Wir sind nicht geheilt, solange wir nicht

Christus mehr lieben als früher und er durch uns hindurch mehr lieben kann. Wir haben die Endstufe der Zustimmung und Annahme nur dann erreicht, wenn wir unser Herz ganz Christus überlassen in Dankbarkeit dafür, daß er uns liebt und daß er die berührt, die wir anrühren. Die eigentliche Antwort auf die Frage: „Bin ich geheilt?“ ist eine weitere Frage: „Gehe ich auf die Menschen zu wie Christus, nämlich um sie zu heilen?“

Fünfter Teil
Die Eucharistie als Zusammenschau der fünf Stufen des Sterbens und Vergebens

An jedem ersten Freitag im Monat treffen sich 2000 Menschen in der New Yorker Kirche „Unsere Liebe Frau des Erbarmens". Sie drängen sich bis in die Krypta, wo man nur *hören* kann, wie oben die Messe gefeiert wird. Schon eine Stunde vor Beginn des Gottesdienstes fluten sie herein, nur um die heilige Eucharistie nicht zu versäumen, die die Kraft hat, alles zu heilen: von der zerrütteten Ehe bis zum Krebs im Endstadium.

In anderen Teilen New Yorks aber bleiben die Kirchen leer. Die Erwachsenen haben es aufgegeben, zur Eucharistie zu gehen, weil sie mit ansehen mußten, wie ihre Ehen zerbrachen, obwohl sie beständig zur Messe gingen. Die jungen Menschen weigern sich, in die Kirche zu gehen, weil sie Erwachsene sehen, die den Leib Christi empfangen, aber trotzdem weiter schwätzen und ihre Kinder unpersönlich behandeln.

Daß die Eucharistie den einen Heilung bringt und den anderen nicht, sollte uns nicht erstaunen. Selbst das Letzte Abendmahl hat Judas nicht geheilt. Ob Christus die Eucharistie in New York oder das Abendmahl in Jerusalem feiert, ob mit Judas oder mit tratschenden Erwachsenen – Heilung geschieht dann, wenn die Teilnehmer ihre Erinnerungen heilen lassen.

Das folgende Kapitel möchte zeigen, daß der Eucharistiefeier dieselbe Struktur der Heilung von Erinnerungen zugrunde liegt wie den fünf Stufen des Sterbens und Vergebens.

12. Kapitel
Die Eucharistie als Heilung von Erinnerungen

Warum geschieht bei der Eucharistie nicht mehr Heilung? Eine gewisse katholische Clique wird am Sonntag niemals die heilige Messe versäumen. Aber sie wird auch nicht versäumen, jemanden fertigzumachen, der zuviel weiß. Priester können die Eucharistie täglich empfangen, aber trotzdem keine Heilung von ihrer Alkoholabhängigkeit und Depression erfahren. Wenn die Eucharistie das „Sakrament der Heilung“ ist, wie die frühen Kirchenväter meinten, warum ändern sich dann die Menschen nicht mehr?

Auch als Christus selbst die heilige Eucharistie feierte, trat Heilung nicht automatisch ein. Nachdem Judas die heilige Kommunion empfangen hatte, überlieferte er Christus dem Tod. Nachdem Petrus die Eucharistie empfangen hatte, verleugnete er Christus dreimal. Häufig jedoch geschah Heilung, wenn Christus die Eucharistie feierte, zum Beispiel als er mit den Jüngern in Emmaus das Brot brach (Lk 24) und später am Seeufer mit Petrus (Joh 21). Die Jünger werden in dem Maße durch Christus geheilt, wie sie es zulassen, daß ihre Erinnerungen geheilt werden.

Im abschließenden Eucharistie-Bericht des Lukasevangeliums (Lk 24) heilt Jesus die Erinnerungen der niedergeschlagenen Emmausjünger, so daß sie den Hohenpriestern und sich selbst für das Karfreitag-Geschehen vergeben können. Die Jünger vergeben, ohne zu vergessen. Sie vergeben und erinnern sich an den Karfreitag aus der heilenden biblischen Sicht des auferstandenen Christus. Nachdem die Heilung der Erinnerungen in der Eucharistiefeier vollendet ist, können sie nach Jerusalem zurückkehren – zu ihren Feinden, vor denen sie geflohen waren. Das Brotbrechen wurde ihnen zur Heilung, weil sie ihr gebrochenes Herz Jesus übergeben hatten und dafür seine vergebende Sichtweise und sein brennendes Herz empfingen.

Nicht nur die Emmausjünger, auch Petrus war niedergeschlagen, als er Christus begegnete. Entmutigt durch seine dreimalige Verleugnung, wollte er fischen gehen und damit zu jener Tätigkeit zurückkehren, die er ausgeübt hatte, bevor er Christus begegnet war (Joh 21). Im Unterschied zu Judas, der spürte, daß sein Verrat zum Tode führte, begann Petrus durch das eucharistische Mal langsam zu verstehen, wie gerade die dreifache Verleugnung ihn zum verständnisvollen Leiter der christlichen Gemeinde werden ließ. Während er mit Christus das Brot an jenem Feuer brach, das ihn an die Verleugnung erinnerte, gestand Petrus Christus dreimal ein, daß er unfähig sei, ihn wirklich zu lieben *(agapao)*, und nur für ihn sorgen könne *(phileo)*. Aber gerade dieses Eingeständnis ermöglichte es Christus, ihn mit der Leitung der christlichen Gemeinde zu betrauen, sobald sie sich unter den Heiden ausbreiten würde: Petrus, der jetzt seine Schwächen kannte, war es möglich, die den Heiden zugeschriebenen Schwächen anzunehmen, auf die viele verächtlich hinunterschauten, weil die Heidenchristen die jüdischen Gebote nicht ebenso hielten wie die Judenchristen (Apg 10). Durch die Heilung einer Erinnerung beim eucharistischen Mahl blieb Petrus nicht länger der niedergeschlagene Fischer, sondern wurde zum kraftvollen Haupt der Kirche.

Christus heilt auch heute noch Erinnerungen durch die Eucharistie. Agnes Sanford, deren Pastoralkurse so viele Menschen dazu geführt haben, um Heilung zu beten, gebraucht die Eucharistie zur Heilung von Ereignissen, die viele Jahre zurückliegen. Sie verbringt jeden Samstag einige Zeit damit, ein Jahr ihres Lebens zu überschauen. Am Sonntag bringt sie dann alle Verletzungen dieses Jahres in der Eucharistie Jesus dar und geht heim, ohne daß dieses Jahr sie noch weiter lähmen kann. Aus den geheilten Verletzungen erwächst ihr die Gabe, die empfangene eucharistische Liebe weiterzugeben.

Manchmal können wir nicht ein ganzes Jahr überschauen, sondern müssen uns mit dem stechenden Schmerz des Augenblicks auseinandersetzen. Ich erinnere mich an eine indianische Großmutter, die unfähig war, einem Betrunkenen zu vergeben, der ihren geliebten Ehemann erschossen hatte. Sie brachte diese schmerzliche Erinnerung in die Eucharistie ein und ging mit dem Herrn die Tage der Verlassenheit durch, die dem Mord an ihrem Mann gefolgt waren. Dann bat sie den Herrn, er solle ihr helfen, zu vergeben, und aus der tragischen Situation neues Leben wachsen lassen. Als nächstes bat sie die Gemeinde, dem Mann zu vergeben. Schließlich bat sie jedermann um Vergebung dafür, daß sie so auf ihr eigenes Leid konzentriert war und daß sie vergessen hatte, wie allein und verlassen der wieder nüchtern gewordene Mann und seine Familie sich fühlen mußten. Heute kümmert sie sich immer noch besonders um Kinder und ältere Menschen, die sich allein und verlassen fühlen.

Wenn wir Christus während der Eucharistiefeier unsere Erinnerungen heilen lassen, nehmen wir die Einladung zum Letzten Abendmahl an: „Dieser Kelch ist der Neue Bund in meinem Blut. Das tut, sooft ihr daraus trinkt, zum Gedenken an mich!" – „Das ist mein Blut, das Blut des Bundes, das für viele vergossen wird zur Vergebung der Sünden" (1 Kor 11,25; Mt 26,28). „Das tut zum Gedenken an mich!" bedeutet nicht nur, die Gesten zu wiederholen, nämlich das Brot und den Wein aufzuopfern, sondern uns einander in dem Maße hinzugeben, wie Christus sich beim Letzten Abendmahl und auch in Emmaus und beim Sühneopfer am Kreuz hingab zur Vergebung der Sünden. Indem wir uns selbst und andern vergeben, d. h. die schmerzhaften Erinnerungen als Gabe ansehen, versuchen wir uns selbst so bedingungslos hinzugeben, wie Christus sich sogar Petrus und Judas hingab. Jesus konnte die Eucharistie mit Judas feiern, der seinen Tod plante, weil er sogar die schmerzhafte Erinnerung des Todes als Gabe annahm, durch die er seine Liebe zum Sünder beweisen wollte (Röm 5,8). Wenn wir während der Eucharistiefeier eine Erinnerung heilen lassen, damit lebenspendend wird, was todbringend erschien, dann bezeugen wir, daß wir auch mit Christus sterben und auferstehen. Wie aber können wir so Eucharistie feiern, daß wir seine Einladung „Das tut zum Gedenken an mich!" annehmen und so geheilt werden wie Petrus am Seeufer und die indianische Großmutter bei den Sioux?

Eucharistie als Sakrament der Heilung
Vielleicht haben wir schon hundertmal an der Eucharistiefeier teilgenommen und sind immer noch nicht geheilt wie Petrus. Vielleicht fühlen wir uns wie jemand in der Menge, als Jesus die kranke Frau heilte (Lk 8,43–48). Warum fand gerade sie Heilung, als sie bloß den Saum seines Kleides berührte? Die Frau brachte nicht nur ihren Schmerz, sondern die hochgespannte Erwartung mit, schon allein Christus zu *berühren* werde ihr Leben ändern. Sie war nicht nur Zuschauerin, sie hungerte nach Heilung.

Im Unterschied zu der geheilten Frau sind wir vielleicht oft kaum mehr als Zuschauer gewesen. Eine Stunde ist vergangen – viel mehr ist nicht passiert. Kommen wir aber mit unserem ganzen Schmerz, der uns nach Heilung hungern und uns Heilung wirklich erwarten läßt, dann rühren wir Christus wirklich an und dürfen von ihm hören: „Dein Glaube hat dir Heilung gebracht. Geh hin in Frieden!“ Außer daß wir ihm den Schmerz der vergangenen Jahre bringen, wie Agnes Sanford, oder das gegenwärtige Leid, wie die indianische Frau, die ihren Mann verlor, können wir ihm auch jene Schwierigkeiten darbringen, denen wir bei der Eucharistie selbst begegnen. Eucharistie bedeutet „Danksagung“. Um zu entdecken, was der Herr in der Eucharistie heilen möchte, fragen wir uns einfach: „Wofür fällt es mir am schwersten zu danken?“ Für manche Menschen oder auch für manche Eucharistiefeiern zu danken kann uns tatsächlich schwerfallen.

Keiner von uns ist gleich dankbar für jeden anderen Menschen. Mit wem würden wir am wenigsten gern auf einer einsamen Insel zusammenleben? Mit der alten Dame, die ihren Rosenkranz so laut betet – oder mit dem barfüßigen Teenager, der einen Rosenkranz um keinen Preis der Welt auch nur anrührt? Manchmal werden es nicht die Gläubigen sein, sondern der Priester, der uns durch eine stundenlange Predigt langweilt oder dadurch irritiert, daß er überhaupt keine Predigt hält. Vielleicht ist jemand abwesend, von dem wir meinen, daß er die Messe dringender brauchen würde als jeder Anwesende. Sehen wir dagegen jemand, dem wir uns entfremdet fühlen, dann entdecken wir eine Möglichkeit der Heilung: Wir können Christus in seiner Ganzheit näherkommen.

Mehr noch als die Menschen mag uns der *Stil* der Messe an unsere Verwundungen erinnern. Vielleicht müssen wir zunächst geheilt werden, um überhaupt an einer Messe in lateinischer Sprache oder einer Jazz-Messe teilnehmen zu können. In unserer Pfarrei gibt es die stille 8-Uhr-Messe für die älteren Leute, die mit einem Handschlag beim Friedensgruß nichts anfangen können. Gegen Mittag, wenn die jungen Menschen langsam aufwachen, wird eine Messe mit Folksongs gefeiert; sie ist beliebt wegen des Gesangs und der Umarmungen beim Friedensgruß. Weil wir aber bei der Eucharistie die Verwundungen zwischen den Generationen zu heilen versäumt haben, entstand langsam, aber sicher eine Spaltung der Pfarrei in zwei Gemeinden. Erst was die Messe schwierig macht, läßt sie auch zu einer Möglichkeit der Heilung werden. Sind wir durch die Menschen, durch den Stil der Messe oder durch etwas anderes verwundet, dann können wir diese Wunde nur dadurch heilen, daß wir dem Herrn mitteilen, wie wir uns fühlen, und dann zuhören, wie er durch einen bestimmten Teil der Liturgie darauf reagiert. Kürzlich war ich bei einer morgendlichen 8-Uhr-Messe, die mir unendlich viele Möglichkeiten der Heilung bot. Die Feier begann mit einem vom Organisten derart schleppend angestimmten „Großer Gott, wir loben dich", daß ich bei diesem Trauergesang nach jedem Wort um Atem für das nächste ringen mußte. Außerdem hatte ich als Solist zu wirken, weil die Gemeinde aus lauter Achtzigjährigen bestand, die zum Glück die Orgel nicht hören konnten. Der etwas beleibte Priester kam feierlich herausgewatschelt, und ohne uns auch nur eines Blickes zu würdigen, ratterte er die Messe herunter, als müsse er gleich weg, um ein Verkehrschaos draußen auf dem Parkplatz zu verhindern. Ich war wütend und blickte in der nahezu leeren Kirche umher, ob sich nicht auch andere leise zur Türe schlichen. Voll Zorn fragte ich Jesus: „Warum läßt du es zu, daß er so alle jungen Leute vertreibt? Warum heilst du ihn nicht, damit er ein besseres Instrument deiner Liebe wird?"

Gerade als diese Gedanken mir noch schneller durch den Kopf schossen als die Gebete des Zelebranten, sprachen wir den Bußritus zu Beginn jeder Eucharistiefeier. Das war der Zeitpunkt, Jesus all meinen Zorn zu übergeben und zu beten: „Herr, erbarme dich! Erbarme dich meiner und all jener, die mich verletzt haben!" Wenn ich im Bußritus zu Beginn der Messe eine Erinnerung an jemanden, der mich verletzt hat, Jesus übergeben und dem Herrn sagen kann, wie ich mich fühle, dann beginnen Versöhnung und Heilung.

Nachdem ich dem Herrn im Bußritus wütend gesagt hatte, wie ich mir den Zelebranten geheilt und verändert vorstelle, konnte ich auch hören, wie der Herr die Dinge sieht. Die Lesung dieses Sonntags war aus Lk 4,16–30: Jesus liest in der Synagoge, daß er gesandt ist, die Freiheit der Gefangenen zu verkünden. Dabei wird er von den Bürgern seines Heimatortes abgelehnt. Ich bat Jesus, diesen unpersönlichen Pfarrer mit dem Geist des Herrn zu erfüllen, damit er die Freiheit der Gefangenen in seiner Gemeinde verkünden könne. Aber als ich mich selbstzufrieden zur Predigt niederließ, dachte ich: „Bin ich eigentlich nicht genauso blind für das Handeln Gottes in diesem Pfarrer, wie die Bürger von Nazaret blind waren für das Handeln Gottes im Sohn des Zimmermanns?" Der Pfarrer hob nun zu einer 20-Minuten-Predigt an, die Gläubigen sollten großzügiger für den Neubau der Kirche spenden. Ich bat den Geist Gottes, mich von meiner wachsenden Gereiztheit zu befreien. Glücklicherweise war die Predigt derart langweilig, daß sie mich nicht im geringsten von meiner weiteren Heilung ablenkte, indem ich nämlich Bedingungen aufstellte, wie ich den Pfarrer am liebsten geheilt und verändert sähe: „Jesus, ich könnte ihm vergeben, wenn er sich seiner Gläubigen genauso eifrig annähme wie seines Neubaukontos. Heile ihn, damit er nicht eine neue Kirche baut, die noch leerer ist als die alte!"

Bei der Gabenbereitung versuchte ich, im Geiste Jesu nicht nur meine eigenen Gaben darzubringen, sondern auch die verborgenen Gaben, die in jenen gegenwärtig sind, die leere Kirchen bauen. Welche Gaben konnte dieser Pfarrer haben? Während er hastig die Gabenbereitung vollzog, dankte ich

Jesus dafür, daß es vielleicht Priester gab, die die Messe in zehn Minuten schaffen, weil jemand nur noch zehn Minuten zu leben hat. Und wie ich so mit Jesus scherzte, begann mein Zorn langsam zu verrauchen. Ich sah in dem Pfarrer einen verwundeten und von seinem eigenen Dasein erschreckten Menschen. Ich dankte Jesus dafür, daß ihn die Angst nicht längst aus dem Priestertum vertrieben hatte und daß er sich immer noch dazu durchrang, die heilige Messe herunterzuspulen und eine Kirche zu bauen, in der andere beten konnten. Er ähnelte dem nicht gerade sehr sauberen, jetzt von ihm erhobenen Kelch, der dennoch Platz für Jesus bot. Wenn ich nur *glaube,* dann kann Jesus kommen, ob der Kelch nun strahlend neu und sauber ist oder schon etwas angekratzt. Ich dankte Jesus für den Glauben dieses alten, angeschlagenen Pfarrers, der immer noch die Messe feierte und von einer größeren Kirche träumte. Inzwischen war der Pfarrer längst beim Hochgebet, bei dem man Heilung empfängt, indem man das Verlangen Jesu übernimmt, im Brot gegenwärtig zu sein. Christus *möchte* im Brot gegenwärtig sein, damit er selbst zu angeschlagenen, unpersönlichen Kommunikanten kommen kann. Bei der ersten Eucharistiefeier, dem Letzten Abendmahl, nimmt Jesus auch Judas und seine Jünger an, die bereits einen Fuß in der Tür haben, um davonzulaufen. Jesus ist total verwundbar, er ist bereit, wieder und wieder verwundet zu werden wie ein Stück Brot. Im Brot gibt er sich ganz selbst, er tritt in die Welt des Kommunikanten ein, ohne auch nur zu fragen, ob der Kommunikant bereit ist, in seine Jesus-Welt einzutreten. Diese Eucharistie rief mich und die Gläubigen wirklich dazu auf, den alten Pfarrer zu lieben, wie er ist – bis er genügend Liebe erfahren hat, um sie weiterzugeben. Langsam ließ ich meine Bedingungen fallen: „Laß ihn sich ebensoviel um die Menschen kümmern wie um den Neubaufonds!" Statt dessen betete ich jetzt: „Jesus, laß uns ihn so lieben, wie nur du in der Eucharistie lieben kannst. Er soll wissen, wie er sich den andern zuwenden kann. Vergib uns und heile uns!" Je näher wir der Kommunion kamen, desto mehr konzentrierte sich die Liturgie darauf, daß mir vergeben wird und ich geheilt werde. Wir bringen unsere Depression darüber, ein Sünder zu sein, vor den Herrn, wenn wir das „Vater unser" beten, das um Vergebung bittet. Es endet mit der Bitte „Erlöse uns von dem Bösen" und mit einem Gebet um Frieden. Schließlich sagen wir: „Lamm Gottes, du nimmst hinweg die Sünden der Welt, erbarme dich unser!" und „Herr, ich bin nicht würdig, daß du eingehst unter mein Dach, aber sprich nur ein Wort, so wird meine Seele gesund." Während dieser Gebete bat ich den Herrn, mir meine eigene Bedürftigkeit nach Heilung und Vergebung noch stärker zu zeigen. Warum war ich so entsetzt über die Betonung des Geldes? War es nicht zum Teil deswegen, weil es mir schwerfällt, die Menschen um Geld und um Hilfe zu bitten, wenn ich es wirklich brauche? Es war wirklich leichter, diesen Pfarrer abzulehnen, als zuzugeben, daß ich ihm ein bißchen ähnlicher sein sollte! Habe ich nicht ebenfalls unpersönlich reagiert auf die unpersönliche Art des Pfarrers, indem ich wünschte, bei einer anderen Messe zu sein? Habe ich nicht den Splitter im Auge des andern gesehen – und den Balken im eigenen übersehen? Vom „Vater unser" bis zur Kommunion bat ich Jesus durch die liturgischen Gebete, mir zu vergeben und mich von den Wunden zu heilen, die mich unsicher und unpersönlich erscheinen ließen – und mich unfähig machten, andere um Hilfe zu bitten.

Während der Kommunion ruhte ich in Jesus und dankte ihm für seine heilende Liebe für mich und den Pfarrer. Als Jesus mein Leben hinnahm, übergab ich ihm meine Gefühle und bat ihn, seinen Geist und sein Herz übernehmen zu dürfen, bis ich seine Reaktionen zu leben vermochte. Langsam begann ich Jesus dafür zu danken, daß er in mir einen neuen Hunger erwachsen ließ, die heilige Messe andachtsvoll, ehrfürchtig und in wirklicher Liebe zu den Menschen zu feiern; daß er mir meine eigene unpersönliche Art vergab, wie ich den unpersönlichen und verwundeten Pfarrer behandelt hatte, den ich nun wirklich lieben konnte; daß er mir meine Bedürftigkeit offenbart hatte, von ihm so geliebt zu werden, daß ich die Liebe und die Hilfe anderer annehmen konnte. Dann betete ich schweigend und ließ mich lieben. Ich tue das oft bei der Kommunion. Wenn ich Jesus liebend betrachte, wendet sich mein Gebet oft in eine neue Richtung mit neuen

Dimensionen der Heilung. Manchmal möchte Christus mir eine vergangene Verwundung bewußt machen, die ich mit ihm zusammen vergeben muß, ein andermal kann ich schweigend den Vater anbeten. Heilung geschieht in dem Maße, wie ich die Liebe Jesu in mir dazu gebrauche, nicht nur den Vater zu lieben, sondern mit ihm auch mich selbst und den, der mich gerade irritiert hat.

Feiert man die heilige Messe in dieser heilenden Art, dann werden die Menschen geheilt, und zwar nicht nur seelisch, sondern auch körperlich (1 Kor 11,17–34). Die eucharistischen Gebete bringen die *Erwartung* zum Ausdruck, daß der *ganze* Mensch geheilt wird. Vor der Kommunion betet der Priester: „Herr Jesus Christus, der Empfang deines Leibes und Blutes bringe mir nicht Gericht und Verdammnis, sondern Segen und Heil *an Seele und Leib.*“[15] Diesem Gebet um Heilung folgt der Ausspruch des römischen Hauptmanns: „Herr, ich bin nicht würdig, daß du eingehst unter mein Dach, aber sprich nur ein Wort, so wird mein Diener gesund“ (vgl. Lk 7,6–7). Selbst der heilige Augustinus, der zunächst glaubte, körperliche Heilung sei nur in den früheren Jahrhunderten geschehen, mußte diese Ansicht später zurücknehmen, weil er erleben durfte, wie durch die Eucharistie und auf andere Weise körperliche Heilung geschah. Als Krankenhausseelsorger habe auch ich bei der Kommunionspendung oft körperliche Heilungen erleben dürfen.

Heilung durch die Eucharistie geschieht dann, wenn wir Christus unsere verhärteten, nicht verzeihen wollenden Herzen übergeben und sein Herz aus Fleisch und Blut übernehmen, das auf Golgota für uns geöffnet wurde. Dort überließ er uns seinen vergebenden Geist mit der Verheißung: „Ich schenke euch ein neues Herz und gebe euch einen neuen Geist. Ich nehme das Herz von Stein aus eurer Brust und gebe euch ein Herz von Fleisch“ (Ez 36,26). Erinnerungen werden geheilt, wenn auf Golgota die Herzen ausgetauscht werden.

Die Eucharistie enthält gewissermaßen eine Struktur dieses Austausches der Herzen auf Golgota:

---

[15] So lautet der englische Text (Anm. des Übersetzers).

Bußritus
Mich mit der Phase des Nicht-wahrhaben-Wollens auseinandersetzen, indem ich meine Verletzung und meinen Zorn anerkenne.
Wortgottesdienst und Gabenbereitung
Mich mit dem Zorn auseinandersetzen, indem ich die Sicht Jesu und die Gaben meines Beleidigers darbringe.
Eucharistisches Hochgebet
Meine Bedingungen fallenlassen, um diesen Menschen so bedingungslos anzunehmen, wie Christus es in der Eucharistie tut.
Vaterunser und Kommunion
Meine Depression über meine Sünden anerkennen und um Vergebung bitten.
Nach der Kommunion
Jesus danken für die Gaben, die mir aus der Verletzung erwachsen sind, und ihn bitten, eins mit ihm zu sein, indem ich seine Reaktionen erlebe.

Oft gehe ich nicht durch alle fünf Stufen des Sterbens und Vergebens, sondern bleibe während der ganzen Liturgie auf einer Stufe stehen. Ist es die Depressionsstufe, dann verbringe ich einen Großteil der Messe damit, dem Herrn meine Sündhaftigkeit mitzuteilen, um zu erleben, wie er darauf reagiert. Wichtig ist nicht, daß ich während der Messe alle fünf Stufen durcharbeite, sondern daß ich dem Herrn andauernd mitteile, wie ich mich fühle, um *seine* Reaktionen zu übernehmen, so daß ich in Frieden gehen kann, um ihm zu dienen.

„Gehet hin in Frieden" ist an die Stelle des früheren „Ite, missa est" getreten: Die Messe und ihre heilende Wirkung gehen weiter, wenn wir Christus in unsere Häuser und unsere Gemeinschaften hineintragen. Heilung geschieht nicht nur um den Altar herum, sondern auch in einer Gemeinschaft, wenn wir im andern der Liebe Christi begegnen. In unseren Seminaren werden die schmerzlichen Erinnerungen der Teilnehmer nicht nur dadurch geheilt, daß wir für sie beten und mit ihnen Eucharistie feiern, sondern auch indem sie einem liebenden Menschen begegnen, der oft einem Elternteil, einem

Lehrer oder sonst jemandem ähnelt, der sie verletzt hat. Wie wir aber die Kraft haben, einen anderen zu verletzen, und es ihm dadurch schwermachen, jemanden wie uns gern zu haben, so haben wir auch die Vollmacht Christi, einen verwundeten Menschen bedingungslos zu lieben und ihn davon zu befreien, daß er sich vor Menschen fürchtet, die uns ähneln. Wenn wir hören: „Ich wünschte, mein Freund wäre so wie Sie gewesen", dann hat allein unsere Freundlichkeit gewöhnlich schon einige Wunden geheilt.

Um immer wieder verwundete Menschen zu heilen, brauchen wir Hilfe, indem wir unser Leben so ganzheitlich hingeben, wie Jesus es am Kreuz getan hat und es in der Eucharistie ständig weiter tut. Käme zum Beispiel eine Familie zu uns ohne Bildung, ohne Kleidung und Nahrung, auf der Suche nach einer Wohnung, nach Beschäftigung und Heilung – könnten wir dann wirklich all ihre Bedürfnisse erfüllen? Ganz gleich, was Menschen brauchen – wir brauchen auf jeden Fall eine *Gemeinschaft,* weil niemand von uns allein all die Möglichkeiten hat, sich so liebevoll um jemanden zu kümmern wie Christus. Wenn wir uns in einer liebenden Gemeinschaft der Bedürfnisse der andern annehmen, beginnen wir unsere schmerzlichen Erinnerungen zu heilen und die Eucharistie zu leben.

Eine solche liebende Gemeinschaft, welche die Eucharistie zu leben versucht, indem sie sich der Bedürfnisse der anderen annimmt, ist die Gemeinde „Unserer Lieben Frau des Erbarmens" in Hicksville, New York. Diese kleine Pfarrei wird jeden ersten Freitag im Monat von 2000 Menschen überschwemmt, die nach der Kraft der Eucharistie hungern, um ihr zerbrochenes Leben zu heilen. Sie drängen sich in der Kirche bis in die Krypta, wo sie jene Eucharistie nur *hören* können, in der die Mauern zwischen Ehepartnern, die sich schon trennen wollten, gesprengt werden, in der neue Bande zwischen einem Teenager und seinen Eltern entstehen, die nicht mehr miteinander gesprochen haben, in der auch die Kluft zwischen dem, was man gern sein möchte, und dem, was man ist, wieder zusammenwächst. An jedem ersten Freitag im Monat nimmt diese Menge zu, weil Menschen die heilende

Liebe Christi in der Eucharistie erfahren und im nächsten Monat mit einem Freund wiederkommen. Sogar drogenabhängige Jugendliche entdecken die Liebe Christi und bringen ihre ungläubigen Eltern mit, die dort erleben, was das Leben ihres Sohnes oder ihrer Tochter verändert hat. Wer kommt, empfängt die Vollmacht der Eucharistie und nimmt diese Vollmacht mit hinaus in die Gemeinde durch Gruppen, die wöchentlich zusammen beten, die Alten und Kranken besuchen und in die Gefängnisse gehen. Sie wissen nicht nur, sie *erleben,* daß Eucharistie *Danksagung* bedeutet: Danksagung für den heilenden Leib Christi, der die Geheilten zu Heilenden am Leibe Christi werden läßt.

Sechster Teil
Wie beginnt man Heilung von Erinnerungen?

Wir begrenzen die Heilung von Erinnerungen in dem Maße, wie wir unsere Begegnung mit Christus beschränken. Viele können sich vorstellen, daß Christus in den Ereignissen der Evangelien vor 2000 Jahren gegenwärtig war, aber sie können Christus nicht im Alltag begegnen. Andere meinen, sie können Christus zwar im Gebet erleben, aber nicht bei ihrer eintönigen Hausarbeit. Beiden möchte das 13. Kapitel zeigen, wie man dem heilenden Christus gerade in den schwierigsten Momenten des Alltags begegnet. Werden die Verletzungen jedes einzelnen Tages geheilt, dann staut sich nicht ein ganzer Kessel voller Angst und Schuldgefühle auf, der uns den nächsten Tag verdirbt.

Wieder andere vermögen Christus zwar ihre vergangenen und gegenwärtigen Erinnerungen zu übergeben, aber sie halten an ihren Zukunftsängsten fest. Sie glauben, daß das, was geschehen muß, auch geschehen wird. Wie gelähmt fürchten sie zukünftige Prüfungen, anstatt durch Gebet und Tat die Zukunft zu heilen: zu ändern, was zu ändern ist, und zu wachsen an dem, was erduldet werden muß. Die Kapitel 14 und 15 möchten zeigen, wie auch zukünftige Verletzungen geheilt werden können.

Einige können Christus nur finden, wenn sie ganz allein beten, andere brauchen immer das Gebet in Gemeinschaft mit anderen. Kapitel 16 möchte helfen, den heilenden Christus sowohl im Privatgebet als auch im Gebet mit anderen zu finden.

Kapitel 17 sollten Sie am besten selber schreiben! Denn es gibt so viele Wege, Erinnerungen zu heilen, wie es Möglichkeiten gibt, Christus zu begegnen.

13. Kapitel
Tägliches Gebet zur Heilung einer Erinnerung

Hat man die fünf Stufen einzeln durchgearbeitet, so fragt man sich vielleicht, wie das Heilungsgebet einer Erinnerung aussehen kann, wenn man alle fünf Stufen zusammennimmt. Als ich heute mit dem üblichen Abendgebet zur Heilung einer Erinnerung anfangen wollte, war ich plötzlich gehemmt. Schon beim Morgengebet hatte ich Schwierigkeiten: Trockenheit ohne spürbare Tröstung – und durchsetzt von Zerstreuungen. Es war eher ein Monolog, nichts schien mir zu Herzen zu gehen, ich hatte sogar 10 Minuten früher Schluß gemacht, um zum Frühstück zu gehen. In der Erinnerung an die morgendliche Enttäuschung begann ich schließlich das folgende Abendgebet zur Heilung meiner Verletzung:

Nicht-wahrhaben-Wollen

„Herr Jesus Christus, du hast den ganzen Tag nach mir gesucht. Hilf mir jetzt, daß ich nach dir suche, wo du den ganzen Tag lang warst. Laß mich in deinem Geist ein- und ausatmen, indem ich deinen Namen sage: Jesus, Jesus, Jesus! Hilf mir, jeden Muskel zu entspannen, so daß mein Körper ganz dir gehört. Ich gebe dir meine Sichtweise, gib du mir die deine! Laß mich erkennen, wo ich dich gefunden habe und wie ich daran gewachsen bin. Laß mich auch sehen, wo ich verletzt wurde und deinen Ruf überhört habe, um daran zu wachsen. Wie siehst *du* meinen Tag?“

„Hilf mir, dir zu danken für die Augenblicke, da ich geliebt wurde, da ich andere geliebt habe, da mir vergeben wurde und ich vergab. Danke für die Briefe, die ich schließlich geschrieben habe, und für die, die ich empfangen habe und die mir von deinem Wirken berichteten. Danke für die Momente, wo ich weitere deiner Gaben bemerkt habe: für die Zeit des Studiums, für Georgs Freundlichkeit, Bills Komplimente und die Zeit, wo ich wirklich Freude hatte an dem, was ich tat. Wann war das alles, Herr? Ich bin voller Dank – die Kämpfe des Tages liegen hinter mir. Hilf mir, auch die Ereignisse zu sehen, für die ich dir jetzt noch nicht danken kann."

Zorn

„Selbst wenn ich sehe, wie du mich geheilt hast und mich noch mehr heilen möchtest, bin ich voller Widerstand, jetzt zu beten. Ich ertappe mich selbst dabei, wie ich dieses Gebet herunterhaspeln möchte, dir zwar mit Worten Dank sagen möchte, aber ohne Herz. Alles schien heute gut zu gehen – bis auf die Stunde des Morgengebetes. Laß mich Zugang dazu finden, wie ich dieses Gebet empfunden habe, so daß ich dir meinen Geist und mein Herz übergeben und dafür deinen Geist und dein Herz übernehmen kann. Ich habe getan, was ich konnte. Ich habe meine beste Zeit für das Gebet geopfert, meine Tage gelebt, wie du es wolltest, mir die Zeit genommen, mich zu konzentrieren und an einem stillen Ort zu beten. Was hätte ich noch mehr tun können? Ich bin wütend, daß ich meinen Teil getan habe, aber du nichts dazu getan hast, damit mein Gebet besser wird. Von meiner Schreibtischlampe hätte ich mehr Licht für diese Schriftstelle bekommen als von dir! Warum soll ich Erinnerungen durch Gebet heilen – und du hilfst mir nicht beten? Ich kann doch nicht schreiben und sprechen über etwas, was ich nicht selbst erfahren habe! Ich habe gehofft, daß ich diese Woche wirklich beten könnte, weil ich deine Hilfe dazu brauchte, um mich für die Exerzitien am Wochenende vorzubereiten. Dein Schweigen trifft also nicht nur mich, sondern auch die andern, die durch mich von dir hören sollen. Herr, ich will kein Heuchler sein und den Menschen sagen, sie sollten mit einem verborgenen Gott reden! Es scheint, als wäre ich heute nur auf dich wütend!"

„Ich höre dich sagen: Ich mag dein trockenes Gebet genauso wie dich. Dein Gebet heute morgen war auch längst nicht so trocken wie jenes, das ich im Garten erlebte, als ich dreimal verzweifelt versuchte, Petrus, Jakobus und Johannes zum Gebet zu bewegen. Es war dieselbe Einsamkeit, die mich später aufschreien ließ: Gott, mein Gott, warum hast du mich verlassen?"

„Jesus, ich fühle mich so verlassen wie du. So wie du während deines verzweifelten Gebetes im Garten jemanden bei dir haben wolltest, so sei jetzt mit mir, um dieses trostlose Morgengebet mit mir zu durchleben!“

Verhandeln

„Herr, laß mich jetzt Bedingungen stellen, was sich unbedingt ändern muß. Ich könnte dir vergeben und dein Schweigen im Gebet verstehen, wenn ich nur wüßte, warum das geschah. Verbirgst du dich vor mir, wie du es während all der Jahre trockenen Gebetes beim heiligen Johannes vom Kreuz getan hast, bis er *dich* wählte – und nicht deine Gaben? Im Unterschied zu Johannes vom Kreuz habe ich eigentlich keine ständigen Schwierigkeiten mit dem Gebet! Oder verberge ich mich vor dir, weil ich mich in einem bestimmten Bereich ändern müßte? Ich weiß nicht sicher, was sich ändern muß, außer diesem trockenen Gebet. Oder bin ich es einfach müde, mich dir auszusetzen? Ich glaube nicht, daß ich zu müde bin, ich habe Energie für alles, nur nicht fürs Gebet! Ich könnte dir vergeben, wenn ich wüßte, warum trockene Morgengebete wie heute möglich sind.“

„Ich habe noch eine andere Bedingung: Ich würde dein Schweigen im Gebet annehmen, wenn ich trotzdem schreiben oder Exerzitien geben könnte. Aber ich fühle mich ausgetrocknet wie eine Rosine! Ich kann nicht schreiben und über deine Nähe sprechen. Herr, hast *du* je gemeint, du könntest nicht tun, was dir zu tun aufgetragen war?“

„Ich meine, du möchtest sagen: In Getsemani, ohne einen einzigen meiner Jünger und mit einem Vater, der mein Gebet nicht zu hören schien, kämpfte ich mit denselben Bedingungen. Warum ließ der Vater mich durch eine solche Verzweiflung gehen, daß nicht einmal Petrus, Jakobus und Johannes sie ertrugen? Ich schien machtlos, die schlafenden Apostel davon zu überzeugen, daß der Vater sich um uns sorgte! Ich weinte um Jerusalem und schwitzte Blut, weil es so viel zu tun gab und so wenig durch mich erreicht schien. Ich wollte, daß vieles sich ändert. Deswegen sagte ich: Vater, wenn es möglich ist, laß diesen Kelch an mir vorübergehen!“

„Herr, hilf mir, meine Bedingungen fallenzulassen wie du. ‚Nicht mein Wille geschehe, sondern deiner!' Auch ich möchte in der Lage sein, die Dunkelheit anzunehmen, selbst wenn das heißt, daß ich nichts verstehen und nur wenig ausrichten kann."

Depression
„Herr Jesus Christus, dein Tod hat mehr ausgesagt als deine ganze Lehre. Vergib mir, wenn ich denke, du brauchst meine Worte in den Büchern und bei den Exerzitien mehr als meine Hingabe an den Vater. Vergib mir, wenn ich mich so an den Erfolg klammere, daß ich in der Verzweiflung dich verlassen und mein Gebet abgekürzt habe. Ich sage andern, sie sollen bedingungslos lieben – ich aber bin einer, der Bedingungen stellt und der sich abwendet, wenn du und andere sich ausschweigen. Ich möchte um jeden Preis geheilt werden – aber auf deine Art und zu deiner Zeit. Sprich mir ins Herz, was du mir zu sagen hast, damit ich dir näher sein kann als je zuvor."

„Du scheinst mir die Hand auf die Schulter zu legen und mir zu sagen: Ich habe dich und die Apostel erwählt, nicht weil ihr begabt seid, sondern weil ihr schwach gewesen seid und gezwungen, euch auf mich zu verlassen. Du meinst immer noch, daß du meine Liebe verdienen mußt durch Erfolge bei Exerzitien und beim Schreiben. Ich schenke dir sogar erfolgreiche Exerzitien, wenn du auf meinen Geist hörst. Fürchte dich nicht vor den Zeiten, in denen du nicht beten kannst. Du kannst mir dann einfach deine Leere überlassen, damit ich sie auffülle. Unterlaß den Versuch, mich zu lieben, und ermögliche es mir, dich zu lieben. Entspanne dich und atme meine heilende Liebe ein, bis sie jede Faser deines Körpers durchdringt."

„Herr, ich spüre deine Heilung. Mein Bedürfnis nach Selbstbeherrschung weicht dem Wunsch, mich von dir beherrschen zu lassen. Ich möchte es auch aufgeben können, meinen Wert am Erfolg zu messen – anstatt daran, daß du mich zuerst geliebt hast."

Zorn
„Bring mir jene Zeiten in Erinnerung, in denen ich mich wertlos fühlte, weil ich nichts geleistet hatte: das erste Unterrichtsjahr, die verlorenen Redeschlachten, die schlechten Schulzeugnisse, die falschen Antworten, derentwegen sich Schüler und Lehrer von mir zurückzogen. Sei du gegenwärtig zu all diesen Zeiten, nimm die Verletzungen von mir und erfülle mich mit deiner Liebe! Heile auch die Zeiten, in denen ich durch schweigende Menschen verletzt wurde, in denen ich mich nach einer Antwort gesehnt habe."

Depression
„Gibt es eine Zeit, die du besonders heilen möchtest? Die schmerzlichste scheint mir jene Debatte gewesen zu sein, in der ich all meine Argumente vergaß, mich völlig blamierte und die ganze Schule nur durch mich dieses Rededuell verlor. Danach hatte ich das Bedürfnis, immer und überall vorbereitet zu sein. Vielleicht meine ich deswegen, daß das Gebet mich mit Einsichten und mit einem Strahl deiner Liebe erfüllen muß, damit ich auf Exerzitienkurse gut vorbereitet bin. Vergib mir, daß ich diese Verletzung all die Jahre mit mir herumgetragen habe. Hilf mir, diese Szene noch einmal zu durchleben, daß ich dir alle meine Gefühle der Verzweiflung übergeben und schauen kann, was *du* gesagt und getan haben würdest. Heile mich, daß ich die Gabe erhalte, mich vorzubereiten, und nicht andauernd unter Zugzwang stehen muß, Erfolg zu haben und mich mehr auf mich selbst zu verlassen als auf dich!"

Zustimmung
„Herr, ich habe dich gebeten, die Gegenwart und die Vergangenheit zu heilen. Jetzt heile bitte auch die Zukunft! Du hast verheißen, daß deine Macht, die in uns wirkt, unendlich viel mehr tun kann, als wir erbitten oder uns ausdenken können (Eph 3,20). Von welchen Gaben soll ich erbitten, daß sie noch mehr werden, und welche neuen soll ich mir ausdenken?"

„Die trockenen Exerzitien vor einem Jahr waren durchaus nicht das, was ich wollte – aber genau das, was ich brauchte, um mit den Sioux-Indianern zu arbeiten. Dein Schweigen machte mich hellhöriger dafür, wie mein Schweigen die Sioux-Indianer verletzt haben mußte, als ich etwa ihre sozialen Probleme nicht beachtete und unfähig war, Lakota zu sprechen oder zu verstehen, als ich die Alkoholabhängigen nicht ermutigte, einen trockenen Tag durchzustehen, und überhaupt wenig sagte, weil ich nur halb zuhörte. Diese schwierigen Exerzitien ließen mich schließlich Lakota lernen, damit ich den Mund aufmachen konnte, andere zu verteidigen und mehr Geduld zu haben mit meinen eigenen Schwächen und mit denen anderer. Herr, laß mich auf dich hören, damit du mir sagen kannst, wie mein mühsames Gebet zu einer Gabe wird."

Jesus schien zu antworten: „Als ich nach diesem verzweifelten Gebet Getsemani verließ, fühlte ich mich wirklich sehr allein. Auch ich wurde hellhörig für andere Menschen, die sich einsam fühlen – gerade so wie du bei den Sioux! Schweigen im Gebet machte mich empfänglich für die weinenden Frauen, für meine Mutter und Johannes, für den rechten Schächer und viele andere, die sich einsam fühlten. Dein Gefühl der Einsamkeit befähigt dich, mit sich selbst ringende Exerzitienteilnehmer anzusprechen und für jene zu schreiben, deren Einsamkeit sie dazu treibt, deine Bücher zu lesen. Meine Einsamkeit und mein verzweifeltes Gebet haben mich aber auch auf andere bauen gelehrt: auf Simon, auf Veronika und die Jünger. Ich möchte, daß dein einsames Gebet dich mehr auf das Gebet anderer bauen läßt, während du Exerzitien gibst."

„Herr, ich danke dir, daß du mich durch mein Gebet abhängiger von anderen machst und auch hellhöriger für jene, die allein und verzweifelt sind. Ich danke dir dafür, daß mühsames Gebet mich Wege finden läßt, besser zu beten. Ich danke dir, daß du mich stärkst durch deine Abwesenheit und mich hungern läßt nach deiner Gegenwart."

Tägliche Heilung einer Erinnerung ist wirksam und einfach

Klingt dieses tägliche Gebet um die Heilung einer Erinnerung nicht vertraut? Es hat eine Parallele in der herkömmlichen

Gewissenserforschung, durch welche die Heiligen jahrhundertelang jeden Abend ihre sündhaften Reaktionen auf die Verletzungen des Tages wiedergutzumachen suchten. Die Heilung einer Erinnerung durch privates Gebet war für die meisten Heiligen das Zentrum ihres Gebetslebens. Wenn ein geschäftiger Mensch an einem ausgefüllten Tag nur *eine* geistliche Übung verrichten konnte, dann hatte für den heiligen Ignatius von Loyola eine 15minütige Gewissenserforschung die höchste Priorität. Er lehrte seine Schüler, jeden Tag zu überblicken und jene Bewegungen des Geistes zu erkennen (Glaube, Hoffnung und Liebe), die zu Gott hinführten, und auch jene (Angst, Furcht, Zorn und Schuld), die von ihm wegführten. Für den heiligen Ignatius war ein kluger Mann nicht einer, der viele Bücher las, sondern einer, der seinen Tag überdachte und seine Erfahrungen reflektierte.

Gebraucht man die 15 Minuten Gewissenserforschung zur Heilung von Erinnerungen, so ist es wesentlich, *Gefühle und Haltungen* aufzudecken, die den Tag hindurch zu guten und zu sündhaften Handlungen führten. Wir schauen die Ereignisse des Tages an, wir anerkennen auch jene, die Angst, Depression, Zorn, Selbstmitleid oder Verzweiflung brachten. Wir werden auf die Bewegungen des Geistes in unserem Leben genauso aufmerksam wie auf die Bewegungen des Fleisches (Gal 5,16–24). In diesem Unterscheidungsprozeß sind wir nicht damit beschäftigt, mechanisch Listen aufzustellen und unsere sündhaften Handlungen während des Tages darauf abzuhaken, sondern wir befassen uns damit, jene *Gefühle und Haltungen* anzuerkennen und zur Heilung darzubringen, die in uns sündhafte Reaktionen ausgelöst haben.

In meiner eigenen Gewissenserforschung konzentriere ich mich nicht so sehr auf die Tatsache des Nichtbetens als vielmehr auf die verleugnete Ursache: die Verletzung durch das Schweigen Gottes, den Zorn und das Verhandeln (nur dann beten, wenn ich Ergebnisse für meine Exerzitien und meine Bücher sehe!). Wenn ich jene Verwundungen vergebe, durch die ich mich habe verunsichern lassen, dann werde ich künftig nicht mehr zu sündigen brauchen, d. h. ich werde nicht mehr auf Sicherheit durch Erfolg aus sein. Vergebe ich also die

Verletzungen, dann wird auch das Schweigen Gottes nicht mehr zur Sünde führen, sondern zu neuen Gaben, wie etwa zum Bewußtsein der notwendigen Abhängigkeit von anderen und der Verletzung anderer durch mein eigenes Schweigen.

In dem vorhin wiedergegebenen Gebet sagte ich dem Herrn einfach auf jeder Stufe, wie ich mich fühle, und hörte auf ihn, um zu erfahren, wie er empfand. Gewöhnlich hat mein Gebet weniger Einsichten und mehr stille Momente, aber als ich meinem Zorn darüber Luft machte, daß ich nicht mehr beten kann, da wurde dieser Zorn zu einer Gabe: Ich betete, indem ich Gott meine Gefühle mitteilte. So wie etwa auf der Depressionsstufe dieses Gebetes nimmt mich Jesus manchmal mit zurück an die Wurzel einer Erinnerung: zu einer Verletzung wie der verlorenen Debatte, die für mein Fühlen und Handeln bis heute bestimmend blieb. Solche tieferliegende Verletzungen können auch durch folgende Fragen aufgedeckt werden: „Wann habe ich zum erstenmal so empfunden?" und „Wann fühle ich mich am ehesten so?" Manchmal führt mich Christus dazu, jene Verletzungen fallenzulassen, die heilen zu lassen ich begonnen habe, und führt mich über die fünf Stufen zu einer tieferen Verwundung. Oder aber er läßt meinen Zorn und meine Depression an die Oberfläche kommen wie in meinem Gebet. Andere Stufen, wie zum Beispiel die Zustimmung und Annahme der aus der Verletzung erwachsenden Gaben, können auch später noch durchgeführt werden.

Vielleicht werde ich schon morgen die Gebetszeit in Ruhe verbringen, Gott nur für Gaben danken, die mir aus der verlorenen Debatte erwachsen sind, und die anderen Stufen gar nicht ansprechen. Besonders viel Heilung erfuhr ich, als ich dem Herrn dankte für die Liebe, die er mir den ganzen Tag lang erwiesen hat und durch mich anderen. Heilung geschieht nicht dadurch, daß man die fünf Stufen systematisch durchackert, sondern daß man Jesus sagt, was im eigenen Herzen vorgeht, und entdeckt, was in seinem vorgeht. Ich teile ihm einfach meine Gefühle mit, und dann lasse ich mir seine Liebe schenken. Tiefere Verletzungen, wie die vernichtende Kritik meines Freundes, können aber auch mehrere Tage für jede einzelne Stufe in Anspruch nehmen.

Die Zeit, die man täglich mit der Heilung einer Erinnerung verbringt, ist niemals verlorene Zeit. Ein vielbeschäftigter Psychotherapeut in Philadelphia gab es auf, seine Patienten eine volle Stunde lang zu behandeln, weil er fand, daß mehr Wachstum und Heilung geschieht, wenn er nur 45 Minuten mit dem Patienten spricht und die restlichen 15 Minuten darauf verwendet, die bei ihm selbst hochgekommenen Verletzungen heilen zu lassen. Er sagt dem Herrn einfach, was er fühlt, besonders seinen Patienten gegenüber oder jenen, die den Patienten verletzt haben, und hört dann die heilende Antwort des Herrn. Das gibt ihm nicht nur Einsichten für die weitere Therapie, sondern auch ein reines Herz, das ihn befähigt, dem nächsten Patienten wirklich zuzuhören und ihn gern zu haben, statt Verwundungen aus der vergangenen Stunde auf ihn zu übertragen. Er lehrt seine Patienten, auf die Gefühle des Tages zu achten und diese dem Therapeuten und Jesus mitzuteilen, soweit die Patienten für das Gebet offen sind.

Einige brauchen freilich mehr Hilfe, um Jesus ihre Gefühle mitzuteilen und die seinen zu hören. Im Anhang I ist eine Zusammenfassung des Gebetes zur täglichen Heilung einer Erinnerung wiedergegeben, und es sind die einzelnen Schritte ausgeführt. Manchmal kann eine Verletzung schon durch ein einfaches Gebet um Frieden geheilt werden, ein anderes Mal durch 15 Minuten tägliches Gebet um die Heilung einer Erinnerung oder aber durch ein längeres Gebet auf *einer* Stufe. Erlebe ich auch inmitten von Prüfungen mehr Glauben, Vertrauen, Liebe, Gelassenheit, Freude, Friede und Geduld, dann habe ich im Gebet auf den Heiligen Geist gehört (Gal 5,22) und nicht nur auf mich selbst. Er allein kann mir die Freiheit des Geistes schenken, nicht nur zu reagieren, sondern zu handeln.

14. Kapitel
Heilung der Zukunft

„Heilung von Erinnerungen mag anderen gut tun – ich aber kann mich an keine schmerzlichen Verletzungen erinnern. Wie also soll ich um innere Heilung beten?“ Diese Frage wird uns immer wieder von denen gestellt, die sich nur kurzfristig erinnern können oder eine glückliche Kindheit hatten. Ich frage sie dann einfach: „Was wäre das Schlimmste, das Ihnen je passieren könnte?“ Die Antworten reichen vom Tod des Ehepartners und lebenslänglicher Lähmung infolge eines Unfalls bis zu einem Sohn, der sich von Gott entfernt und drogenabhängig wird. Wir stellen uns das Geschehen vor, beladen es mit allen möglichen Befürchtungen und übergeben es Christus. Dann schauen wir, wie *er* die Szene betritt und uns zeigt, wie wir damit umgehen können. Kann mein Gesprächspartner angeben, wie Christus mit seinen schlimmsten Befürchtungen umgeht, dann entspannt er sich auch wieder und braucht nicht länger von Entsetzen gelähmt in die Zukunft schauen. Er wird frei, wenn Christus ihm zeigt, wie selbst aus dem Verlust eines Ehepartners, aus einem Autounfall, der völlige Lähmung zur Folge hat, und aus einem Sohn, der in die Drogenszene abgleitet, Wachstum entstehen kann.

Welche Ängste man auch in der Phantasie auszuhalten hat – mit der Unterstützung eines Freundes werden sie leichter angenommen, falls sie zu einer echten Bedrohung werden sollten. Basketballspieler wissen, wenn man sich den Ball im Netz vorstellt, wirft man doppelt so viele Körbe, als wenn man sieht, wie er vom Rand zurückspringt. In der Psychotherapie sind jene Patienten „erfolgreich“, die sich vorstellen können, was sie fürchten, und es doch annehmen müssen, z. B. die Vorbesprechung am neuen Arbeitsplatz, das Sprechen vor einer großen Menge, ein schwieriges Examen oder eine unfreiwillige Pensionierung. Befürchtungen, auf deren Eintreten man sich vorbereitet, verlieren ihren lähmenden Zugriff.

Ähnlich verlieren Ängste, denen man sich mit Christus stellt, das Erschreckende.

Christus möchte, daß wir unsere Ängste ihm übergeben. Er kann uns zeigen, was wir tun können, um das Übel abzuwenden, und wie wir an dem wachsen, was wir annehmen müssen. Was auch immer angenommen werden muß – wenn wir es mit Gott tun, können wir in Liebe darauf reagieren: Liebe zu Gott, zum Nächsten und zu uns selbst (Röm 8,28). Paulus lehrt: „Dankt für *alles*" (1 Thess 5,18), denn er wußte, daß auch die größten Tragödien ihn nicht vom Wachstum abhalten konnten – vom Wachstum in die größere Christus-Nähe: „Denn ich bin gewiß: weder Tod noch Leben, weder Engel noch Mächte, weder Gegenwärtiges noch Zukünftiges, weder Gewalten der Höhe oder Tiefe noch irgendeine andere Kreatur können uns scheiden von der Liebe Gottes in Christus Jesus, unserem Herrn" (Röm 8,38f).

Unglücklicherweise ist die Lehre des Paulus, Gott in allem zu preisen (1 Thess 5,16–18), in einer ganzen Reihe von Kommentaren zu der Behauptung entstellt worden, wenn wir Gott preisen, werde alles so enden, wie *wir* es erhoffen: Verlieren wir zum Beispiel unseren Arbeitsplatz und preisen Gott, dann wird er für uns garantiert einen neuen finden. Dazu ist zu sagen: Erstens sollen wir Gott nicht für das Böse preisen, das er beenden möchte: die Brutalität der Kriege, die Drogenabhängigkeit vieler Jugendlicher, das Zerbrechen vieler Familien. Wir sollen uns für die Beendigung dieser Situationen einsetzen – und Gott für das Gute loben, das er selbst noch aus dem Bösen hervorbringen kann: daß die übrige Familie näher zusammenrückt, wenn ein Jugendlicher in die Drogenszene geschlittert ist. Wir sollen zwar Gott preisen für das mögliche Wachstum, das daraus entstehen kann, aber dennoch Schritte unternehmen, um das Böse zu beenden. Zweitens sollte der Lobpreis nicht zu einer eleganten Art der Manipulation Gottes werden, daß er tut, was wir wollen. Wie Jesus in Getsemani sollten wir bereit sein, uns ganz dem Vater zu überlassen, selbst wenn es dann nicht so weitergeht, wie wir wollen. Jesus, Paulus und noch anderen, die gerufen waren, zum Vater zu kommen, wurde nicht eine ruhige Zukunft verheißen, sondern das Kreuz, das zu einer tieferen Liebe und Hingabe führt. Es geht nicht darum, an den Lobpreis Bedingungen zu knüpfen: den Vater zu manipulieren, dem zuzustimmen, was wir wollen, sondern es geht darum, ihn für das Wachstum zu preisen, das aus der Liebe zu Christus geschenkt werden kann. Paulus pries Gott für seine Gefangenschaft in Rom – und mußte erfahren, daß sie nicht zu seiner Entlassung führte, sondern zur Enthauptung.

Durch die Jahrhunderte hindurch haben Heilige es Paulus gleichgetan, indem sie alle Ängste annahmen und Christus in deren Mitte wiederfanden. Ordensleute mit den Gelübden der Armut, der Keuschheit und des Gehorsams finden ihr Wachstum darin, Christus zu lieben, wenn sie den großen Ängsten des Alten Testamentes gegenüberstehen, besitzlos, ehelos, kinderlos und wie Sklaven einem andern gehorsam zu sein. Der heilige Ignatius schrieb seine *Geistlichen Übungen,* um uns zu helfen, durch Gebet die Furcht zu überwinden und unabhängig von allem Geschehen Christus näher zu kommen, ob es nun Armut oder Reichtum ist, Krankheit oder Gesundheit, Ehre oder Unehre, ein langes Leben oder ein kurzes. Generationen von Blutzeugen haben gerade in den schlimmsten Tragödien Christus gewählt, auch in der Folter und im Tod. Haben wir zu fürchten, was Tausende triumphierend überstanden haben?

Der Umgang mit den zukünftigen Ängsten

In Getsemani gibt uns Christus ein Beispiel, wie wir Ängsten ins Gesicht sehen können. Er nimmt die Angst vor dem bevorstehenden Leiden an und stellt es sich so realistisch vor, daß er Blut schwitzt. Er versucht seine Angst sogar mit den schlafenden Jüngern zu teilen. Schließlich teilt er sie auch dem Vater mit, indem er betet und die Lösung offen läßt: „Vater, wenn du es willst, nimm diesen Kelch von mir! Aber nicht mein, sondern dein Wille geschehe!“ (Lk 22,42)

Für die Todesangst gelten dieselben Schritte wie für die Heilung jeglicher Zukunftsangst:

a) Christus sagen, was wir fürchten, bis wir diese Angst wirklich körperlich spüren.

b) Sehen, wie Christus auf das reagiert, was wir fürchten.

c) Was wollen Christus und der Vater, daß getan wird, um das Übel abzuwenden?

d) Wie verheißen Christus und der Vater mir Wachstum, wenn es ihr Wille ist, daß ich durch das hindurchgehe, was ich am meisten fürchte? Wie würde sich Christus verhalten?

Heilung geschieht in dem Maße, wie wir der Furcht ins Auge sehen, alles Christus übergeben und seine Reaktionen übernehmen, um das Böse abzuwenden, soweit es abgewendet werden kann, und zu wachsen an dem, was wir durchstehen müssen. Nach und nach wendet sich der Blick von der Furcht ab, um sich auf Christus und seine Verheißung zu richten: „Ich bin bei euch alle Tage bis zur Vollendung der Welt" (Mt 28,20).

Rund zwei Drittel unserer Zukunftsängste werden sich niemals verwirklichen, oder aber das Eintreten der Ereignisse kann von uns verhindert werden. Wir haben die Kraft, die Zukunft zu verändern, so wie die Bürger von Ninive Buße taten und dadurch die vom Propheten Jona vorhergesagte Vernichtung abwenden konnten. Eine Frau wird durch Träume vor Ereignissen gewarnt, die dann tatsächlich eintreten. Eines Nachts träumte sie von ihrem Mann, daß er auf dem Bau einen Unfall hätte. Eine Woche später geschah dieser Unfall wirklich. Sie erkannte, daß sie die Vollmacht hatte, mit Christus zu beten: „Vater, wenn du willst, nimm diesen Kelch von mir!" Sie träumte, ihr Sohn würde von einem schwarzen Auto angefahren, das um die Ecke raste. Während der nächsten beiden Wochen übergab sie ihre Angst Christus und bat um Schutz für ihren Sohn. Am nächsten Tag kam ihr Sohn schlotternd vor Angst heim, denn er war nur knapp einem schwarzen Wagen entronnen, der um die Ecke gerast kam. Zufall? Vielleicht. Wahrscheinlich jedoch kann vieles an der Zukunft durch Gebet und Handeln beeinflußt werden. Aber selbst wenn wir beten, geschehen Unfälle und sterben Freunde. Genauso wichtig wie Gott zu bitten, daß er das Übel abwendet, ist es darum, über sich selbst hinauszuwachsen und zu sagen: „Nicht mein, sondern dein Wille geschehe!" Das ist leichter gesagt als getan! Wir können uns aber so lange vorstellen, daß das Schlimmste geschieht, bis wir die Kraft haben, es so durchzustehen wie Christus. Wenn wir nicht zu leugnen versuchen, ein Ereignis könnte eintreten, sondern fragen, wie wir daran wachsen können, dann wird unsere Angst sich auflösen.

Durchdringungsgebet für zukünftige Ängste
Manchmal vergeht die Angst sofort, öfter aber erst nach und nach: Jedesmal, wenn wir uns in wiederholtes Durchdringungsgebet einhüllen, wird die Angst weniger bedrückend. Als ich einmal in der Universität Steubenville Exerzitien machte, begab ich mich auf jene Klippen, die dort 150 Meter tief zum Ohio-Fluß abfallen, um zu beten. Ich hielt mich vorsichtig etwa acht Meter vom Rand entfernt, ein Jogger aber kam hart am Abgrund vorbeigezogen. Andere gingen bis an die äußerste Kante und blickten hinunter. Mir wurde schon schwindlig, wenn ich ihnen nur zuschaute. Ich erkannte, daß ich eine übertriebene Höhenangst habe und mich davor fürchte, durch einen Sturz in den Abgrund den Tod zu finden. Ich versuchte mit allen mir bekannten Tricks, mich an die Höhe zu gewöhnen, indem ich mich für jeden Schritt belohnte, den ich näher an den Rand ging – aber am nächsten Tag mußte ich wieder von vorn beginnen.

So setzte ich mich hin und teilte meine Angst Christus mit. Ich konstatierte alle Möglichkeiten, einen Absturz zu verhindern: die Bäume, an denen man sich festhalten konnte, auf allen vieren an den Rand zu kriechen usw. Ich versetzte mich in die Reaktion Christi, vertraute dem Vater, daß er diesen Felsvorsprung nicht nachgeben lassen würde, und dankte ihm, daß ich auf sicheren Füßen stand. Dann erhob ich mich ohne Angst, machte drei Schritte auf den Abgrund zu – und wurde von einer weiteren Panik überfallen. Ich ließ mich wieder auf der sicheren Erde nieder. Die Vorstellung, daß der Absturz niemals stattfinden würde, genügte offenbar nicht, meine Angst zu verscheuchen.

Am nächsten Tag ging ich nochmals zu den Klippen und pirschte mich bis etwa zwei Meter an den gähnenden Abgrund heran. Der Lärm des unten vorbeirollenden Verkehrs ließ mich zurücktreten. So setzte ich mich wieder hin und übergab Christus meine Furcht, Opfer eines Verkehrsunfalles zu werden. Diese Furcht war in vergangenen Unfällen begründet. Ich betete mich durch die Unfallszenen, bis ich dafür danken konnte, mit dem Leben davongekommen zu sein. Dann ging ich und bat meine Mitbrüder unter den Priestern, mit mir zu beten, daß ich von meiner Todesfurcht geheilt würde. Am nächsten Tag kam noch eine weitere Furcht an die Oberfläche: Und wenn ich nun zu nahe an den Rand ging, die Kante nachgäbe und ich per Luftpost in den Ohio-Fluß befördert würde? Das war insofern ziemlich unwahrscheinlich, als ja der Jogger genau die Kante entlang gelaufen war und auch ich nur zwei Meter davon entfernt stand. Warum also hatte ich solche Angst vor dem Fallen? Ich konzentrierte mich auf das Gefühl des Fallens – aber keine Erinnerungen an böse „Fälle" kamen mir zu Bewußtsein. Deswegen träumte ich die Katastrophe, die am besten zu meiner Angst vor dem Fallen paßte.

Ich hatte eine Todesangst davor, mit dem Flugzeug oder mit einer Seilbahn, bei der das Seil bricht, abzustürzen oder mit dem Wagen über den Rand einer schlüpfrigen Bergstraße hinauszurutschen. Letzteres paßte am besten zu dem, was ich jetzt hier über dem Ohio empfand. In Gedanken fuhr ich also über den Rand der Bergstraße hinaus und landete tief unten unverletzt in einem Schneehaufen. Das war einfach! Also fuhr ich noch einmal – und landete tot dort unten. Aber ich wurde in der Ewigkeit von den liebenden Armen Christi aufgefangen. Auch dem konnte ich durchaus ins Auge sehen. So war es also an der Zeit, die gefürchtete Fahrt über die Bergstraße hinaus zu wagen. Ich kam von der Straße ab und landete unten in einem Leben voller Schmerzen und total gelähmt. In Gedanken ging ich alle fünf Stufen mit Christus durch, und schließlich konnte ich sagen: „Ich danke dir, daß mir meine Lähmung täglich zeigt, wie abhängig ich von dir bin – und wie tief deine Liebe zu mir ist. Ich möchte von dieser Lähmung geheilt werden, aber zu deiner Zeit und auf deine Art."

Am letzten Tag tastete ich mich noch einmal bis auf etwa zwei Meter an den Rand des Abgrundes vor. Wieder überkam mich die schon vertraute Panik, wieder wollte ich zurück. Warum hatte ich immer noch solche Angst vor dem Tod? Es konnte keine Angst vor einem schmerzhaften Tod sein – ein Sturz von dieser Höhe würde mit dem sofortigen schmerzlosen Tod enden. Tief innen spürte ich jetzt, wie sehr ich an jenen hing, die ich liebte und die ich hinterlassen würde, wenn ich nicht mehr da wäre. Ich dankte dem Herrn für jeden einzelnen, übergab ihn ihm und versuchte ihn loszulassen. Ich legte Jesus meine Bedingungen dar: „Du kannst alles haben, nur nicht meine Eltern und meinen Bruder.“ Dann ließ ich auch diese Bedingungen fallen. Ein neues Gefühl der Freiheit durchströmte mich. Ich konnte einen weiteren Schritt auf den Abgrund zu tun. Das brachte mich auf etwa einen Meter heran, gerade die rechte Entfernung, um mich in meiner Todesangst vor unnötigen zusätzlichen Risiken zu bewahren. Heute habe ich keine Angst mehr vor Abgründen.

Um Heilung der Zukunft zu erleben, braucht man seine Angst nur mit Christus zu teilen. Ob es Höhenangst ist, ob man die scharfe Zunge eines Nachbarn fürchtet, sich um die Zukunft der Kinder sorgt, den Tod des besten Freundes kommen sieht oder die übelste Szene, die man sich vorstellen kann. Vorzugsweise sollte man sich mit etwas Nachprüfbarem auseinandersetzen, so daß man den Abbau der Angst wirklich ablesen kann, wie ich es am Abgrund tat. Man sollte einfach betrachten, wie Christus in die gefürchtete Szene eintritt, und seine Reaktionen übernehmen, bis man sich so gut fühlt, daß man sich vorstellen kann, die gleichen Dinge zu tun wie er. Gestützt auf seine Liebe sollte man der Furcht ins Auge sehen und einen Schritt weiter auf den Abgrund zu tun, bis man eine neue Angst bekommt, die man dann wieder Jesus übergeben kann. Tiefere Ängste werden vielleicht die Hilfe eines Fachmannes brauchen, aber sogar der Rat von Fachleuten ist zweckdienlicher, wenn man die Angst mit Christus durchgeht. Die Erkenntnis der Fachleute kann besonders dazu beitragen, sich im Gebet auf das Wesentliche zu konzentrieren.

Viele werden von tiefsitzenden Ängsten allein dadurch befreit, daß sie sie mit Christus teilen. Eine 75jährige Dame hatte eine tiefe Angst vor dem Fliegen, die sie daran hinderte, ihre Schwester am anderen Ende Amerikas zu besuchen. Sie teilte ihre Angst mit und übergab sie Jesus zur Heilung. Dann bestieg sie das Flugzeug und stellte sich vor, Jesus sitze neben ihr. Den ganzen Flug konzentrierte sie sich auf seine Liebe, statt auf ihre Angst vor dem Fliegen. Der Flug wurde zu einer tiefen Gebetserfahrung – und von der Furcht vor dem Fliegen war sie geheilt! Heute möchte sie überall hinfliegen!

Es ist also nie zu spät, Angst zu heilen. Selbst wenn wir Angst haben, über das Wasser zu gehen, streckt Jesus uns ruhig die Hand entgegen und sagt: „Habt Vertrauen; ich bin es, habt keine Angst!“ (Mt 14,27)

15. Kapitel
Heilung der Zukunft durch Träume

Der heilige Ignatius empfahl den Teilnehmern an seinen Exerzitien, sie sollten sich vor dem Einschlafen und beim Erwachen auf *einen* bestimmten Gedanken konzentrieren. Das programmiert uns, während des Schlafes unbewußt weiterzubeten. Schlüsselerinnerungen kommen uns oft gerade im Schlaf zum Bewußtsein – nicht unbedingt wenn wir während eines Referates einschlafen, sondern wenn wir uns abends hinlegen. Ich gehe meist zu Bett und sage: „Jesus, heile mich! Durchtränke mich mit deiner Liebe wie einen Schwamm! Schicke mir einen Traum – heile mich dort, wo ich deine Liebe noch nicht annehmen kann!“ Dann entspanne ich mich ganz in der Kraft Christi, bis ich mich wie ein Schwamm fühle, der sich mit lebenspendendem Wasser vollsaugt. Am Morgen erwache ich erfrischt – und oft mit einem Traum, der eine neue Furcht aufzeigt, die noch der Heilung bedarf.

Die Heilung der durch Traumbilder offenbarten Ängste ist eine sichere Art, das uns bis dahin Unbewußte zu heilen, weil wir träumen, was bewußt und geheilt werden möchte. Noch im Bett beginne ich, mit noch halb geschlossenen Augen meinen Traum aufzuschreiben, und zwar in jeder Einzelheit, so genau, wie ich mich erinnern kann. Einen Traum schriftlich festzuhalten heilt oft schon, was sich bisher vor dem wachen Bewußtsein verborgen hielt. Schreibe ich also den Traum von heute auf, dann hilft mir das, auch den Traum von morgen zu verstehen, weil Träume in Serien kommen und so oft wiederkehren, bis Heilung eintritt.

Ich versuche besonders die *Gefühle* eines Traumes festzuhalten, außerdem jene Bilder und Vorstellungen, die mit diesen Gefühlen verbunden sind. Viele Traumbilder spiegeln einfach das wider, was ich gestern getan oder gesehen habe, z. B. den Nachtfilm im Fernsehen, der mir die ganze Zeit nicht aus dem Kopf ging. Oft aber stellen jeder Mensch und jeder

Gegenstand im Traum einen Seelenteil von mir selbst dar. Er ist wie ein Spiegel, der meine Gefühle ausdrückt, zuweilen auch jene Ängste, die ich verdrängt habe. Von einem Hund zu träumen kann zwar meinen eigenen Hund meinen, aber oft ist damit gleichzeitig auch jene Seite in mir bezeichnet, die einem scharfen deutschen Schäferhund entspricht – oder die etwas eitle Pudelseite. Ich frage mich dann, was dieser Traum *mir* bedeutet, und versuche, diese Bedeutung aufzuarbeiten.

Ich schreibe zwar viele Träume auf, arbeite aber nur mit wenigen. Finde ich mich selbst im Traum in einer lähmenden Situation durch Angst, Zorn oder Schuldgefühle, dann werde ich immer wieder im Gebet darauf zurückkommen und die Traumsituation wie eine lähmende Erinnerung heilen lassen.

Weil, wie gesagt, häufig alle im Traum vorkommenden Personen Seelenanteile von mir selbst sind, frage ich sie einfach, was jeder empfunden hat. Dann frage ich mich, wann *ich* am stärksten so empfunden habe, und bleibe bei diesem Gefühl, bis ich es Christus mitteilen kann. Dann schaue ich, wie Christus reagiert. Manchmal stelle ich mir vor, wie Jesus in die Traumszene eintritt oder in die Erinnerung, die der Traum widerspiegelt, und betrachte, was er sagt und tut. Ein andermal nehme ich eine Schriftstelle zur Hand oder bete den Kreuzweg, bis ich seine Reaktion wirklich in mich aufgenommen habe.

Die meisten Träume drücken aus, was ich im Wachzustand nicht ansehen möchte, was ich aber mit Jesus zusammen anschauen muß. Zuerst sage ich Jesus, was *ich* fühle. Dann betrachte ich, was *Jesus* tun würde, um die gefürchtete Situation abzuwenden oder mir an dem wachsen zu helfen, was sich dort ereignet. Kurz vor Beginn eines Seminars träumte ich einmal, daß ich einen Vortrag hielt und dabei vergaß, was ich sagen wollte, aber trotzdem weiterredete, bis ich hoffnungslos verwirrt war. Nachher lief ich weg, um allein zu sein, weil ich fürchtete, daß alle Leute über mein Versagen sprechen würden. Ähnliches war im Wachzustand nie vorgekommen. Ich hatte auch keinerlei bewußte Ängste vor dem kommenden Seminar. Ich nahm den Traum auf Band auf und fragte mich, warum ich ihn hatte.

Im Exerzitienhaus im sonnigen Kalifornien fand ich die beste Art, meinen Traum zu heilen: ein Kreuzweg unter freiem Himmel. Ich versuchte mich an die ängstlich-verwirrenden Gefühle des Traums zu erinnern. War es die Verwirrung, daß man mich auslachte? Hatte ich Fehler gemacht? Oder war ich verrückt geworden wie ein stammelnder Narr? Ich hatte weniger Angst, Fehler zu machen, als daß Freunde sich über mich lustig machten! Dadurch geriet ich wirklich in Spannung! Aber wann hatte ich das erlebt?

Ich betete um Einsicht, aber nichts geschah. So blieb ich bei dem Gefühl, daß man sich über mich lustig machte. Blitzartig kam mir eine Szene zu Bewußtsein, an die ich mich nie mehr erinnert hatte. Sie verstärkte noch das Gefühl der Verwirrung im Traum. Ich war im 7. Semester und arbeitete gerade über die heilige Jungfrau. Da hatte ich in einer Fernsehsendung von Pater Gales aufzutreten. Es ging ganz gut, bis ich eine Frage über Lourdes zu beantworten hatte. Ich gebrauchte alles mir zur Verfügung stehende Material – aber über Fatima! Ich erinnere mich noch, wie Pater Gales versuchte, den Unterschied zwischen Lourdes und Fatima klarzustellen, und ich mit hochrotem Kopf antwortete: „Das meinte ich ja.“ Nachher schlich ich mit dem Gefühl nach Hause, als hätte ich meine Familie und das ganze Seminar blamiert.

In diesem Fall kam die Erinnerung an ein wirkliches Erlebnis auf Anhieb zum Vorschein, um mich die frühkindliche Verletzung verstehen zu lassen, die der Angst im gegenwärtigen Traum zugrunde lag. Manchmal jedoch muß ich um Einsicht beten, welche Verletzung hinter dem Angst-Traum steckt – aber die Einsicht bleibt aus. Ich bin dann nicht fähig, den Traum mit einem wirklichen Ereignis in Verbindung zu bringen – wie z. B. meinem Auftreten im Fernsehprogramm von Pater Gales. Bin ich nicht in der Lage, mich an ein wirkliches Ereignis zu erinnern, dann setze ich mich mit dem Traumereignis auseinander, als wäre es eine wirkliche Erinnerung. In dem gerade beschriebenen Traum arbeitete ich meine Schuldgefühle auf, einen konfusen Vortrag gehalten zu haben, und weiter den Zorn auf jene, die sich über mich lustig gemacht haben. Danach konnte ich den ganzen Vorfall als

Gabe annehmen. Denn wenn ich das Traumereignis heile, dann heile ich damit auch die Verletzungen und Ängste, die durch die vergessene Fernsehsendung von Pater Gales entstanden sind, oder was immer der Traum symbolisch ausdrücken will.

Um meine gegenwärtige Furcht davor zu heilen, mich noch einmal hoffnungslos verwirren zu lassen und zum Spott der anderen zu werden, dankte ich dem Herrn für alle Heilung der Verwirrung in der Vergangenheit: daß er mich vor einem Examen oder einer Predigt schon mehrmals davon befreit hatte. Dann bat ich ihn, mich auch jetzt wieder von der Verwirrung und dem gefürchteten Spott zu befreien. Ich wußte zwar, daß der Herr mich retten wird, wo Spott und Verwirrung mich zu überwältigen und zu lähmen drohten, aber ich fühlte auch, daß es Zeiten geben würde, wo er wollte, daß ich sie ertrage. Ich nahm mir eine Stunde für den Kreuzweg und beobachtete behutsam, wie Christus an dem von mir gefürchteten Spott und auch an der Verwirrung wuchs.

Bei der ersten Station fühlte ich den Spott des Herodes, als er Jesus den königlichen Mantel überwarf. Ich empfand den Schmerz unseres Herrn, als die Soldaten ihn verspotteten und ihn aufforderten, er solle doch den Propheten spielen und sich selbst helfen. Als ich bei der achten Station angekommen war, spürte ich, wie Jesus die Tiefe der Verwirrung und des Spotts aushielt, die ich im Traum und auch damals im Fernsehen so gefürchtet hatte.

Bei der achten Station, wo Jesus die weinenden Frauen zu trösten versucht, fehlte das Kreuz an der Außenwand. Plötzlich kam mir zu Bewußtsein, daß auch ich die Wahl hatte, mich entweder auf die spottende Menge zu konzentrieren und Angst zu haben oder aber auf Jesus zu schauen und von Mitleid erfüllt zu sein. Als sich die Frauen voller Erbarmen Jesus zuwandten, hörte ich die Menge über Jesus und die Frauen so spotten, wie ich es im Traum befürchtete.

Ich versuchte auf das zu hören, was Jesus den Frauen sagte. Er schien direkt auf ihre Furcht vor dem Spott einzugehen. „Weil Herodes und die Soldaten mich verspotteten, habe ich besonderes Mitleid mit denen, die sich verachtet und verlassen fühlen. Ich will mich euch zuwenden und meine einsame Mutter Johannes anvertrauen. Und ich will den verlassenen Schächer im Paradies willkommen heißen. Weil ihr Frauen gerade jetzt von der Menge verspottet werdet, habt ihr besonderes Mitleid mit mir und allen, die einsam und verlassen sind. Weint nicht um mich, sondern um jene, die kein Mitleid haben mit denen, die sich vor dem Spott fürchten."

Vielleicht fehlte das Zeichen der achten Station deswegen, weil Jesus *mich* diese Station sein lassen wollte, weil er mir dieselbe Möglichkeit geben wollte wie den Frauen, um mich an unverdientem Spott wachsen zu lassen, um mir Mitleid zu schenken mit den Einsamen und Verlassenen. Ich konnte mir jetzt vorstellen, wie ich einen Vortrag hielt, hoffnungslos verwirrt war und die Leute mich auslachten, aber diese Szene machte mir keine Angst mehr. Selbst wenn das bei einem Seminar passieren würde, könnte der Herr meine Gefühle der Verwirrung und des Abgelehntwerdens dazu benützen, mich jene Menschen besser erreichen zu lassen, die mit ähnlichen Ängsten zu unseren Seminaren kamen. Ich war bereit, mit Jesus Beleidigungen hinzunehmen. Tief innen fühlte ich mich befreit, als ob ein Eisenring um den Kopf geborsten wäre. Zum ersten Mal sprach ich ohne Manuskript. Ich brauchte mich nicht länger ängstlich vor Fehlern zu hüten, sondern war bereit, an ihnen zu wachsen.

Weil Jesus meine Angst im Traum heilte, träumen andere jetzt weniger in unseren Seminaren. Das ist insofern etwas unglücklich, weil bisher viele Teilnehmer bei meinen Vorträgen einschliefen und im Traum Heilung erfuhren. Ein Mann, der vor Hunden Angst hatte, träumte von einem jungen Hund, der in seinen Kinderwagen sprang, als er sechs Monate alt war. Beim Erwachen bat er mit einem anderen Teilnehmer Christus, in diese verletzende Szene zu kommen – und ging ohne Angst vor Hunden von dannen.

Überraschend ist das nicht. Auch in der Heiligen Schrift wirkt Gott gern durch Träume. Abraham behauptete, Sara sei seine Schwester – und Abimelech heiratete sie (Gen 20,1–18).

Im Traum wird Abimelech gesagt, daß er schuld sei, weil er Sara dem Abraham genommen habe, und daß er deshalb sterben müsse, wenn er sie Abraham nicht wieder zurückgibt, der für ihn um Heilung beten wird. Nachdem Abimelech Sara dem Abraham zurückgegeben hatte, trat Abraham für ihn bei Gott ein. „Da heilte Gott Abimelech, auch seine Frau und seine Dienerinnen, so daß sie wieder gebären konnten" (Gen 20,17). Ohne diesen Traum hätte Abimelech nicht wissen können, daß diese unglückliche Ehe ihm den Tod und seinen Dienerinnen Unfruchtbarkeit zu bringen drohte.

In den „letzten Tagen" des Geistes möchte Gott öfter durch Träume sprechen (Apg 2,17), damit sein Geist uns leitet – und nicht unsere unbewußten Ängste, Zorn- und Schuldgefühle. Im Traum möchte Gott diese Gefühle aufdecken und heilen. Das tat er mit Abimelech wegen seiner Heirat und mit mir wegen meines Versagens im Fernsehen. Auftritte im Fernsehen mögen wir inzwischen gelernt haben – aber wer vermag noch auf das heilende Wort Gottes im Schlaf zu hören? Schon Ijob mahnt: „Weshalb hast du mit ihm gehadert, weil er all deinen Worten nicht erwidert? Denn einmal redet Gott und zweimal, man achtet nicht darauf. Im Traum, im Nachtgesicht, wenn Tiefschlaf auf die Menschen fällt, im Schlummer auf dem Lager, da öffnet er der Menschen Ohr und schreckt sie auf durch Warnung, von seinem Tun den Menschen abzubringen, den Hochmut aus dem Manne auszutreiben, seine Seele vor dem Grab zu retten, sein Leben davor, in den Todesschacht hinabzusteigen" (Ijob 33,13–18).

16. Kapitel
Beten – allein und mit anderen

Allein beten

Ist Christus mir zu einem echten Gegenüber geworden, dem ich meine Gefühle wirklich mitteilen kann, um seine Liebe zu erfahren, dann kann ich eine Verletzung auch im Einzelgebet heilen. Oft aber werde ich auch Hilfe von anderen brauchen, entweder um Zugang zu den eigenen Gefühlen und zur Liebe Christi zu bekommen oder um die Gabe zu erkennen, die mir auch aus der tiefsten Verletzung erwächst, wenn ich sogar nach dem Gebet keine Hoffnung auf Heilung habe. Kann ich nicht sofort mit jemand anderem sprechen, dann kann schon das Aufschreiben meiner Gefühle und der Antwort Christi der Beginn einer tiefen Heilung sein. Den heilenden Geist und das Herz Christi sollten wir sowohl allein als auch mit einem Gebetspartner finden können.

Jedes Gebet, das uns den Geist und das Herz Christi vermittelt, kann zum Gebet um innere Heilung einer Verletzung werden. Ich sage Christus einfach, wie ich mich fühle, und bitte ihn darum, mir mitzuteilen, was *er* gesagt und getan haben würde, wenn man ihn auf diese Art verletzt hätte. Wie würde er beten, wie würde er jede Bitte des *Vater unser* aussprechen? Wie kann ich in jedem Teil der Messe so über mich selbst hinauswachsen, daß ich reagiere wie Christus? Wo wurde Jesus während des Kreuzweges ähnlich verletzt wie ich? Wie reagierte er? Welches Geheimnis des Rosenkranzes kommt meinem Gefühl am nächsten? Welchen Psalm oder welche Schriftstelle würde Christus beten, wenn er verletzt würde wie ich? Welches Lied würde er singen? Innere Heilung kommt mit jedem Gebet, das mit dem zusammenpaßt, was ich fühle, und das mich bereit sein läßt, das anzunehmen, was Christus empfindet. Ob allein oder mit jemand anderem gebetet wird – beginnen sollten wir stets mit der leichtesten Art, die Liebe Christi anzunehmen. Viel innere Heilung einer

Verletzung geschieht sogar durch ein einfaches Gebet, indem man den Herrn bittet, das Böse von uns zu nehmen und uns seine Liebe zu gewähren. „Herr, ich bin ungeduldig mit den Kindern. Nimm mir meine lähmende Ungeduld und gib mir deine Geduld!“ Habe ich mehr Zeit, so kann ich mir vorstellen, wie die Kinder schreien, und dann Jesus betrachten, wie er ins Zimmer kommt und mitten durch das herumliegende Spielzeug schreitet. Ich schaue auf das, was Jesus sagen und tun würde, und reagiere auf ihn. Als nächstes betrachte ich, was Jesus den Kindern sagen würde – bis ich mir vorstellen kann, wie ich das Verhalten Jesu nachlebe. Auch hier gibt es drei Schritte: eine Szene erfinden, Jesus eintreten lassen, um mich und die anderen zu heilen, und schließlich das tun, was Jesus tat.

Dieses einfache Gebet mit Hilfe der „kreativen Imagination“ ist besonders wirksam. Auch tiefste seelische Verletzungen wie Vergewaltigung und unbestimmte Zukunftsangst sind dadurch schon geheilt worden. Eine Frau fürchtete sich fortwährend, ihr Mann könnte total betrunken nach Hause kommen. Sie verbrachte mehrere Tage in der Vorstellung des Schlimmsten und ließ dann Jesus in die Szene eintreten, um zu betrachten, wie er ihr und dem Mann gegenüber reagiert. Schließlich sah sie ein, daß sie selbst an dem, was sie am meisten befürchtete, noch wachsen konnte, und war nicht länger durch die Furcht gelähmt. Christus kann vergangene, gegenwärtige und zukünftige Wunden heilen, wenn wir ihn nur in die Szene einlassen und ihn betrachten, bis wir seine Reaktionen erkannt und übernommen haben.

Durch den Verdrängungsmechanismus sind wir jedoch immer wieder versucht, die sofortige Auseinandersetzung mit der Verletzung im persönlichen Gebet aufzuschieben. Wir warten lieber, bis wir einen Freund treffen, zur Gebetsgruppe gehen oder zur Beichte. Heilung in einer Gebetsgruppe oder bei der Beichte zu suchen aber bleibt oberflächlich, wenn wir nicht mit dem Bedürfnis kommen, all das zu vergeben und uns vergeben zu lassen, was bei der Durcharbeitung der Zorn- und der Depressionsstufe zum Vorschein kommt. Die Heilung in der Beichte erfolgt nicht durch ein Fünfminutengebet mit dem

Priester, sondern durch unsere Vorbereitung, die wir allein mit Christus in der täglichen Gewissenserforschung und in der Erforschung unserer Verletzungen erarbeitet haben. Danach können wird um Reue bitten und ihm dafür danken, daß er uns hilft, Brücken zu bauen.

Ähnlich geschieht Heilung von Erinnerungen nicht nur durch das Gebet mit jemand anderem, sondern auch durch die eigene Vorbereitung und Nacharbeit mit Christus.

Mit anderen beten

Gott vergibt und heilt auch außerhalb des Beichtstuhls. Das Bekenntnis einem anderen gegenüber jedoch vertieft die Heilung. Wenn ich meine Zerbrochenheit einem Priester in der Beichte mitteile, dann zwingt mich das, jene vage Erfahrung des Wachsens und Versagens genauer zu betrachten, die mir gewöhnlich entgeht. Der Klang meiner Worte zeigt mir, ob ich das Geschehen wirklich bedauere und mich ändern will oder ob ich auf der Stufe des Nicht-wahrhaben-Wollens und der Verdrängung beharre. Durch Zuspruch und Gebet des Beichtvaters werde ich von Jesus und seiner Liebeskraft ergriffen. Tiefe Heilung erwächst mir nicht nur daraus, daß es sich um ein Sakrament handelt, sondern auch daraus, daß ich mich mit einem anderen im Namen Jesu versammelt habe, um ihm meinen Geist und mein Herz hinzugeben und Geist und Herz des Herrn zu übernehmen. Durch diesen anderen bin ich gestorben und habe die bedingungslose Liebe und Annahme Jesu erfahren, bis ich wirklich glaube, daß ich selbst liebenswert bin und diese Liebe und Annahme auch jenen entgegenbringen kann, die mich verletzt haben.

Das Verständnis eines Freundes kann uns auch helfen, die Liebe Jesu konkret zu erleben, so daß wir uns selbst annehmen und dieselbe Annahme denen mitteilen können, die uns verletzt haben. Manchmal sind wir derart gehemmt, daß wir die Gaben eines anderen brauchen – zum Beispiel den klugen Ratschlag eines Freundes, die Medikamente eines Arztes oder ein Wort der Erkenntnis –, um tiefere Verletzungen genauer zu bestimmen. Wir brauchen die Sichtweise eines anderen, um unsere Gaben aufzudecken, oder ein Gebet der Befreiung, um die bösen Geister zu vertreiben, so daß Gottes Liebe die entstandene Leere füllen kann. Je tiefer die Verletzung, desto stärker brauchen wir die Hilfe anderer zum eigenen Wachstum. Das Ideal ist freilich, in einer christlichen Gemeinschaft zu leben und zu beten, die für ihre Liebe bekannt ist. Denn ob wir nun allein oder mit einem anderen beten, das Ziel bleibt immer die Erfahrung der Liebe Gottes: zu wissen, wir sind liebenswert und können uns im Angesicht jeder Furcht auf diese Liebe verlassen.

Oft habe ich den Eindruck, einen anderen zu belästigen, wenn ich ihn bitte, mir zuzuhören oder mit mir um die Heilung einer Verletzung zu beten. Aber durch das Teilen mit einem anderen tue ich ihm einen Gefallen, so wie das andere tun, wenn sie zu mir zur Beichte kommen. Beichte hören gehört unbedingt zu jenen Erfahrungen, an denen man wächst, weil der Mensch, der mir seine inneren Kämpfe mitteilt, mich als Priester auffordert, mich mit den eigenen Schwierigkeiten auseinanderzusetzen, und dadurch meinen Hunger nach Wachstum bestärkt. Allein das Zusammensein mit einem anderen in seinen Schwierigkeiten läßt beide wachsen. Genau deswegen sind die Anonymen Alkoholiker auch so erfolgreich. Wir sollten niemals Hemmungen haben, einem anderen unsere inneren Kämpfe mitzuteilen. „Ich wollte dich nicht damit belästigen“ verdeckt oft Depressionen: „Ich geniere mich, daß ich als erwachsener Mensch derart verletzt bin, daß ich Hilfe brauche – was wird er von mir denken?“

Unsere inneren Kämpfe einem anderen mitzuteilen hat freilich auch seine Gefahren. Wir müssen einen Freund finden, der das für sich behält. Zu viele sind noch mehr verletzt worden, wenn sie herausgefunden haben, daß Fremde von jenen Geheimnissen wußten, die sie nur einem Freund mitgeteilt haben wollten. Der Freund muß nicht nur unser Privatleben respektieren, sondern er muß uns ehrfürchtig und sanftmütig begegnen. Wenn er bohrt und zutage fördert, was wir verdrängen mußten, weil wir zu schwach sind, einer tieferen Verletzung ins Auge zu sehen, dann können wir dadurch noch tiefer verwundet werden. Selbst wenn er das echte Problem erkannt hat, sollte er seine Erkenntnis nicht hinausposaunen, sondern sanft zuhören oder beiläufig eine Frage stellen, die zur Einsicht führen kann, wann *der Herr* die Zeit für gekommen hält. Ein Wort der Erkenntnis wie zum Beispiel: „Im Alter von zwölf Jahren hattest du ein Inzestverhältnis mit deinem Vater" sollte darum besser so formuliert werden: „Wie bist du in der Jugend mit deinem Vater ausgekommen?"

Heilung hängt nicht so sehr von Einsichten ab, als vielmehr von der tiefen Erfahrung, in seinem Erbarmen wirklich von Jesus geliebt zu werden. Ein Freund trägt zum Wachstum bei, nicht indem er sich über unsere Fehler verbreitet, sondern indem er unsere Gaben aufdeckt und uns hilft, sie zu entwickeln. Der Freund, der jenen Sünder in uns liebt, den wir selbst nicht annehmen können, der uns also so liebt wie der Vater, wird uns auch so heilen wie der Vater.

Deswegen sollten wir uns vor dem Freund hüten, der ungefragt einen Rat erteilt, durch den wir uns schuldig fühlen und nicht geliebt. Kritisch richtende Freunde verkünden das Evangelium, indem sie sagen: „Du solltest dich nicht so fühlen." Damit helfen sie uns nicht darzulegen, wie wir uns wirklich fühlen, und uns mit Christus anzunehmen, wie wir sind. Andere verhindern die Heilung mit einem „Ich weiß genau, wie du dich fühlst, mir ging es genauso, als ich ...". Damit nehmen sie uns die Möglichkeit, unsere Gefühle darzulegen und annehmen zu lassen. Wir brauchen einen Freund, der uns annimmt, der uns dazu führt, über uns selbst hinauszuwachsen, der uns erkennen läßt, wie Christus mit unseren Gefühlen umgehen würde.

Was geschieht, wenn jemand uns bittet, ihm im Gebet zu helfen, eine Verletzung zu heilen? Wir brauchen keine Fachleute für Sterbehilfe zu sein, um einem Menschen im Angesicht des Todes beizustehen – und wir brauchen keine ausgebildeten Psychotherapeuten zu sein, um mit jemandem eine Verletzung anzusehen. Aber wir sollten niemals zögern, Fachleute beizuziehen! Wir helfen jemandem in dem Maße, wie wir ihn lieben und mit unseren eigenen Gefühlen vertraut sind, besonders dem Zorn und der Schuld. Wir brauchen keine fertigen Antworten und Gebete, sondern nur zwei

Ohren zum Zuhören und ein Herz, das versteht. „Das *gläubige* Gebet wird den Kranken retten“ (Jak 5,15).

Das alles mag bis jetzt recht kompliziert erscheinen. Ich sollte einfach so beten, daß ich erfahren kann, wie Gott mich liebt. Wenn ich mit jemand anderem bete, dann sollte ich ihn mit all seinen Gefühlen lieben wie Jesus. Ich kann allein beten oder mit einem anderen, indem ich die fünf Stufen durchgehe oder ganz einfach schweigend mit Jesus zusammenbleibe. Die fünf Stufen sind keine magische Formel, sondern nur ein Weg, mir zu helfen, mein Herz Christus zu öffnen. Innere Heilung einer Verletzung geschieht, wenn ich Christus meinen Geist und mein Herz übergebe und seinen Geist und sein Herz übernehme. Ich kann alles dazu brauchen, was mich zum Geist und zum Herzen Jesu hinführt. Den Emmausjüngern hinterließ Jesus kein besonderes Gebet zur Heilung aller Verwundungen, er ließ einfach sein Herz zu anderen Herzen sprechen.

Beginnen

Aller Anfang ist schwer. Seit Monaten hatte ich etwas über die Heilung von Erinnerungen gehört, bis ich endlich anfing, es selbst zu versuchen. Ich dachte, es wäre für andere, aber nicht für mich. Ich meinte auch, ich gehörte zu jenen, die selten verletzt werden und andere verletzen. Ich wurde kaum wütend, geriet nur manchmal in Erregung. Ich konnte mit *einem* Wort vergeben, brauchte also keinen langen Prozeß durchzumachen. Vielleicht war ich kein großer Heiliger, aber ich fühlte mich doch ganz wohl in meiner Haut.

Schließlich sagte ich mir, ich werde das einmal versuchen, um den anderen Sündern zu helfen, die wirklich Heilung von Erinnerungen brauchen. Je mehr Verwundungen ich heilte, desto mehr neue Erinnerungen kamen an die Oberfläche. Ich begann einzusehen, wie oberflächlich ich den anderen vergab: Ich stellte Bedingungen, wie *sie* sich zu ändern hätten, bevor ich neue Brücken baute. Es war deprimierend zu sehen, daß ich andere verletzte, die mich vorher verletzt hatten. Was ging da eigentlich vor?

Die Antwort kam wie ein Bumerang, als ich einer Teilnehmerin sagte, was sie von den Exerzitien erwarten könne: Sie würde offener für die eigenen Fehler und die anderer sein, es würde eher nach Rückfall als nach Fortschritt aussehen. Die Flitterwochen wären vorbei, weil sie Gott intensiver liebte und erlebte, weil sie sähe, auf wie vielfältige Weise er sie liebte, während sie ihm gegenüber noch gleichgültig blieb. Vorher konnte sie so tun, als wüßte sie nicht, daß man Zeit braucht, um Christus im Gebet zu begegnen. Jetzt aber müßte sie sich das als Fehler anrechnen, eben weil sie seine Liebe im Gebet erfahren hatte. Nicht daß sie ein schlechteres Leben führte, sie würde jetzt nur aufgeschlossener sein für die Lauheit ihrer Liebe. Freunde sagten mir eines Tages, etwas ähnliches gehe offenbar mit mir vor. Es wäre leichter, mit mir zu leben, ich ginge mehr Risiken ein und hätte eine neue Kraft entdeckt, an wirklich einschneidenden Krisen zu wachsen. Ich wuchs zwar am Heilen von Erinnerungen, bekam aber meinen Heiligenschein niemals zu sehen!

Tiefer Fortschritt im Heilen von Erinnerungen bleibt nämlich gewöhnlich verborgen. Fortschritt besteht auch nicht darin, daß man weniger Erinnerungen hat, die geheilt werden müssen, so daß jetzt tiefere an die Oberfläche kommen, auch nicht darin, daß sie schneller geheilt werden (die tieferen heilen nämlich oft langsamer) oder daß man weniger häufig verletzt wird (wenn andere verletzt werden, dann tut mir das jetzt mehr weh). Ich verletze heute zwar andere weniger, aber merke das nicht, weil Heilung ein neues Empfinden für meine Sündhaftigkeit mit sich bringt. Worin also besteht echter Fortschritt – und wie erkenne ich ihn? Bin ich mir meiner Schwachheit bewußt, meiner verdrängten Wut, der von mir gestellten Bedingungen und auch meiner Sünden? Reagiere ich schneller, indem ich sie vor Christus bringe, der den Sünder liebt? Erkenne ich meine Gefühle schneller, wenn ich verletzt wurde? Bin ich menschlicher und mehr ich selbst? Bin ich mir der Menschen mehr bewußt, die mich verletzen, und auch jener, die ich verletze? Entdecke ich neue Wege, den Geist und das Herz Christi zu leben? Bin ich heute neue Risiken eingegangen, und habe ich neue Brücken gebaut, selbst wenn sie versagten? Bin ich dankbarer für empfangene

Liebe und für Komplimente? Bin ich dankbarer für den Erfolg der andern, besonders jener, denen ich vergeben habe? Und schließlich das sichtbarste Zeichen: Bin ich dankbarer – besonders für die schwierigen Momente des Tages? Kann ich auf all diese Fragen mit Ja antworten, dann wachse ich an der Heilung von Erinnerungen, selbst wenn es nicht nach Fortschritt aussieht. Im Larvenzustand meint man, die Raupe stirbt – man sieht den Schmetterling nicht, der aus ihr wird.

Erinnerungen sind wie ein Eisberg, bedingungslose Liebe aber wie Sonnenstrahlen. Wenn die Sonne scheint und die Oberfläche des Eisberges hinwegschmilzt, dann kommen die verborgenen Teile des Eisbergs an die Oberfläche und sind selbst der strahlenden Sonne ausgesetzt. Indem man jeden Tag Erinnerungen heilen hilft, entweder allein oder mit anderen, entdeckt man immer tiefere Bereiche des verdrängten Unbewußten, die der Wärme und der Zärtlichkeit des Herrn auszusetzen sind. Wie die strahlende Sonne täglich einen Teil der Oberfläche des Eisberges aufdeckt, so ist Heilung von Erinnerungen eine langsame Übergabe von all dem an den Herrn, was *er* im Gebet sanft an die Oberfläche bringt. Unter den Sonnenstrahlen des Herrn schmilzt unser grauer Eisberg in ein schönes, funkelndes Juwel, das frisches Wasser zu neuem Leben spendet: „Der Geist und die Braut aber sagen: Komm! Wer hört, der rufe: Komm! Wer dürstet, der komme! Wer Verlangen hat, empfange Wasser des Lebens als Geschenk“ (Offb 22,17).

Anhang I
Tägliche Heilung einer Erinnerung

Übersicht

Sich entspannen, den Geist einatmen. Gott in sich entdecken.

1. Nicht-wahrhaben-Wollen

Herr, laß mich sehen, was *du* in meinem Alltag siehst!
Wo hat Gott mich geliebt oder durch mich geliebt?
Ihm danken, besonders für jede Form des Wachstums.

2. Zorn

Herr, nimm meine Verletzung von mir!
Wofür war ich am wenigsten dankbar?
Was hätte ich gern anders geschehen sehen?
Wo bin ich verletzt worden?
Wen klage ich an?
Was empfinde ich?
Wann habe ich mich schon ähnlich gefühlt?
In Gedanken das Vernichtende der Szene noch einmal erstehen lassen, um Christus mitzuteilen, wie ich mich fühle.

3. Verhandeln

Herr, laß mich vergeben wie du – bedingungslos!
Will ich geheilt werden, indem ich denke und fühle wie du?
Sehen wie Christus: die Belastungen dessen, der mich verletzt hat, seine *guten* Seiten, das *ganze* Bild.
Sprechen wie Christus: was er seinen engsten Freunden und auch den Sündern gesagt hat.
Handeln wie Christus: was er tun würde, um den, der mich verletzt hat, so zu lieben, wie er es braucht.
Das so lange tun, bis alle Bedingungen zur Änderung des anderen fallengelassen sind und ich das sagen und tun

kann, was Christus durch mein Gebet sagen und tun möchte.

4. Depression

Herr, vergib mir!

Um Vergebung bitten, daß ich wie der andere bin: daß ich durch meine übertriebene Reaktion, durch meine Verschlossenheit und durch mein Versagen, Brücken zu bauen, zu dem Problem beigetragen habe.

Um Vergebung für vergangene Verwundungen bitten, die es mir leicht machen, mich zu verschließen.

5. Zustimmung

Herr, ich danke dir!

Christus danken für das Wachsen an der Heilung: meine Offenheit für Gott, die andern, mich selbst.

Tägliche Heilung einer Erinnerung – Die einzelnen Schritte

(Nicht streng methodisch vorgehen, nur jene Schritte durcharbeiten, die mir helfen. Hinzufügen, was sich bei mir als wirksam erweist.)

1. Nicht-wahrhaben-Wollen

Sich in der Gegenwart Christi entspannen, der die Vergangenheit sieht und ihre Auswirkungen heilen möchte.

Christus bitten, mich die Vergangenheit so sehen zu lassen, wie er sie sieht, um sie zu seiner Zeit und auf seine Art heilen zu lassen.

Gott danken für die Zeit, wo ich geliebt wurde und geliebt habe, wo mir vergeben wurde und ich vergeben habe.

Ihm danken für die Zeit, in der die intensivste Heilung durch Leiden geschah.

Dem Schöpfer danken für jeden einzelnen Körperteil.

Die Verletzung genau erkennen.

Wofür bin ich wenig dankbar?
Was hätte anders geschehen sollen?
Was müßte geschehen, daß alles vollkommen erscheint?
Wann habe ich am meisten gelitten?
Was ist das Schlimmste, das passieren könnte?
Wem gebe ich die Schuld an dem oben Erwähnten?
Wen fürchte ich, meide ich, richte ich, steche ich aus?
Wem möchte ich nicht danken?
Wenn ich jemanden ändern könnte, wer wäre das?
Für wessen Erfolg ist es mir am schwersten, Gott zu danken?
Seinen Namen aufschreiben, weil ich auch an dieser Verletzung wachsen kann.

Christus sagen, wie ich mich verletzt fühle.

Wann habe ich mich am meisten so gefühlt?
Mit der Hilfe Christi diese Szenen noch einmal durchleben, bis ich mich fühle wie damals.
Christus in die Szene eintreten lassen: Was tut er, und was sagt er mir?

Die Hilfe Christi beim Erleben seiner Reaktion erbitten.

Was würde ich tun, um seine Reaktion in meinem Leben umzusetzen?

Psalm 103 beten und dem Vater für jede Form seiner Liebe danken.

2. Zorn

Eine Verletzung auswählen.

Wann habe ich mich ähnlich gefühlt? Wem gebe ich die Schuld?

Christus um Hilfe bitten.

In Gedanken die Szene wieder erleben, wie ich vom Gegner verletzt wurde. Die Einzelheiten erleben, bis ich sein Gesicht vor mir sehe, den Raum rieche, seine Worte höre und den ursprünglichen Schmerz wiedererlebe.

Christus mitteilen, wie ich das empfinde. Ehrlich sein und *alles* der Heilung aussetzen.
Das tun, bis meine zornigen Worte leer und übertrieben erscheinen.
Christus mitteilen, wie der Gegner mich verletzt hat, sich selbst und andere, die dann wieder andere verletzten.
Welche Heilung, welche Veränderungen möchte ich für ihn und für mich? Sie aufschreiben und für diese Heilung beten.

Wann hat Christus am stärksten empfunden wie ich? Wo auf jemand wie mich reagiert?
Im Gebet die Schriftstelle lesen, bis ich denke und fühle wie Christus.

Christus in die Szene eintreten lassen, wo ich verletzt wurde, und ihn betrachten.
Was sagt und tut er dem Gegner?
Dem Gegner sagen und tun, was Christus sagte und tat.
Die Reaktionen Christi aufschreiben.

Was will Christus, daß ich tun soll, um seine Reaktion in mein Leben umzusetzen?
Etwas Positives tun und es dann aufschreiben, um daran zu wachsen.
Psalm 139 beten: „Herr, du hast mich erforscht und du kennst mich. . .“

3. Verhandeln

Die Szene wiederherstellen mit all ihrem Schmerz. Christus sagen, wie ich mich fühle.

Welche Veränderung möchte ich beim Gegner?
Christus alles sagen, wie ich den Gegner möchte: wie er sich ändert, wie er sich entschuldigt, wie er leidet, wie er lernt.
Das alles aufschreiben.
Christus sagen, warum *ich* geheilt werden möchte, welche Veränderungen ich bei *mir* möchte.

Christus die Gründe sagen, warum es mir schwerfällt, geheilt zu werden (es ist so schön, auf andere hinabzuschauen, sich ihnen überlegen zu fühlen, Mitleid mit sich selbst zu haben, keine neuen Risiken einzugehen).
Christus fragen, warum es so schwer ist, sich heilen zu lassen.
Beten, daß ich so sehr geheilt werden möchte wie Christus.

Wann fühlte sich Christus ähnlich? Wo reagierte er auf jemand wie mich?
Betend die Schriftstelle lesen, bis ich denke und fühle wie Christus.

Christus in die Szene eintreten lassen, wo ich verletzt wurde, und ihn betrachten.
Was sagt er und was tut er, um mich zu heilen?
Was sagt er und was tut er, um den Gegner zu heilen?
Was sieht Christus Gutes an ihm? Wie betet Christus dafür, daß das Gute wächst?
Welche Belastung verleitete den Gegner, mich zu verletzen? Wie reagierte er auf andere Verletzungen? Wie gibt Christus dem Gegner die Kraft, sich zu ändern, anstatt die Änderung zu fordern?
Wie liebt Christus den Gegner, daß er sich Fehler leisten und daran wachsen kann?

Diene deinem Gegner wie Christus, bis du schließlich spürst, daß es nichts mehr gibt, was Christus jetzt noch tun oder sagen würde.
Ob ich dieses Niveau erreicht habe, zeigt sich daran, wie ich den Gegner geändert haben will: Kann ich die gestellten Bedingungen fallen lassen?
Die Hilfe Christi erbitten, daß ich diese Änderungen nicht länger als Forderungen stelle. Beten, bis ich merke, daß ich selbst dann, wenn er sich *nicht* ändert, wie ich es verdient hätte, ihm vergeben möchte. Seinem Bedürfnis nach Liebe entgegenkommen.
Beten, daß die Kräfte des Gegners wachsen.

Was möchte Christus, daß ich tun soll, um seine Reaktion in mein Leben umzusetzen?

Dem Gegner heimlich etwas Gutes tun.

Das Gebet des hl. Franziskus von Kapitel 9 sprechen.

4. Depression

Die Szene wieder erleben und Christus sagen, wie ich mich fühle.

Christus sagen, wie ich anders sein möchte:

- Wie ich mir selbst erlaubt habe, tödlich verletzt zu werden.
- Wie ich dabei versagt habe, zu denken und zu handeln wie Christus.

Christus über die von mir verursachte Störung berichten:

- Wie ich dem Gegner gegenüber anders gehandelt haben könnte *vor* der Verletzung.
- Wie ich dem Gegner gegenüber anders gehandelt haben könnte *während* der Verletzung (was ich besser gesagt oder getan hätte).
- Wie ich dem Gegner gegenüber anders gehandelt haben könnte *nach* der Verletzung (Brücken bauen anstelle des täglichen Aufschiebens der Vergebung).
- Wie habe ich andere auf dieselbe Art verletzt wie den Gegner?
- Wie zeigen mir die gestellten Bedingungen die Notwendigkeit, mich zu ändern?

Ich projiziere meine Schwäche und den Stolz auf meine vermeintlichen Stärken auf den Gegner!

Zu Christus am Kreuz sprechen und ihn um Vergebung bitten, daß ich ihn in mir selbst und anderen verletzt habe. Wie möchte ich mich ändern, um ihn mehr zu lieben?

Wann fühlte Christus ähnlich wie ich? Wo reagierte er auf jemand wie mich?

Betend die Schriftstelle lesen, bis ich den Geist und das Herz Christi übernehme. Vielleicht den Kreuzweg beten oder ein Kruzifix betrachten.

Christus in die Szene eintreten lassen, wo ich verletzt wurde, und schauen, wie er auf mich reagiert.

Was sagt Christus und was tut er, um mich zu heilen?

Was sieht er in mir Gutes, und wie betet er dafür, daß es wächst?

Welche Verletzungen und welche Belastungen haben mich verleitet, einen anderen zu verletzen? Wie hat er das geheilt?

Wie lächelt er? Wie vergibt er lieber eine Schuld von fünfhundert als von fünfzig?

Wie sagt er mir, daß er mir näher sein kann als je?

Wie umarmt er mich, wie ich bin?

Wie bittet er mich – nicht, daß ich mich ändere, sondern daß er mich lieben kann?

Christus mir dienen lassen, bis es nichts mehr gibt, was er sagen oder tun könnte, damit ich mich noch mehr von ihm geliebt fühle.

Wenn ich dieses Niveau erreicht habe, mich selbst so zu lieben, wie Christus mich liebt, prüfen, wie ich mich ändern möchte: Kann ich die Liebe Christi annehmen und mich selbst lieben wie er, selbst wenn diese Änderungen niemals zustande kämen?

Beten, bis ich spüre, daß selbst wenn ich mich nie so ändern werde, wie ich mich ändern möchte, Christus für mich sterben würde (er liebt mich nicht, weil ich mich ändere, sondern um mir Kraft zur Änderung zu geben).

Dafür beten, daß meine Kraft wächst.

Die Vergebung Christi mir selbst und dem Gegner gegenüber so lange fortsetzen, bis ich ihm und mir die gleiche Vergebung anbieten kann wie Christus.

Jede lieblose Aktion, die mir leid tut, aber die ich mir selbst vergeben kann wie Christus, tilgen.

Was möchte Christus, daß ich tun soll, um seine Reaktion in mein Leben umzusetzen?

Psalm 32 beten und Gott für seine Vergebung danken.

5. Zustimmung

Die Szene wieder erleben und Christus sagen, wie ich mich fühle.

Ihm für den Unterschied zwischen der jetzigen Situation und der danach durchlebten Szene danken. Die Veränderung ist durch die Heilung im Gebet entstanden.

Die Bergpredigt und die damit verbundenen Übungen im 11. Kapitel noch einmal lesen. Betend jede Seligpreisung durchgehen und Christus bitten, mir in jeder zu zeigen, wie ich geheilt bin oder wie ich geheilt werden kann.

Jesus danken für die bereits geschehene Heilung.
Jesus bitten, auch in Zukunft mit mir zu sein und mir zu zeigen, wie sich mein Tag anders gestalten wird, weil er mich geheilt hat.
Jesus danken für die unsichtbare Heilung.

Die Heilung Christi ins Leben umsetzen.

Christus bitten, den Gegner so reich mit Gaben zu versehen wie mich selbst.
Was möchte Christus ihm durch mich geben?
Christus beim Bauen einer Brücke zum Gegner um Hilfe bitten, selbst wenn dieser niemals darauf eingeht.
Was hätte Christus für ihn getan durch das, was neu ist an mir? Wenn ich neue verborgene Gaben entdecke, diese aufschreiben.
Das Magnifikat (Lk 1,46–55) beten.
Gott für das Wachstum des Geistes in mir danken.
Gott auch für das unsichtbare Wachstum danken.

Die sieben Worte Jesu am Kreuz als Maß des Vergebens

Um so tief vergeben zu können wie Christus, müssen wir durch den Geist Christi wachsen, bis wir mit ihm die sieben Worte am Kreuz sprechen können: sein letzter Versuch zu vergeben. Wenn *mich* jemand verletzt, dann wartet Christus heute noch darauf, durch mich dieselben Worte zu sprechen, die er vor 2000 Jahren sprach – um den Preis seines Lebens.

Die einzelnen Schritte

1. Jemand wählen, der mich verletzt hat (jemand, für den ich nicht dankbar bin und von dem ich möchte, daß er sich ändert).
2. In Gedanken die Szene der Verletzung rekonstruieren, bis ich Zorn, Angst und die erste Reaktion auf die Verletzung wieder erlebe. Die Gefühle mit Christus teilen.
3. Das erste der sieben Worte am Kreuz nehmen und um Vergebung bitten, wo immer meine Vergebung nicht der Vergebung Christi entspricht.
4. Das Kreuz betrachten und weiter die sieben letzten Worte sprechen, bis ich sie so sprechen kann wie der verletzte Christus in mir.

Vater, vergib ihnen, denn sie wissen nicht, was sie tun (Lk 23,34)

Wo immer ich den Sünder im andern oder in mir selbst gehaßt habe, anstatt ihn zu lieben und um Zuwendung des Vaters zu beten: Herr, erbarme dich!

Für die Blindheit den Belastungen und vergangenen Verletzungen gegenüber, deretwegen andere mich unwillentlich verletzten: Herr, erbarme dich!

Daß es mich mehr getroffen hat, wie andere mich verletzten, und weniger, wie sie den Vater trafen: Herr, erbarme dich!

Daß ich nicht wie Christus als erster vergab, sondern wartete, bis andere meine Vergebung verdienten, indem sie sich ändern: Herr, erbarme dich!

Heute noch wirst du mit mir im Paradies sein (Lk 23,43)

Daß ich mich zu sehr auf meine eigenen Anstrengungen verlassen habe, in das Paradies der Zustimmung zu kommen, daß ich weniger um deine Kraft gebetet und mich von ihr abhängig gemacht habe: Herr, erbarme dich!

Daß ich Kritik, Verletzung und die Projektionen meiner eigenen Fehler zugelassen habe und für das Gute im andern blind war: Herr, erbarme dich!

Daß ich nicht sofort vergab, sondern erst Tage später: Herr, erbarme dich!

Daß ich niemanden bei mir haben wollte, der mir näher kommt und alles mit mir teilt, was ich geben kann: Herr, erbarme dich!

Frau, dies ist dein Sohn... Dies ist deine Mutter (Joh 19,26f)
Daß ich mich auf meinen Schmerz und meine Einsamkeit konzentriert habe und nicht auf meine Mitverantwortung für den Schmerz und die Einsamkeit anderer Menschen: Herr, erbarme dich!
Daß ich andere wie Fremde behandle, indem ich sie richte, übersehe, ihre Worte höre, aber die Gefühle nicht nachempfinde, daß ich andere selten um Hilfe bitte und meine „Familie" kaum erweitern möchte: Herr, erbarme dich!
Daß ich vor Verletzungen, Demütigungen und Verwundungen davonlief und nicht unter dem Kreuz blieb, um in Dankbarkeit mit Christus zu leiden und seine Liebe als Entgegnung anzubieten: Herr, erbarme dich!
Daß ich versagt habe, Strukturen zu verändern und die Gaben der andern zu gebrauchen, damit die Liebe auch dann noch weitergegeben wird, wenn ich einmal nicht mehr da bin: Herr, erbarme dich!

Mein Gott, mein Gott, warum hast du mich verlassen?
(Mt 27,46)
Für mein Selbstmitleid und mein Versagen, in Zeiten der Verlassenheit stärker Gott zu vertrauen und zu wissen, daß ich ihm näher sein kann als je: Herr, erbarme dich!
Für mein Versagen in den übertriebenen Reaktionen auf Verletzungen, für mein Versagen, Brücken zu bauen, und meine Kaltblütigkeit: Herr, erbarme dich!
Daß ich Gottesnähe mit dem *Gefühl* der Nähe verwechselte, anstatt Gott in meinem Nächsten zu finden: Herr, erbarme dich!
Daß ich versuchte, Gefühle, die ich nicht wahrhaben wollte, vor Gott zu verbergen: Zorn, Angst, Depression und den unterdrückten Schrei „Mein Gott, mein Gott, warum hast du mich verlassen?": Herr, erbarme dich!

Mich dürstet (Joh 19,28)
Daß mich der Durst nach der Sicht Christi nicht stärker peinigt: Herr, erbarme dich!
Daß ich den Durst, dem Schmerz auszuweichen, jenem Durst vorziehe, getreu zu sein bis in den Tod und immer wieder verletzt zu werden, indem ich neue Risiken eingehe: Herr, erbarme dich!
Daß ich versagt habe, durch Hunger und Durst nach Gerechtigkeit den Verletzungen vorzubeugen, die mir zugefügt wurden: Herr, erbarme dich!
Daß ich den Durst Christi nach Liebe noch verstärkt habe, indem ich mein Herz verschloß, wodurch auch andere sich verschlossen und Mißtrauen sich auf der Erde verbreitete: Herr, erbarme dich!

Es ist vollbracht (Joh 19,30)
Für den Eindruck, Vergebung wäre abgeschlossen, wenn ich mich wohl fühle, anstatt mich dem Leiden anderer zu öffnen und mich getrieben zu fühlen, ihre Verletzungen zu heilen und das von mir Zerstörte wiedergutzumachen: Herr, erbarme dich!
Für die Einbildung, ich hätte alles getan, wenn ich Gott bitte, das Böse im andern zu vergeben – und für das Versagen, das Böse in mir zu sehen und zu vergeben, wie Gott mir vergeben hat: Herr, erbarme dich!
Daß ich Vergebung für abgeschlossen hielt, ohne Brücken zu bauen und eine liebevollere Umwelt zu schaffen: Herr, erbarme dich!
Daß ich einen Tag beendet habe, ohne die Verwundungen zu heilen, so daß ich morgen wieder die Kraft habe zu lieben, ohne daß alte Wunden mich daran hindern: Herr, erbarme dich!

Vater, in deine Hände lege ich meinen Geist (Lk 23,46)
Für das Versagen, alles deinen Händen anzuvertrauen, indem ich dich bitte, deinen Geist auszugießen und so zu heilen, wie du allein heilen kannst: Herr, erbarme dich!
Daß ich versagt habe zu sehen, wie das Leiden Christi in

meinem Leben weitergeht und deine Vaterhände allgegenwärtig sind, um aus allem Leid, das ich in der Sicht Christi annehme, ein größeres Gut wachsen zu lassen: Herr, erbarme dich!
Daß ich versagt habe, meine Hände deine Hände werden zu lassen, um zu ändern, was geändert werden kann, und daß ich deine Hände nicht anrühren lasse, was nicht geändert werden kann: Herr, erbarme dich!
Daß ich deine Hände nicht überall am Werk gesehen habe und dir nicht gedankt habe für alles Wachstum, indem ich dich, den Nächsten und mich selbst liebe: Herr, erbarme dich!

Anhang II
Befreiung zum Sterben

Von Mary Jane Linn[16]

1. Vater, vergib ihnen, denn sie wissen nicht, was sie tun (Lk 23,34)

„Rita", sagte ich leise und legte meine Hand in die ihre, „ich bin gekommen, um bei dir zu sein."

„Ja, komm! Sag den anderen, sie sollen beten!"

Ihre flehenden Augen bestätigten, was wir beide wußten: Rita lag im Sterben. Wir hatten oft davon gesprochen. Niemand im Saal glaubte jedoch, daß sie diesmal sterben würde, genausowenig wie all die anderen Male, als sie einen schlechten Tag hatte. Einige Jahre lang, so erzählte mir die 82jährige, hätte sie einen Herzschrittmacher getragen. Wurde sie unvorsichtig oder war mit dem Herzschrittmacher etwas nicht in Ordnung, dann schien ihr und denen, die ihr nahestanden, daß sie sterben werde. Oft aber stand sie am nächsten Tag wieder auf und ging herum, um jeden wissen zu lassen, daß sie noch am Leben war. Als das wieder und wieder geschah, glaubten ihr die Menschen in ihrer Umgebung allmählich nicht mehr. Das, sagte sie, hätte sie tief verletzt.

Aber dieses Mal würde es keinen nächsten Tag mehr geben. Ihre Bitte „Sag ihnen, sie sollen beten" kam von tief innen. Sie schien zu fühlen, daß ihre Zeit gekommen war, zum Vater heimzukehren und den Lohn der Ewigkeit zu erhalten. Sie wollte, daß die Schwestern jetzt für sie beteten – wie oft hatte sie für die gebetet, die ihr vorausgegangen waren! Tatsächlich hatte sie mir viel geholfen. Vor ein paar Tagen erst hatte *sie* die Totenwache für eine sterbende Freundin gehalten. „Wie sollen wir beten?" hatte ich sie gefragt. Wir hielten einen

---

[16] Die Gebete am Ende der einzelnen Abschnitte sowie der letzte Abschnitt in diesem Anhang II sind von Dennis und Matthew Linn angefügt.

Moment inne, um Jesus zu fragen, wie *er* wollte, daß wir beten sollen. Dann begann Rita damit, die anderen um Gebet für die Sterbende zu bitten. Sie hatte auch eine echte Gabe, andere zum Durchhalten zu ermutigen: „Betet weiter, bis das Ende kommt!"

Als ich jetzt von einer zur anderen ging und um Gebet für Rita bat, merkte ich zu meinem Erstaunen, daß nicht eine einzige bereit war, für sie zu beten. Nicht eine glaubte, daß sie tatsächlich im Sterben lag. Von fast allen bekam ich die gleiche Antwort: „Abwarten – morgen früh wird sie wieder auf sein und herumgehen! Sie sind erst zwei Monate hier, Sie wissen noch nicht, wie sie immer wieder zum Leben zurückkommt."

Keine einzige war bereit, mitzukommen und bei Rita zu sein, nicht eine! Das machte mich traurig. Ich wußte, daß es Rita traurig machen würde. Als ich zurückkam, sagte sie verbittert: „Sie glauben dir nicht, nicht wahr?" Ich sah, wie ihr eine Träne die Wange herunterlief. Ich kniete nieder. Ich fragte mich, wie ich für sie beten sollte. Schließlich sagte ich unhörbar: „Herr, erbarme dich unserer Blindheit und Herzenshärte! Vater, vergib uns!"

„Bleib!" bat sie. „Jetzt möchte ich sterben." Ich verstand, daß mein Gebet für sie einfach darin bestand, bei ihr zu sein, im Namen Jesu den Vater um die Gabe der Vergebung und der Liebe zu bitten, bis Jesus selbst zu ihr kommen würde.

„Rita", sagte ich leise, „ich bleibe, bis Jesus zu dir kommt. Ich bete, wie er mich leitet, für dich zu beten. Du brauchst nur in den Armen des Vaters zu ruhen. Beten werde *ich*. Wenn du irgend etwas möchtest – ich bin da. Ich will bleiben, bis er kommt, um dich in den Himmel zu nehmen."

Am Morgen hatte sie das Sakrament der Krankensalbung empfangen, jetzt salbte ich ihr Stirn und Hände mit geweihtem Öl. Dann legte ich meine Hand in die ihre und begann leise zu beten: „Herr Jesus, ich danke dir für deine Liebe zu Rita. Ich bitte dich, daß du ihr in deinem Erbarmen die Gabe der Liebe und des Vergebens schenkst. Du weißt, Herr, würden ihre Schwestern verstehen, wie es um Rita steht, dann würden sie auch für sie beten. Erfülle jede Form der Dunkelheit in und um Rita mit deinem Licht und deinem Leben. Danke, Jesus!" Ich betete weiter, wie er mich führte. Bald darauf kam auch noch die Mutter Oberin.

Gegen Abend wurde einigen Schwestern der Ernst von Ritas Zustand bewußt. Sie hatten gesehen, wie wir mit ihr beteten. Eine nach der anderen hielten sie inne, wo sie gerade vor der offenen Tür standen, und schlossen sich unserem Gebet an. Eine Freundin stand lange Zeit am Bett und hielt ihre Hand. Rita rang nach Luft, es gelang ihr, leise zu sagen: „Danke." Die nächsten Stunden waren voller Sanftheit und Ruhe.

Kurz nach Mitternacht stützte sie sich auf die Ellbogen und murmelte: „Ach, du bist noch da. Sag ihnen, ich vergebe. Ich werfe ihnen nichts vor. Vater, vergib ihnen! Bleib hier!" Dann brach sie zusammen.

Sie war jetzt bewußtlos. Ich erkannte, daß sie in diesem Moment das Leben losgelassen hatte. Diesmal war es ihr möglich, zu sterben. Wir waren mit ihr und hatten ihr ermöglicht, zu vergeben.

Ich blieb, bis sie um 6.45 Uhr morgens starb. Ich fragte mich, ob sie schon bei einem der früheren Anfälle gestorben wäre, wenn es ihr möglich gewesen wäre, den anderen zu vergeben wie Jesus.

Vater, vergib ihnen, denn sie wissen nicht, was sie tun.

Gebet

Jesus, selbst jene, die du geheilt hast, schrien: „Kreuzigt ihn!" Sie schlugen dir Nägel in Hände und Füße. Deine zwölf besten Freunde verrieten dich, verleugneten dich, stahlen sich davon. In der spottenden Menge tauchten sie unter. Selbst als man dich anspuckte, versuchtest du noch, jene zu lieben, die so verwundet und so unsicher waren, daß sie auf diese Weise auf dich losgingen. Noch als dein Körper vom Schmerz erschüttert war, schriest du nach der Liebe des Vaters, daß er die Verwundeten heile, die nichts verstanden. „Vater, vergib ihnen, denn sie wissen nicht, was sie tun."

Jesus, laß auch mich all denen vergeben, die mich verwundet haben. Laß mich unter deinem Kreuz so ehrlich sagen wie du: „Vater, vergib ihnen, denn sie wissen nicht, was sie tun." Laß mich das mit dir sagen, bis ich bereit bin, jeden Menschen zu umarmen, der dich in mir verletzt hat. Laß mich sie mit deiner heilenden Liebe erfüllen, bis sie wissen, daß du dein Leben für sie hingegeben hast – und daß ich es auch tun möchte.

2. Heute noch wirst du mit mir im Paradies sein (Lk 23,43)

Bevor er sterben konnte, hatte Jesus einem anderen das Paradies zu erschließen: nicht Petrus oder einem anderen Jünger, die in ihrer Trauer davongelaufen waren, sondern dem rechten Schächer. Auf die einfache Bitte: „Denk an mich, wenn du in deiner Macht als König kommst" (Lk 23,42), erschloß Jesus ihm den Weg zum ewigen Leben.

Immer wieder erlebe ich es, daß jemand, um sterben zu können, sein Paradies um sich versammeln muß, um es jemand anderem zu erschließen. Für jeden Menschen ist dieses Paradies etwas anderes: für die einen ihr Lebenswerk, für die anderen die Musik oder die bildende Kunst oder ihr Lehrplan, etwas, das sie selbst geschaffen haben, für noch andere ist es ein vertrautes Gebet, das sie jemand anderem gegenüber aussprechen möchten, der es versteht. Was es auch sein mag, jeder Sterbende muß sich von dem trennen, was ihm das Paradies bedeutet. Er kann nicht immer wählen, wem er seine Gabe anvertrauen will. Manchmal geschieht es, daß eine Freundin vorbeikommt, die sagt: „Deine Musik hat mir soviel bedeutet, ich möchte in deine Fußstapfen treten. Ich möchte dort weitermachen, wo du aufgehört hast. Lehre mich alles, was du kannst!" Wie bei Jesus wird das Paradies häufig einfach dem übergeben, der gerade da ist und darum bittet und gar nicht weiß, worum er bittet. Und im Austausch erfüllt Jesus die entstandene Leere mit ewigem Leben.

So war es mit der 84jährigen Ruth, die mir eines Nachmittags ihr Paradies übergab. Ich trank mit ein paar Freunden eine Tasse Tee und hörte, wie jemand ihren Namen erwähnte. Ich wußte, daß ich sie auf der Stelle besuchen mußte. Auf dem

Weg zu ihrem Zimmer sagte man mir, daß Ruth den ganzen Tag bewußtlos gewesen sei und nicht einmal wüßte, wer ich sei. Ich fand sie zusammengekrümmt daliegen, als schliefe sie. Ich zog mir einen Stuhl ans Bett und legte meine Hände auf die ihren. Sie schreckte auf.

Mary Jane: Ich bin gekommen, eine Weile bei dir zu bleiben. Ich bin Mary Jane.
Ruth: Ja. (Sie öffnete die Augen.)
Mary Jane: Du siehst aus, als möchtest du etwas sagen.
Ruth: Ja, ich möchte. (Sie war wieder abwesend.)
Mary Jane: Ruth, möchtest du, daß ich mit dir bete?
Ruth: Oh, ja.
Mary Jane: Worum möchtest du, daß ich mit dir bete? (Lange Pause.)
Ruth: Ja... Ich habe Angst.
Mary Jane: Es ist doch ganz natürlich, daß man stirbt.
Ruth (langsam): Ist es wirklich natürlich, zu sterben?
Mary Jane: Ja, du hast ein langes und erfülltes Leben hinter dir.
Ruth: Ja.
Mary Jane: Du hast dein ganzes Leben dem Herrn übergeben.
Ruth: Ja.
Mary Jane: Gott liebt dich, wie du bist.
Ruth: Ich möchte meine Gelübde erneuern, aber ich weiß die Worte nicht mehr.
Mary Jane: Wir sprechen sie zusammen.
Ruth: Danke. Ich bin bereit.
Mary Jane und Ruth zusammen: Vater, Sohn und Heiliger Geist: Ich erneuere meine Gelübde der Armut, der Keuschheit und des Gehorsams. Hilf mir, ihnen getreu zu sein. Amen.

Plötzlich spürte ich, daß mir Ruth ihr gesamtes Ordensleben übergeben hatte und wollte, daß ich dieses Leben mit meinem zusammen dem Vater übergebe. Tief innen wußte ich, daß ich die Tradition dieses geweihten Lebens in der Kirche für sie und für mich fortführen sollte zur Verherrlichung des Vaters. Ich wußte, daß Ruth mir ihr Paradies übergeben hatte.

Nach einer langen Pause:
Mary Jane: Soll ich dich mit Öl salben?
Ruth: Oh, ja.
(Ich salbte ihr Stirn und Hände mit dem Kreuzzeichen.)
Mary Jane: Es ist jetzt drei. Ich bleibe bis gegen halb fünf bei dir. Ich bleibe einfach hier sitzen, bete still und halte deine Hand. Du kannst ruhig schlafen. Ich wecke dich, bevor ich gehe. Was meinst du?
Ruth: Oh, ja, bleib hier und bete ein bißchen!
(Ruth schlief, während ich einfach dasaß und für uns beide mit dem Herrn zusammen war.)
Mary Jane: Ruth, es ist jetzt halb fünf, ich werde dich eine Zeitlang verlassen. Soll ich etwas später wiederkommen?
Ruth: Mir geht es gut, du brauchst nicht wiederkommen.

Innerhalb der nächsten Stunde starb Ruth voller Frieden. Über das Erleben mit Ruth machte ich mir folgende Notiz: „Der einzige Grund, bei ihr zu sein, war, sie zum Sterben zu befreien. Ein Tag ihres Lebens sollte mit der Gegenwart des Herrn erfüllt sein, mit seinem Leben. Wenn die Tage so dahingehen und sich gleichen wie Einatmen und Ausatmen, dann kann nur der Herr noch etwas Neues schaffen. Er ist durch mich zu ihr gekommen und hat mir ermöglicht, ihr beizustehen und ihr Paradies zu übernehmen. Durch diese Hingabe wurde sie zum Sterben befreit – das Paradies von ihrem Herrn und Heiland zu empfangen."

Heute noch wirst du mit mir im Paradies sein.

Gebet

Jesus, in deiner letzten Stunde hast du vieles dahingegeben. Du hast deine Wohnung im Paradies dem Schächer übergeben, deine Kleider den Soldaten und dein Bildnis der Veronika. Beim Letzten Abendmahl hast du dein Leben und deine Sendung hingegeben. Du hast uns zu *einem* Leib werden lassen. Du hast uns die Füße gewaschen, damit wir einander die Füße waschen. Jesus, zeig mir, was ich hingeben kann, meine Schätze, ein bestätigendes Wort, die wenigen Dinge, mit denen ich dienen und andere zum Dienst rufen kann. Laß mich nicht nur die Freunde sehen, sondern auch das Angesicht des Schächers, der braucht, was ich geben kann. Hilf mir, *heute* noch ein bißchen von meinem Paradies dahinzugeben!

3. Frau, dies ist dein Sohn... Dies ist deine Mutter (Joh 19,26f)

Ich selbst habe oft um die rechte Erkenntnis zu kämpfen – wie zum Beispiel im Falle von Grace. Vom ersten Tag in Bethanien an schlug mir eine Schwester nach der anderen vor: „Du solltest zu Grace gehen, sie ist so allein. Ihre beiden Schwestern sind im vergangenen Jahr gestorben. Grace ist wirklich jemand, den du besuchen solltest."

Wie erkenne ich, ob der *Herr* möchte, daß ich bei Grace bin? Gewiß, manchmal spricht er durch andere Menschen, wie etwa durch Graces Freundinnen. Dann aber sagt mir wieder eine *innere* Stimme, ich solle warten. Im Gebet schien es recht, zu warten: Der Herr würde mir zur rechten Zeit zeigen, wann ich zu Grace gehen solle.

Ich brauchte nicht lange zu warten. Eines Sonntagnachmittags fühlte ich mich innerlich gedrängt, nach Bethanien zu fahren. Ich wußte nicht, warum, ich fuhr einfach. Ich ging den Korridor im dritten Stock entlang. Durch eine offene Tür sah ich eine weißhaarige Schwester, die neben ihrem Bett saß und ihr Schatzkästlein leerte. Ich trat ein und setzte mich hin.

„Alleweil", sagte sie, „nehme ich diese Zigarrenkiste heraus, um mir meine Schätze anzusehen. Das hier ist ein Bild meiner Schwester Barbara, und das hier ist meine andere Schwester Cäcilia. Sie sind vor etwas mehr als einem Jahr gestorben." Das ist also Grace, dachte ich. Sie fuhr fort: „Und hier, das ist mein lieber Freund Paul. Er hat das Priestertum verlassen und sich verheiratet. Das ist ein Bild von seiner Frau und den zwei Kindern. Das Herz tut mir weh für Paul. Manchmal möchte ich, daß er noch Priester wäre. Aber ich liebe ihn – ganz gleich, was er tut."

Grace redete und redete, indem sie Schatz um Schatz zutage förderte. Ich saß einfach da und hörte zu. Nach mehr als drei

Stunden schaute sie mich an und sagte: „Jetzt habe ich dir alles erzählt. Aber bevor du gehst, möchte ich noch etwas." Ich betete still: „Vater, was es auch sein mag, das diese Schwester möchte – ich weiß, du willst es ihr geben."

„Was möchtest du?" sagte ich laut.

„Mehr als alles andere in der Welt möchte ich mit dem Heiligen Geist erfüllt werden. Ich möchte alles so sehen wie Jesus. Ich möchte noch mehr im Herrn leben.Ich möchte eine ganz intime Beziehung zum Herrn."

Ich stand auf, legte ihr die Hände auf und betete: „Vater, ich danke dir für deine Liebe zu Grace. Gib ihr all das, worum sie bittet. Im Namen unseres Herrn Jesus Christus bitte ich dich um die Erneuerung aller Gaben des Heiligen Geistes, die Grace durch das Sakrament der Taufe schon empfangen hat, im Namen des Vaters, des Sohnes und des Heiligen Geistes."

„Nie bin ich so glücklich gewesen", sagte sie. „Auf Wiedersehen bis nächste Woche."

Als ich acht Tage später von einer Reise zurückkehrte, sagte man mir, Grace hätte einen Schlaganfall erlitten, sie sei total gelähmt und bewußtlos. Während der nächsten fünf Tage saß ich drei- bis viermal täglich eine Stunde an ihrem Bett. Ich erzählte ihr, daß ich gekommen wäre, um mit ihr zu beten. Alles, was sie zu tun hätte, wäre, in den Armen des Vaters zu ruhen – das Beten würde ich übernehmen. Grace wußte, daß ich da war.

Am Morgen des sechsten Tages sah ich sie an und spürte, daß sie starb. Ich sagte: „Grace, möchtest du Paul noch einmal sehen?" Zum ersten Mal seit einer Woche öffnete sie die Augen. Ich wußte, daß sie ihn sehen wollte. Ich ging zu ihrer besten Freundin Elisabeth und schlug ihr vor, Paul anzurufen und ihn zu bitten, er möge kommen. Irgendwie spürte ich, daß Elisabeth nicht anrufen würde. So betete ich einfach. Ich ging zu Grace zurück und sagte: „Grace, wir beten jetzt, daß Paul kommt. Du ruhst in den Armen des Herrn, und ich bete. Ich bete, bis er kommt." Um halb elf begann ich zu beten: „Vater, im Namen Jesu bitte ich dich, finde Paul! Sag ihm, er soll alles liegen und stehen lassen und kommen. Wenn er nicht bis zum frühen Nachmittag hier ist, wird Grace wieder bewußtlos. Du weißt, wie wichtig es für Paul ist und auch für Grace. Grace und ich warten, bis er kommt.“ Ich versuchte mir vorzustellen, wie Paul vom Schreibtisch aufstand, in den Wagen sprang und nach Bethanien fuhr. Dann betete ich ruhig weiter, wie der Herr mich führte.

Mittags stand ein Mann in der Tür. „Sie müssen Paul sein“, sagte ich und bat ihn, hereinzukommen. „Ich werde draußen warten“, sagte ich.

„Sie hat mich erkannt“, war alles, was Paul sagen konnte, als er aus Graces Zimmer zurückkam.

„Wie kommt es, daß Sie gerade heute kamen?“fragte ich. „Ich war bei der Arbeit“, sagte er. „Um halb elf sah ich auf die Uhr und dachte, ich muß jetzt zu Grace. So ließ ich alles liegen und stehen und kam.“

Ich erzählte Paul, daß Grace und ich gebetet hätten, und dankte ihm, daß er auf den Heiligen Geist gehört und prompt reagiert hatte. Hätte er bis gegen Abend gewartet, dann hätte Grace ihn mit aller Wahrscheinlichkeit nicht mehr erkannt.

Paul ging wieder zu Grace und sagte: „Wenn du in den Himmel kommst, dann grüße bitte Barbara und Cäcilia von mir. Bis bald ... Bitte, warte auf mich!“

Sobald Paul gegangen war, verlor Grace das Bewußtsein. Zwei Stunden später war sie tot. Tatsächlich aber ließ sie das Leben in dem Augenblick los, in dem sie Paul „Auf Wiedersehen“ gesagt hatte. Wie Jesus ein letztes Wort für Maria und Johannes hatte, so hatte Grace Paul noch etwas zu sagen.

Frau, dies ist dein Sohn ... Dies ist deine Mutter.

Gebet

Herr Jesus, deine Mutter liebte dich von Anfang bis zum Ende. Sie bewegte jedes Wort und jedes Lächeln in ihrem Herzen. Sie kannte die Geheimnisse deines Herzens. Sie wußte, daß du bereit warst, Wasser in Wein zu verwandeln, selbst als du sagtest, deine Zeit sei noch nicht gekommen. Sie lebte nur für dich. Niemand hast du mehr geliebt und mehr verletzt, als du am Kreuz hingst. Du wolltest ihr deinen größten Schatz auf Erden geben. So gabst du ihr den Jünger,

„den du liebtest“, Johannes. Er sollte sie lieben, wie du sie nicht mehr lieben konntest. „Dies ist deine Mutter ... Dies ist dein Sohn.“

Jesus, laß mich die Gesichter jener erkennen, die mich all die Jahre hindurch geliebt haben. Zeig mir das Antlitz dessen, der lacht, wenn ich lache, der weint, wenn ich weine, und der mich am meisten vermissen wird. Wen zu verlassen wird *mir* am schwersten fallen? Maria und Jesus, ich gebe euch diesen Menschen. Nehmt meinen Schatz! Laßt mich euch sagen, wie ihr ihn am besten behütet und beschützt. Zeigt mir, wie ihr ihn für immer bewahren werdet.

4. Mein Gott, mein Gott, warum hast du mich verlassen? (Mt 27,46)

Jesus hatte Angst, als er starb. Diese Angst sollte gehört werden. So war es auch mit Lucy. Sie hatte, so scheint mir, mehr Angst als alle anderen. Und auch ich hatte mehr Angst als sonst.

Sie hatte Angst zu sterben – das war *ihre* Angst. Ihre Passion stand am Ende eines langen und schweren Kampfes mit dem Krebs. Das schwierigste daran waren, so sagte sie mir, die Depression, die Traurigkeit und die Entmutigung, die sie durchlebt hatte, als ihre Körperkräfte immer mehr nachließen. Hinter all diesen Schwierigkeiten, so vertraute sie mir an, stand ihre Angst vor dem Sterben. Daß ihre Krankheit zu Ende ging, war ihr und mir klar. Der Tod stand, so wußten wir beide, unmittelbar bevor.

Jetzt war ihr Todeskampf auf dem Höhepunkt angelangt. Sie quälte sich mit zermürbenden Selbstvorwürfen, ihr Elend war kaum erträglich. Ihr ganzer Körper war ruhelos und fiebernd erregt. Nichts half ihr, die Angst hielt sie fest.

„Bete für mich“, sagte sie. „Ich habe solche Angst zu sterben.“

Ich stand neben ihr, hielt ihre Hand und betete laut: „Vater, im Namen Jesu kommen wir zu dir und bitten dich, nimm alles von Lucy, was nicht von dir ist. Nimm alle Furcht und Angst von ihr und erfülle sie mit deiner Liebe und deiner Gnade.

Heilige Mutter Gottes, sei mit ihr und beschütze sie vor allem Übel. Heiliger Josef, Patron der Sterbenden, wir bitten für sie. Vater, wir bitten dich, laß alle Wirkungen des Sakramentes der Krankensalbung, das sie heute morgen empfangen hat, sich in Lucy entfalten. Amen."

Als ich ihr die Stirn mit dem Kreuzzeichen salbte, geschah etwas mit mir. Plötzlich fühlte ich mich allein von dem Gedanken, bei Lucy zu sein, geschweige denn mit ihr zu beten, derart abgestoßen, daß alles in mir davonlaufen wollte – und zwar so weit wie möglich. Ich zwang mich, ihr die Hand zu halten und ihr das Gesicht zu waschen. Aber alles an Lucys Tod ekelte mich. Ihr Atem war mühsam und unerträglich laut. Wo ich mich aufhielt, immer spürte ich ihren Atem im Gesicht. Es schien, als hätte auch ich den Tod anzunehmen. Ich roch ihn, ich schmeckte ihn. Die angsterfüllten Augen, die eiskalte Haut, die Zunge, all das wurde ein Teil von mir. Ich spürte, wie ich selbst in den Tod einsank. Ich wurde zum Tod. Ich spürte, wie ich starb.

Als wäre ich bereits im Jenseits angelangt, begann ich den Namen Jesu im Rhythmus von Lucys Atem zu beten. Sie atmete den Geist Jesu ein, ich betete: „Je . . .sus." Sie atmete aus, ich betete: „Je . . .sus." Das war alles.

Daraus ergab sich eine große Ruhe und ein Hauch des Friedens: Frieden in Lucy, Frieden im Raum, Frieden in mir.

Ich wollte nicht länger fortlaufen.

Ich war wieder frei: Ich konnte gehen oder bleiben.

Ich entschied mich zu bleiben. Lucys letzte Worte „Ich kann jetzt sterben" bestätigten, was ich sah und fühlte: Die Tortur, die Angst und die Furcht waren gewichen. Die Wache an ihrem Totenbett dauerte nur drei Stunden, sie blieb friedlich bis zum letzten Atemzug.

Was Lucy zum Sterben befreite, war einfach mein Dasein. Sie konnte mir ihre Schwäche mitteilen, ohne gerichtet oder verurteilt zu werden. Trotz der Kürze dieser Totenwache hat Lucy mich am meisten über den Tod gelehrt. Wie ich ihr ermöglichte, mir Furcht und Bedrückung mitzuteilen, so ermöglichte sie mir, ihr meinen inneren Kampf mitzuteilen, zu bleiben oder zu gehen. So konnten wir gegenseitig die

Finsternis des anderen erleiden und zusammen in Frieden sterben.

Zweitens ermöglichte mir der Todesschauer, den ich erlebte, ein tieferes Mitgehen mit jenen, die denselben Ekel empfinden wie ich. Vielleicht ist dieses Gefühl des Abgestoßenseins der Grund, daß häufig sich niemand den Sterbenden nahen möchte und daß diejenigen, die es dennoch tun, voller Hemmungen sind. Ich habe verstanden, daß meine Zuwendung sich nicht nur auf die Sterbenden erstrecken sollte, sondern auch auf die Schüchternen, die helfen möchten, aber die sich nutzlos und fehl am Platz vorkommen.

Drittens möchte ich fragen, ob die Sterbende dasselbe Abgestoßensein dem Tod gegenüber empfand wie ich. Wie aber kann ich vor jemandem davonlaufen, der sein eigenes Angewidertsein empfindet? Wenn ich gehe, wer wird dann bleiben? Ist es nicht einfach ein Akt der Nächstenliebe, durch dieses ganze Leiden hindurch bei ihr zu bleiben? Bleiben heißt hier: beten.

Schließlich frage ich mich, ob es nicht der Böse ist, der möchte, daß ich fortlaufe. Ob er nicht versucht, in mir falsche Barrieren aufzurichten in der Hoffnung, mich einzuschüchtern, bis ich weglaufe und die Sterbende allein lasse? Aber ich brauche ja gar nicht wegzulaufen, denn Jesus ist der Sieger! Ein gläubiges Gebet im Namen Jesu kann den Bösen vertreiben! Ich brauche Jesus nur zu bitten, dem Sterbenden die Furcht, die Angst, den Schmerz zu nehmen, wenn wir an einem Sterbebett wachen. Das genügt häufig, um allem ein Ende zu setzen, was sich der Ruhe und dem Frieden eines Sterbenden widersetzt.

Aber manchmal müssen wir, die wir Wache halten, die Bedrückung mit dem Sterbenden teilen. Mit Lucy hatte ich Angst, bis diese Angst schlagartig aufhörte. Nachdem sie erhört worden war, konnte sie in Frieden sterben.

Mein Gott, mein Gott, warum hast du mich verlassen?

Gebet

Herr, du hast alles ertragen, was du bei deinem Tod empfandest. Als dein Körper vor Schmerz erzitterte und deine

Freunde sich verbargen, schien es, als hätte selbst der Vater sich von dir abgewandt.

Du fragtest ihn, warum du so vieles allein durchstehen mußtest: „Mein Gott, mein Gott, warum hast du mich verlassen?“

Jesus, wenn meine Todesstunde naht, laß auch mich all meine Angst ertragen und sie dem Vater mitteilen. Laß mich alles ertragen, wie krank ich auch sein mag, damit ich alle Zuwendung des Vaters empfangen kann. Beschütze mich vor Schmerz, Einsamkeit, Lähmung und Verlust des Verstandes, die ich fürchte, wenn ich andere sterben sehe. Wenn ich etwas durchstehen muß, dann sei du mit mir, so daß mein Leiden zu deinem Leiden wird. Ich bin ein Feigling, nimm mich bei der Hand!

5. Mich dürstet (Joh 19,28)

Jesus dürstete – und so dürstete auch Kate nach Erleichterung. Sie lag schon zwei Monate im Krankenhaus und litt an einer unheilbaren Blutkrankheit. Ihr Zustand verschlechterte sich zusehends. Als ich bei ihr war, hatte sie nur *einen* Wunsch: „Ich möchte heim.“

Zwei Tage nach meinem Besuch sagten die Ärzte, daß sie nichts mehr tun könnten. Sie erlaubten uns, Kate heimzunehmen, und gaben uns ein Rezept für schmerzlindernde Mittel. Ich sagte: „Ich werde zu all deinen Freundinnen gehen und ihnen sagen, daß du wieder da bist. Möchtest du, daß ich ihnen irgend etwas Bestimmtes sage?“

„Ja“, sagte sie, „sie sollen jetzt für mich beten.“

Es war Mittwoch, vier Uhr nachmittags. Als erster begegnete ich Anne. „Ich brauche Hilfe“, sagte ich. „Kate ist gerade aus dem Krankenhaus gekommen. Sie möchte, daß alle wissen, daß sie wieder da ist. Und sie möchte, daß wir *jetzt* für sie beten. Bitte, hilf mir, daß alle es erfahren.“

„Was soll ich ihnen sagen?“ fragte Anne.

„Frag jede, ob sie jetzt für Kate beten möchte und wie lang. Sag ihnen, daß wir später berichten werden, was die Gebete bei Kate bewirkt haben.“

„Sie kam heim, um zu sterben", sagte Anne wissend. Im Rollstuhl bewegte sie sich von einer zur andern und verkündete sanft, daß man bei Kate wachen und für sie beten müsse.

Am Abend machten Anne und ich noch einmal die Runde. Jemand hatte eine halbe Stunde Gebet angeboten, andere zwei Stunden. Wir sagten ihnen, daß Kate das Sakrament der Krankensalbung empfangen hatte und daß sie im Sterben lag. Und daß sie möchte, daß wir weiter beten, soviel wir können. Wir vereinbarten, am Morgen zu ihnen zurückzukehren und ihnen Einzelheiten über Kates Zustand mitzuteilen.

Wir beendeten diese Runde und kehrten zu Kate zurück: Anne sagte: „Jeder betet für dich. Wir werden auch in der Nacht weiter beten – und dann wieder am Morgen. Hab keine Angst! Es ist schön, daß du daheim bist."

„Daheim, Gott sei Dank", seufzte Kate.

„Daheim in deinem eigenen Bett, in deinem eigenen Zimmer und mit deinen eigenen Schwestern", sagte ich.

Sie nickte. „Der Schmerz wird wieder schlimmer, bete mit mir!"

„Herr Jesus", begann ich, „in deinem Erbarmen nimm Kate den Schmerz, laß die Medikamente wirken. Laß sie deinen Frieden und deine Ruhe verspüren, mit denen du den Schmerz des Körpers aufhebst." Ich hielt ihre Hand.

Wie liebevoll ihr Zimmer für ihre Heimkehr hergerichtet war! Der Fußboden glänzte, das Bett war sorgfältig gemacht, um sie herum waren all die Kleinigkeiten, die sie gern hatte. In ihrem Blickfeld auf dem Tisch stand neben der Bibel das Bild ihrer Mutter, so wie Kate es immer gehabt hatte. Unter dem Kopfkissen war das kleine Kruzifix festgemacht, das sie fast 60 Jahre lang getragen hatte. In Reichweite lag ein abgenutztes Notizbuch: „Meine liebsten Gebete". Wie um das Ganze noch abzurunden, kam eine Freundin auf Zehenspitzen, den Rosenkranz zwischen den Fingern. Sie drückte Kates Hand, betete langsam ein „Gegrüßt seist du, Maria" und verschwand wieder.

Ich tat, was ich konnte, um es ihr bequem zu machen: Ich rieb ihr den Rücken, wusch ihr Hände und Gesicht, benetzte ihr die Lippen. Mit einem Strohhalm ließ ich sie Wasser trinken. Ich dachte, ich könnte jetzt mit ihr über den Tod sprechen. Dann aber erinnerte ich mich, daß sie mir einige Monate zuvor erzählt hatte, wie sie sich über das Heute freute und nicht an morgen dächte. Offenbar hatte sie schon viel früher die Tatsache ihres Begrenztseins angenommen. Schon damals hatte ich gespürt, daß sie innerlich und äußerlich mit sich im Frieden war. Jetzt erkannte ich, daß der Schmerz vergangen war. Sie wollte nicht mehr sprechen. Es genügte, daß ich ihr die Hand hielt und schweigend mit ihr betete, daß der Friede sie bis zum Ende und darüber hinaus umgab.

Mit Kate erlebte ich das gleiche wie mit jeder Schwester. Sie schien zu wissen, wann ihre Zeit gekommen war. Ist eine bereit zu sterben, dann möchte sie nur etwas menschlichen Beistand, ihr liebstes Kissen, ein bißchen Tee und einen Händedruck. Elisabeth Kübler-Ross zitiert dazu das Beispiel eines 23jährigen Sterbenden. Er erzählte ihr, nachts wäre er im Zug gefahren und hätte den Schaffner gebeten, drei Zentimeter vor dem Bestimmungsort zu halten. Kübler-Ross deutet die Symbolsprache der Träume so: Der Zug war sein Leben und der Schaffner Gott. Der Mann bittet Gott um eine winzige Verlängerung seiner Lebenszeit. Kübler-Ross fragte ihn, ob sie ihm helfen könne. Er bat sie, seine Mutter heimzuschicken, um Brot zu backen und seine liebste Suppe zu kochen. Die Mutter ging heim und brachte ihrem Sohn Suppe und Brot. Er aß ein bißchen davon, verlor das Bewußtsein und starb in Frieden.

Brot und Suppe waren das, was dieser Mann sich wünschte. Kate wollte heim. Das hieß für sie, in dem Bett zu liegen, in dem sie 17 Jahre geschlafen hatte – mit den vertrauten Dingen um sich herum. Mehr als alles andere aber bedeutete es die Gegenwart ihrer Freundinnen und die Totenwache.

20 Stunden, nachdem sie heimgekommen war, starb sie in Frieden.

Mich dürstet.

Gebet

Jesus, dich dürstete, als dein Blut floß. Aber noch tiefer dürstete dich nach dem Vater und den Freunden. Deswegen nahmst du es nicht an, als man dir zu trinken gab. Du hattest Heimweh und du sagtest: „Von jetzt an werde ich nicht mehr von dieser Frucht des Weinstocks trinken bis zu dem Tag, an dem ich von neuem mit euch davon trinken werde im Reich meines Vaters.“ Jesus, ich will dir nicht nur meine Furcht vor dem Tod mitteilen, sondern auch mein Heimweh nach einem guten Tod. Laß mich dir sagen, was ich noch tun möchte, bevor ich sterbe, wo ich sterben möchte, wen ich an meiner Seite haben und wie ich die letzten Stunden verbringen möchte. Jesus, wie möchtest *du,* daß ich sterbe?

Um Gottes Willen frei zu wählen, stellte sich der heilige Ignatius sich selbst auf dem Totenbett vor. Er wollte sehen, welche Wahl er treffen würde.

6. Es ist vollbracht (Joh 19,30)

Die drei Begegnungen, die ich mit Mara hatte, fanden innerhalb einer Woche statt. Die erste war am Sonntagnachmittag. Ich saß einfach da und hörte eine Geschichte nach der andern ihres erfüllten Lebens als Schwester, Musikerin, Lehrerin, die die Menschen, Gott und die Schöpfung liebte. Gegen Abend bekannte sie mit einem Stoßseufzer der Erleichterung: „Es tut gut, jemanden zu haben, dem ich all das noch mitteilen kann. Meine engsten Freunde sind längst bei Gott. Ich warte nur darauf, ihnen zu begegnen. Inzwischen erinnere ich mich einfach, wie treu Gott gewesen ist und was er alles durch mich gewirkt hat.“

Als ich ging, war ich sehr glücklich, ein ganzes Leben innerhalb von Stunden überschaut zu haben. Mir gefiel jedes Wort ihrer Glaubensgeschichte. Tatsächlich hatte Gott viel durch sie gewirkt.

Die zweite Begegnung fand vier Tage später statt. Mara bat mich in ihr Zimmer. Sie begann unser Gespräch mit den Worten: „Du und ich verstehen einander. Ich habe dir alles erzählt. So können wir heute die kleinen Dinge weglassen. Wir können über das sprechen, was wichtig ist: über Gott und den Himmel.“

Ich war zutiefst gerührt, was sie über Gott und den Himmel

zu sagen hatte. Ich fühlte mich entwaffnet, als sie schloß: „Genug jetzt. Aber bevor du gehst, bete mit mir!"

So betete ich also: „Herr Jesus, ich danke dir für die Gabe von Mara und für deine Treue zu ihr... Nach fast einem Jahrhundert des Lebens in dieser Welt ist ihr einziges Begehren, dir zu begegnen in deinem himmlischen Reich für alle Ewigkeit. Laß sie mit dir sein, auch wenn sie jetzt in freudiger Vorwegnahme deines endgültigen Rufes wartet. In deiner Gnade laß sie nicht länger warten!"

Die dritte Begegnung fand am nächsten Morgen statt. Ich fühlte mich gedrängt, nach Mara zu schauen. „Ich freue mich, daß du kommst, denn heute ist der Tag", sagte sie.

„Ja, das ist der Tag", wiederholte ich und spürte ihre Aufregung. „Denk an mich!"

Sie saß wie gewöhnlich im Lehnstuhl am Ostfenster ihres Zimmers. Gegen elf Uhr entschlief sie für immer.

Etwas in mir sang leise: „Es ist vollbracht. Denk an mich! Für dich ist es vollbracht. Amen. Amen."

Manchmal höre ich einfach zu, wie bei Mara. Ein andermal schreibe ich auf, was jemand sagt. Aufschreiben hat etwas Endgültiges. Es hilft dem Menschen, ein Kapitel abzuschließen und sich dem neuen zuzuwenden. Das war so bei meinem 85jährigen Vater. Ob ich ihn nun für einen halben Tag besuchte oder eine ganze Woche, seit Jahren erzählte er mir als letztes von seinen Geschäften. Die letzten Stunden des letzten Tages gehörten seinen Sicherheiten. Er begann immer mit den gleichen Worten: „Wenn mir je etwas geschehen sollte, dann möchte ich, daß du alles über unsere Finanzen weißt. Gott sei Dank haben wir immer nach dem Prinzip von ‚Cash and Carry' gehandelt. Und das sind unsere Sicherheiten..." Er zählte sie dann alle auf und fügte schließlich hinzu: „Natürlich haben wir keinerlei Verbindlichkeiten." Immer war es die gleiche Geschichte, immer dasselbe.

Eines Tages fragte ich ihn, ob er einverstanden wäre, daß ich das ein für allemal aufschreibe. Er dachte einen Augenblick nach, dann stimmte er zu. Es dauerte eine Weile, aber schließlich hatte ich alles aufgeschrieben, Wort für Wort, wie er es wünschte.

Als ich ihn das nächste Mal besuchte, kam er heraus in das Vorzimmer. „Ich habe auch etwas geschrieben“, sagte er. „Meine Biographie. Möchtest du sie sehen?“

Er schlurfte ins Wohnzimmer und kam mit einem halben Blatt liniertem Papier wieder, auf das er in fünf Sätzen seine Autobiographie geschrieben hatte.

Ich las sie mit ganz besonderer Sorgfalt und fragte mich laut, wie er so viel in so wenig Zeilen hatte bringen können.

„Es hat keinen Sinn, mehr zu sagen, als es zu sagen gibt“, bemerkte er.

Als ich fragte, warum er nicht einmal meine zwei Brüder, meine Schwester und mich erwähnt hatte, war er ganz erstaunt.

Aber er erholte sich bald und sagte: „Die Kinder habe ich ganz vergessen, ich bin auch noch nicht fertig. Es sieht aus, als hätte ich noch ein zweites Kapitel zu schreiben.“

Ich meine, mein Vater wird nicht sterben, bevor er das getan hat.

Ob nun mit oder ohne zweites Kapitel – in mir betet es: „Herr, ich danke dir für all die Zeiten, in denen mein Vater fähig war, das Leben zu wählen, weil du ihn geliebt hast. Ich danke dir, daß du sein Leben mit Sinn und Dankbarkeit erfüllt hast. Herr, wenn es mit meinem Vater zu Ende geht, laß ihn hören, wie du sagst: Komm, dein Leben hat seinen Zweck erfüllt. Jetzt ist es vollbracht. Komm, ich habe dich geliebt, es ist vollbracht!“

Es ist vollbracht.

Meine Biographie

Meine Eltern wurden in Deutschland geboren, der Vater in Preußen, die Mutter in Luxemburg. Sie kamen in die Vereinigten Staaten, als sie noch jung waren. Vater war 14 und Mutter 18 (nicht sicher). Vater hatte zwei Frauen. Der Mädchenname seiner ersten Frau war Hentges. Sie hatten fünf Kinder, als sie starb, nämlich John, Frank, Nick, Matt und Marie. Sie starb, als Marie geboren wurde. Bei der Beerdigung traf Vater seine zweite Frau, meine Mutter. Sie war eine der Köchinnen, und wenig später heirateten sie. Sie hatten zwölf Kinder, nämlich

Annette, Henry, Louise, mich, Lew, Pete, Ben, Clara, Andy, Albert, Edd und Lee. Vier davon leben noch. Ich bin der Älteste, dann kommen Andy, Edd und Lee. So schrumpft die große Familie zusammen. Aber Gott sei Dank bin ich gesund und freue mich an meiner Familie und meinem Leben.

Vater Linn.

Gebet

Jesus, du hattest keine Lebenskraft mehr. So hast du dem Vater gedankt für all die Augenblicke, in denen er dich das Leben wählen ließ. Welche waren die erfülltesten? Als du deinen auferstandenen Freund Lazarus umarmtest? Als jedermann in Kana dein erstes Wunder feierte? Als du zeigtest, daß du die andern wirklich liebst, indem du ihnen die Füße wuschest? Als du deinen Leib und dein Blut beim Letzten Abendmahl dahingabst? Wann fühltest du dich am meisten geliebt vom Vater? Was ließ dich sagen, dein Leben hatte Sinn – und jetzt ist es vollbracht?

Jesus, zeig mir jene Augenblicke meines Lebens, die am erfülltesten waren, in denen ich geliebt habe und geliebt wurde. Wann war ich großzügig, wann war ich dankbar? Zeig mir, wer mich am meisten geliebt hat und wie dieser Mensch mir in die Augen schaute, so daß ich tanzen konnte und mich lebendig fühlen. Wenn mir die Möglichkeit gegeben würde, noch einmal zu leben, was würde ich noch einmal erleben wollen? Ich möchte dir danken für jeden Moment, in dem ich wirklich das Leben wählen konnte.

7. Vater, in deine Hände lege ich meinen Geist (Lk 23,46)

Bei seinem Tode erlebte mein 47jähriger Priesterbruder Joe viel von dem, worüber ich hier gesprochen habe. Bevor er bereit war zu sterben, hatte er ein gewisses Maß an Erfüllung zu erreichen: Er hatte zu vergeben und sich vergeben zu lassen, er hatte sein Paradies loszulassen und Lebewohl zu sagen.

Auf die eine oder andere Weise war Joes letztes Jahr ein Jahr des Leidens für ihn und für uns gewesen: für meinen

Vater, meinen Bruder Vernon, meine Schwester Jane und mich. Wir betrachteten und warteten, wir lebten und starben mit ihm. Der Arzt hatte gesagt, er könne nichts mehr für Joes Herz tun. Jeden Augenblick konnte er sterben. Die Pfarrei hatte er bereits aufgegeben und sich entschlossen, bei Jane zu bleiben. Sie nahm ihn in ihr Haus auf und pflegte ihn bis zum Ende.

„Wenn man euch fragt", sagte er, als er seine wenigen Habseligkeiten auf dem Rücksitz seines kleinen Wagens verstaute, um in Janes Haus zu übersiedeln, „dann sagt: An einem gebrochenen Herzen bin ich gestorben. Es gibt so viel Arbeit, die getan werden muß, und so wenig Priester, sie zu tun. In dieser kleinen Landpfarrei habe ich versucht, für den Herrn zu tun, was ich konnte. Aber es war nicht genug." Das Herzleiden war derart bedrückend für ihn, daß er immer noch versuchte, zu tun, was er konnte. Den umliegenden Pfarreien bot er zumindest am Wochenende seine Aushilfe an, bis auch das ihn überforderte. Schließlich hatte er alles loszulassen, was mit der Pfarreiarbeit verbunden war. Dieses Loslassen war es, was *ihn* bedrückte.

Wir waren bedrückt, weil wir nicht nur zuschauen mußten, wie er alles loslassen mußte: die Pfarrei, seine Vorhaben, sein Lebenswerk, seine Freunde, sondern auch, weil wir den Verlust schon vorausahnten. Vater und Vernon würden seine Freundschaft vermissen. Wer würde mit ihnen jagen und fischen gehen? Wer würde alle Verwandten zu einem sonntäglichen Familientreffen zusammenrufen? Wer würde sich an alle Geburtstage und Jubiläen erinnern – und bei jeder Feier ganz zufällig erscheinen? Jane würde das Spielerische an ihm vermissen. Einmal war er an ihrem Geburtstag mit einem kleinen Flugzeug über ihr Haus geflogen und hatte eine Postkarte für sie abgeworfen. Er mochte sie so gerne. Und ich, ich würde meinen Bruder, Beichtvater und Freund vermissen. An meinem Geburtstag pflegte er mir eine weiße Rose zu schicken. Jeder von uns war also bedrückt. Nach und nach teilten wir unsere Betrübnis Joe und auch einander mit. Jeder sagte mit Joe: „Mein Gott, mein Gott, warum hast du mich verlassen?"

Nicht nur, daß wir bedrückt waren, wir teilten auch seine Verlorenheit, als er vielen Menschen Lebewohl sagen mußte. Ich erinnere mich noch, wie ich ihm am letzten Weihnachtsfest bei der Erledigung der Post half. Es waren drei große Einkaufstaschen mit Briefen und Karten vollgestopft und genauso viele voller Ein-Dollar-Noten. Seine Botschaft war für jeden dieselbe: „Nächstes Mal treffen wir uns im Himmel. Leb wohl, danke für deine Liebe! Ich werde an dich denken. Joe." Wie Jesus sagte Joe allen seinen Freunden Lebewohl. Frau, dies ist dein Sohn ... Dies ist deine Mutter.

Dadurch, daß er seine Freunde, seine Arbeit und seine Gesundheit loslassen mußte, lernte Joe ein ganz neues Priestertum kennen, das demjenigen Jesu bei seiner Demütigung auf Golgota ähnelte. Joes Golgota waren viele Dinge, nach denen sein Körper dürstete. Jane stillte diesen Durst, indem sie ihm tagein, tagaus liebevoll jeden Wunsch erfüllte. Sie brachte ihn zeitweise täglich zum Arzt, bereitete ihm seine Diät, buk ihm salzfreies Brot, trug seine Tabletts die Treppen hinauf und hinunter, wusch ihm die Wäsche und hörte seinem Groll zu. Als es dem Ende zuging und er ins Krankenhaus mußte, blieb sie bei ihm, wann sie nur konnte, und verstand es, ihm sein Lieblingsessen zu besorgen. Als er Erdbeeren mit Schlagsahne wollte, suchte sie in der ganzen Stadt danach. An dem Tag, an dem er starb, war sie bei ihm, um ihm Eiswasser zu geben, wann er wollte. Ich habe den Eindruck, Jane dürstete mit ihm.

Bevor er sterben konnte, mußte Joe sein Paradies weggeben. Es war sein Priestertum. Das überließ er seinen Vettern Matthew und Dennis Linn. Drei Wochen vor Matts Priesterweihe als Jesuit lehnte es der schon todkranke Joe ab, ins Krankenhaus zu gehen: „Ich gehe, wenn Matt zum Priester geweiht ist." Wie er bis dahin gelebt hat, ist uns immer ein Geheimnis geblieben.

Aber er lebte! Und nicht nur das – an Matts großem Tag brachte er es fertig, die 1600 km zu dem Indianer-Reservat in Süd-Dakota zu fahren, wo er bei der Weihemesse mit dem Bischof konzelebrierte. Nachher nahm er auch an der Danksagung teil, zu der ein richtiger Indianertanz gehörte. Er tanzte mit Matts Mutter und mit Tante Rita. Er liebte es, zu feiern!

Sobald die Feier zu Ende war, fuhr Joe wieder nach Hause. Auf dem Heimweg wurde er so krank, daß er kaum noch bis zum Krankenhaus kam. Aber er hatte den „Auftrag" ausgeführt: Er war nach Süd-Dakota gefahren, um Matt und Dennis sein Paradies zu übergeben. Er hatte sein Priestertum hingegeben, so daß Matt es für sich und Dennis übernehmen konnte, der im folgenden Jahr geweiht werden sollte. Diese beiden jungen Priester sagen oft von Joe, er lebte, was Christus sagte: „Es gibt keine größere Liebe, als wenn einer sein Leben für seine Freunde hingibt" (Joh 15,13). Indem er sein Leben hingab für das Priestertum, konnte Joe mit Jesus sagen: „Heute noch wirst du mit mir im Paradies sein."

Drei Monate vor seinem Tod kamen zwei Priesterfreunde ins Krankenhaus, um sich mit ihm zu versöhnen. Er war schon zu krank, um sich zu bewegen oder zu sprechen. Aber er sah sie an und lächelte. Sie segneten ihn, standen eine Zeitlang bei ihm und gingen dann still wieder fort. „Vater, vergib ihnen ..."

Kurz nach der Versöhnung mit seinen Freunden und als wollte er durch ein Lächeln sagen: „Es ist vollbracht", nahm er endgültig Abschied. Jeden Tag war Vater die 50 km zum Krankenhaus gefahren und hatte eine Stunde um die andere damit verbracht, einfach dort zu sitzen und abzuwarten. All die Jahre hindurch hatten sie einander verstanden, kein Wunder, daß Worte eher fehl am Platz waren. Als Vater gegangen war, blieben Vernon und Jane. Aber bald bedeutete Joe Vernon, auch er könne jetzt gehen. Er versuchte mit aller Kraft, Vernons Hand zu ergreifen, aber er war zu schwach. Er sagte ihm mit den Augen Lebewohl. Beide wußten, daß es vollbracht ist.

Als ich Vernon auf meinem Weg zum Krankenhaus begegnete – er hatte 12 km zu fahren, um zu seiner Familie zurückzukehren –, waren seine Augen noch feucht. „Ich werde dich mitnehmen zu Joe", sagte er. Ich war ganz erleichtert. Ich hatte Joe sechs Wochen nicht gesehen. Damals hatte er darauf bestanden, daß ich meine lang geplante

Geschäftsreise nach Holland antrat und mich nicht um ihn kümmerte. Er sagte einfach: „Gute Reise. Ich sehe dich ja am 20. Juli wieder.“ Ich dachte, wenn Joe wollte, daß ich das tue, dann wäre es für ihn und für mich das Beste, zu fahren und zu tun, was ich zu tun hatte – so sehr vertraute ich ihm. Er, der mir immer jeden Wunsch von den Augen abgelesen hatte, würde sicher auch dieses letzte unausgesprochene Bedürfnis verstanden haben, mich um meine Angelegenheiten zu kümmern und doch noch rechtzeitig zum Lebewohlsagen heimzukommen.

Vernon und ich kamen auf Zehenspitzen in Joes Zimmer. Mit zur Tür gewandtem Kopf wartete er auf mich. Ich stand neben ihm. Sein linker Arm war eiskalt. Ich beugte mich über ihn und sagte leise: „Joe, ich weiß, du brauchst kein Gebet, aber ich muß jetzt beten.“ Er lächelte zustimmend. Ich betete: „Vater, in deine Hände lege ich meinen Geist.“ Joes Kopf fiel zur Seite. Er war tot. Es war der 20. Juli 1973.

Ja, er war tot. In diesem wie in den vorausgegangenen Jahren erhielt ich an Joes Todestag eine Nachricht von Matt: „Der 20. Juli ist ein besonderer Tag für uns, denn von diesem Tage an bis heute wirkt Joe durch unsere Gebete.“ Weil Joe wirklich zum Tode befreit und geheilt wurde, lebt er durch die Mitglieder der Familie und die Freunde auch heute noch.

Vater, in deine Hände lege ich meinen Geist.

Gebet

Jesus, du warst nahe an der Ewigkeit und schautest nicht mehr auf das Leben zurück, sondern nur noch auf das Kommende. Du sahst deinen Vater, den danach verlangte, daß du dich seinen Händen überließest. Du hast es schwer gehabt, heimzukehren. Aber noch mit dem letzten Atemzug hast du triumphiert: Vater, in deine Hände lege ich meinen Geist.

Jesus, zeig mir *jetzt* den Vater – nicht erst in der Stunde meines Todes. Wenn ich das Sonnenlicht seines Lächelns aufnehme, laß meinen Körper Glied für Glied ausruhen und mich alles seinen Händen übergeben. Laß mich vom Scheitel bis zur Sohle entspannt sein, daß ich nicht auf meine Stärke vertraue, sondern auf meinen Vater.

8. Friede sei mit euch! Wie mich der Vater gesandt hat, so sende ich euch (Joh 20,21)

Unsere Kusine Mary Jane Linn arbeitete bis zu ihrem Tod im Jahre 1979 mit den Sterbenden ihrer Schwesterngemeinschaft, wir mit den Hinterbliebenen. Sie vergießen Tränen und stellen Fragen: Warum mußte mein Vater so grausam an diesem Kehlkopfkrebs sterben, der ihm das Sprechen unmöglich machte? Was wollte er mir sagen? Warum konnten die Ärzte es nicht eher erkennen? Warum konnte er nicht ein paar Jahre länger leben? Wir sind so gute Freunde gewesen! Meine Kinder haben ihm so gern auf dem Schoß gesessen! Warum konnte ich ihn nicht mehr umarmen, selbst wenn sein Kehlkopfkrebs noch so abstoßend war? Er hat mir gegeben, was er konnte – und ich wollte mich nicht einmal um ihn kümmern! Warum habe ich mich nicht um ihn gekümmert? Warum habe ich ihn so lange in dem Altenheim allein gelassen? Warum habe ich ihn für so selbstverständlich hingenommen? Warum habe ich ihm nie gesagt, wie leid er mir tut? Wenn ich es ihm doch nur gesagt hätte! Wenn er mich umarmt hätte und mir gesagt haben könnte... Muß ich auf dieselbe Art sterben – an einem Kehlkopfkrebs... der in der Familie umgeht?

Diese Fragen zeugen von einer bohrenden Einsamkeit und Leere. Ähnliche Fragen habe auch ich mir beim Tod meines Vetters, Pater Joe Linn, gestellt. Er war der einzige Priester, den ich wirklich kannte und bewunderte. Wenn wir ihn besuchten, mußte er oft erst einkaufen, denn er hatte sein Essen schon wieder den Armen gegeben. Wir riefen ihn immer einen Tag vorher an, damit er zu Hause war und nicht gerade unterwegs, um die Alten und Kranken zu besuchen. Er bekam kein großes Gehalt, aber er brachte es fertig, in jeden Weihnachtsbrief an uns eine Ein-Dollar-Note zu legen. Er zeigte uns, wo er den Schlüssel aufbewahrte, damit wir immer in seine alte Hütte konnten, die seine einzige Fluchtburg vor den ständigen Besuchern war. Das Telefon klingelte ununterbrochen. Wenn ein Anrufer weinte, dann füllten sich auch Joes Augen mit Tränen. Lachte jemand, dann lachte auch Joe.

Unglücklicherweise benutzte Joe seine Hütte niemals zum Ausruhen. Er erlitt einen Herzinfarkt. Er zerbrach am Leiden der Menschen, das er mittrug. Als die Zeit meiner Priesterweihe kam, sollte Joe sich ausruhen, um sich zu erholen. Aber er wußte zu gut, daß ich ein Priester wie er werden wollte. Im Zustand totaler Erschöpfung fuhr er 1600 km, um mich ins Priestertum zu berufen. Und er war von so überschäumendem Temperament, daß er selbst an einem Indianertanz teilnahm und vorgab, die Hundesuppe gern zu mögen. Er war derart quicklebendig, daß ich nicht glauben wollte, es wäre das letzte Mal, daß ich ihn sehe. Vor lauter Feiern hatte ich keine Möglichkeit, ihm für alles zu danken, was er und sein Priestertum mir bedeuteten.

Zwei Monate später starb Joe. Es war mir unmöglich, an seiner Beerdigung teilzunehmen, auch wenn er sein Leben hingegeben hatte, indem er zu meiner Priesterweihe gekommen war. Ich gab vor, alles wäre in Ordnung, er hätte lieber, daß ich als Priester arbeitete, anstatt bei seiner Beerdigung zu sein. Ich versuchte, meine Trauer hinunterzuschlucken. Aber sie machte sich vielfältig bemerkbar. Ich arbeitete, als müßte *ich* jetzt schaffen, was er als Priester nicht mehr tun konnte. Ich war entsetzt, als ich hörte, daß ein anderer Priester das Priestertum aufgegeben hatte. Tief innen fragte ich mich, warum ein guter Priester wie Joe hinweggerafft worden war, während andere, die das Priestertum aufgaben, gesund blieben. Bei meiner nächsten Totenmesse weinte ich, ohne zu wissen, warum. Ich kannte diesen Sioux-Großvater nicht einmal! Es klang so hohl, wie andere seiner Witwe sagten: „Ich weiß, was Sie durchmachen!“ *Niemand* weiß es! Jeder Verlust ist einzigartig. Andere sagen gar noch mit frommer Miene: „Welch ein Segen, George braucht jetzt nicht mehr zu leiden, er ist im Himmel! Die Zeit wird auch Ihr Herz heilen.“

Es schien immer noch leichter, auf die frommen Leute wütend zu werden als auf Gott. Ich wußte aber, die größere Wut hatte ich auf Gott, der die Menschen leiden läßt, bis ihnen das Herz bricht. Ich versuchte, mehr zu schlafen, vernünftig zu sein, mich nicht kaputt zu machen wie Joe – aber es war der ruhelose Schlaf der Depression. Ich fühlte mich total allein gelassen, der einzige Priester unter all meinen Verwandten. Ich wußte, daß ich ihnen Joe nicht ersetzen konnte. Ich fühlte mich derart unzulänglich, daß ich einen geschlagenen Tag an meiner nächsten Predigt herumschrieb. Und sogar die Predigt drückte meine geheime Wut aus. Sie konzentrierte sich nicht auf Gottes Liebe, sondern auf die Notwendigkeit, Buße zu tun. Ich wurde zum Fachmann dafür, was alles anders werden mußte. Selbst Bilder, die ich früher gar nicht bemerkt hatte, hingen jetzt schief.

Erst langsam ließ ich die Empfindung zu, wie sehr ich Joe vermißte. Ich wußte, daß ich eine Stunde mit Jesus und Joe verbringen mußte. Ich setzte mich in die Kirchenbank, wo er gesessen hatte, als er zu meiner Priesterweihe gekommen war. Ich bat Jesus und Joe, als ein Teil des Leibes Christi gegenwärtig zu sein und mir mitzuteilen, was ihre Herzen bewegte. Ich stellte mir vor, wie Jesus mich liebte, und sah Joe in die Liebe Jesu eingeschlossen. Ich sagte mir: „Jesus, laß mich hören, was du mir sagen willst. Du bist gegenwärtig und liebst mich durch Joe. Herr, ich möchte dir gern danken, daß ich Joe so sehr geliebt habe, daß ich ihn wirklich vermisse. Aber das sage ich mehr mit dem Kopf als mit dem Herzen, das schreit: ‚Ich möchte, Joe wäre noch am Leben!‘ Joe, warum mußtest du so großherzig zu mir und zu andern sein, daß es dich das Leben gekostet hat? Joe, ich vergebe dir!“ Die Tränen liefen mir herunter, als ich mich daran erinnerte, wie er immer bereit war, alles für mich zu tun, selbst 1600 km zu fahren, wo er doch hätte im Bett bleiben sollen. „Joe, ich möchte dich zurück – sei nicht tot! Wir brauchen gute Priester! Ich brauche dich! Ich muß hören, wie du mir erzählst, warum du Priester geworden bist und wann du am glücklichsten warst. Was wolltest du mir erzählen, als dein Leben und dein Priestertum zu Ende gingen? Es tut mir leid, daß ich mir nie die Zeit nahm, richtig lange mit dir zu sprechen. Ich nahm dich als viel zu selbstverständlich hin, als gäbe es immer noch Zeit, um miteinander zu reden. Ich war viel zu beschäftigt, um zu deiner Beerdigung zu kommen, obgleich du schon halb tot 1600 km zu mir gefahren bist. Joe, es tut mir wirklich leid. Vergib mir! Warum mußtest du sterben? Weil du mich liebtest? Warum nicht jemand anderen, der viel mehr hätte geben können als ich? Leg mir noch einmal die Hände auf wie bei der Priesterweihe. Sag mir, daß du mir vergibst! Laß dein Gebet und dein Mitleid durch mich hindurchströmen. Ich brauche dich, Joe. Nimm mein Priestertum! Inspiriere mich, alles damit zu tun, was du tun wolltest."

Als die Tränen mir die Wangen hinunterliefen, spürte ich die Hände Jesu und auch Joes Hände über mir. Keiner von uns hatte noch etwas zu sagen. Ich wußte, daß sie mich liebten, mir vergaben und selbst Tränen in den Augen hatten. Ich empfand, daß Jesus Joe ansah und daß er mir durch ihn vergab: „Trauere nicht den Zeiten nach, die wir nicht miteinander verbracht haben – laß mich dir *jetzt* näher sein als je zuvor. Ich brauche dein Priestertum, um durch dein Herz die Kranken zu erreichen. Wenn du betest, werde ich auch beten. Ich werde Jesus bitten, dir zu helfen, wo immer du dich verirrst oder dich unzulänglich fühlst. Du wirst nie mehr allein sein. Gib mich Jesus, daß ich Jesus dir geben kann!"

Zu diesem Zeitpunkt wurde ich in den Heilungsdienst gerufen. Ein Jahr nach Joes Tod veröffentlichten Dennis und ich unser erstes Buch „Healing of Memories". Damit öffneten sich uns die Türen, mit Tausenden zu beten, die durch den Verlust eines Geliebten wie gelähmt waren. Indem der Herr ein trauerndes Herz heilte, gab er diesen Menschen ein neues, befreites Herz zurück. Als ein Mann nach dem Tod seines Vaters zu beten begann, wurde er von der Homosexualität befreit, die ihn überfiel, als er die Liebe seines Vaters vermißte. Eine Mutter von vier Kindern wurde von Schlaflosigkeit und Alpträumen befreit, als sie sich selbst dafür vergeben konnte, zur Alkoholabhängigkeit und zum Tod ihrer Schwester beigetragen zu haben. Eine Frau wurde von Nackenschmerzen durch einen chronisch eingeklemmten Nerv befreit, als sie ihre Last dem Herrn übergab: das Schuldgefühl, daß sie abwesend war, als ihr Vater starb. Sie mußte sowohl dem Vater vergeben, der gesagt hatte: „Du hast mich nur in ein Altersheim gesteckt, um mich aus dem Weg zu haben", als auch sich selbst, weil sie ihn tatsächlich aus dem Weg haben wollte, als er in seiner Verbitterung ihr buchstäblich im

Nacken saß. Für sie wie für andere kam die Befreiung, als sie mit der Hilfe Jesu vergeben konnte und sich vergeben ließ. Sie brauchte nur zu sagen und in Tränen zu hören: „Ich liebe dich. Es tut mir leid!"

Wenn wir den Verlust eines anderen durchbeten, dann folgt das Heilungsgebet gewöhnlich einer Dialogstruktur wie bei meinem Gebet mit Joe:

1. Ich bitte Jesus, mir den Vermißten in seinem Herzen zu vergegenwärtigen.
2. Ich teile dem Vermißten alles mit, was ich fühle und was ich noch gesagt und getan haben wollte, solange er da war.
3. Ich höre auf das, was Jesus mir sagt und für mich tut, und warte darauf, daß der Geliebte mich zu Jesus führt.

Vielleicht scheint es merkwürdig, daß wir Jesus fragen und auch die Geliebten, die wir vermissen, bitten können, gegenwärtig zu sein. Obwohl die Heilige Schrift verbietet, sich mit den Toten zu beraten, um die Zukunft zu kennen (Dtn 18,11), gibt sie doch ein Beispiel lebendiger Gegenwart der Toten. Mose und Elija erscheinen bei der Verklärung des Herrn, bei der auch Petrus, Jakobus und Johannes gegenwärtig waren (Mk 9,2–8). Ähnlich können wir durch Jesus als Vermittler unseren Geliebten gegenwärtig sein und ihnen sagen, wie sehr wir sie lieben und ihnen vergeben.

In Jesus können auch sie uns gegenwärtig sein und uns lieben und vergeben. Wir können beten: „Jesus, laß mich nur das hören, was du mir sagen möchtest, wenn du in Joe anwesend bist, der mich liebt." Weil die Liebe den Tod überdauert (1 Kor 13,8), hindern wir unsere Geliebten daran, in Jesus zu lieben und geliebt zu werden, wenn wir es versäumen, sie zu lieben und ihnen zu vergeben. Wie Mose vor Jesus das Gesicht verbarg, so empfinden auch sie eine gewisse Scheu, Jesus in uns zu verletzen, solange wir ihnen nicht vergeben und sie losgelassen haben. Weil wir alle Glieder am Leibe Christi sind, können wir durch diese Liebe und Vergebung einander helfen, wie die Rechte der Linken hilft.

Die Tradition ermutigt uns, für die Toten zu beten. Jesus trat in eine jüdische Welt ein. Judas Makkabäus hatte das

Volk bereits dazu geführt, Gebet und Opfer für die gefallenen Soldaten darzubringen, um sie von ihren Sünden zu befreien. „Damit handelte er sehr schön und edel, denn er dachte an die Auferstehung. Hätte er nicht erwartet, daß die Gefallenen auferstehen werden, wäre es nämlich überflüssig und sinnlos gewesen, für die Toten zu beten" (2 Makk 12,43–44). Jesus betete ohne Unterlaß für die Toten, wie zum Beispiel für den Sohn der Witwe von Nain (Lk 7,11–17) und für Lazarus (Joh 11). Auch seine Jünger beteten für die Toten. Totenmessen wurden nach den Worten des heiligen Cyprian seit der Zeit der Apostel in allen Kirchen gefeiert. Auch Tertullian betont die Notwendigkeit, die Tradition, am Jahrestag des Todes zu beten, weiterzuführen: „Die gläubige Ehefrau wird für die Seele ihres verschiedenen Mannes beten, besonders am Jahrestag seines Hinscheidens. Tut sie das nicht, dann verleumdet sie ihren Ehemann wie in ihren schlimmsten Lügen" *(De Monae* 10). Ähnlich sagte die heilige Monika, die 16 Jahre um die Bekehrung ihres Sohnes Augustinus gebetet hatte, in ihren letzten Worten: „Lege diesen Leib irgendwo hin. Die Sorge darum soll dich nicht belasten. Nur eines erbitte ich: Gedenke meiner am Altar des Herrn, wo immer du bist" *(Bekenntnisse* IX,11). Andere Heilige wie die heilige Teresa von Avila, der heilige Pfarrer von Ars und die heilige Perpetua sahen die liebenden Seelen, beteten für sie und sahen sie dann ins ewige Leben eintreten. Die heilige Perpetua sah ihren verstorbenen Bruder Dinokrates verwundet und leidend in einer Wüste. Nach Tagen des Gebetes erschien er ihr noch einmal geheilt und erfrischt, um ihr zu danken. „Weder Tod noch Leben ... können uns scheiden von der Liebe Gottes in Christus Jesus, unserem Herrn" (Röm 8,38–39).

Wir mögen fürchten, daß ein verstorbener Freund entschieden hat, sich endgültig von Jesus zu trennen. Ich hatte einen Onkel, der Selbstmord beging, und jeder dachte, daß diese Tat zu seiner ewigen Verdammung geführt hat. Aber auch die Belastung, die einen Menschen zum Selbstmord oder zu einem verbrecherischen Leben treibt, gibt uns gewöhnlich nicht die Freiheit, Christus bewußt und freiwillig zu verwerfen, der „alle an sich ziehen" möchte (Joh 12,32). Wir wissen, daß die

Hölle existiert. Aber, wie der heilige Franz von Sales feststellt, wir haben kein Recht zu der Annahme, daß auch nur ein einziger Sünder verdammt ist, sondern wir müssen das Geheimnis Gottes respektieren, der alle Menschen retten möchte. Wir sind nicht zu Richtern berufen, sondern aufgerufen, so für die Toten zu beten, daß sie für die Liebe Jesu in uns offen bleiben.

Wenn wir die Toten in Jesus lieben können und mit ihnen versöhnt werden – wie wissen wir, daß wir wirklich Jesus hören und nicht nur unsere eigenen Gedanken? Wie weiß eine Mutter, was ihr drei Monate altes Kind sagt? Sie liebt ihr Kind so sehr, daß sie auf alles aufmerksam wird, was ihr mitteilt, daß das Kind jetzt Ruhe oder Nahrung oder frische Windeln oder einfach Zuwendung braucht. Sie wird es schreien hören, sehen, wie es hungrig am Daumen lutscht, fühlen, wie müde es ist, oder einfach spüren, daß ihr Kind in Gefahr ist. Meine Tante wußte einfach, daß etwas nicht stimmte, schaute aus dem Fenster und sah, daß ihr Baby mit einer Giftschlange spielte. Wenn wir einander wirklich lieben, dann umfaßt unsere Beziehung alles: Gedanken, Gefühle, Sinne und auch Intuitionen. Auf jemanden im Gebet hören heißt also: Ich liebe ihn oder sie, bis ich einen Eindruck bekomme, was er oder sie sagt oder tut. Manchmal höre ich seine oder ihre Stimme, öfter aber kommen mir Gedanken, wenn ich die Augen des anderen suche oder spüre, wie er oder sie mit mir sein möchte. Oft schreibe ich auf, was ich meine, daß der andere sagt. Habe ich es niedergeschrieben, meine ich es wirklich zu wissen.

Wie aber weiß ich, ob es wirklich von *Jesus* kommt? Haben mich die Verstorbenen wirklich Jesus nähergebracht, wie es Mose und Elija bei der Verklärung gegenüber Petrus, Jakobus und Johannes taten? Ich weiß, daß ich auf den Geist und das Herz Jesu gehört habe, wenn ich zu handeln beginne wie Jesus. Wenn ich durch das Gebet mehr Mitgefühl bekomme, großzügiger, dankbarer, vertrauender werde, wenn es mich vergebender macht und mich mit den Früchten des Geistes erfüllt (Gal 5,22), dann begegne ich Jesus in meinem verstorbenen Freund. Ich begegne Jesus in dem Maße, in dem ich mich hingeben und Jesus, den Vater, meinen Nächsten und mich selbst lieben kann. Als ich schließlich Pater Joe für Jesus freigab, erhielt ich einen Ruf, die Kranken zu lieben und zu heilen wie Joe und Jesus. Ich brauchte nicht länger zu wünschen, daß Joe noch lebt. Ich war dankbar, daß ich ihn gekannt hatte und daß sein Mitleid mit anderen in mir weiterlebt. Ich kann nicht an den Kranken vorbeigehen, ohne stehenzubleiben wie Joe und ohne seine Worte auf den Lippen zu haben. Mit derselben Liebe, mit der ich Joe vermisse, möchte ich anderen den Willen zum Leben geben, wenn ich ihnen mit seinen Worten begegne.

Heilung geschieht, wenn wir die Toten in die Liebe Jesu freigeben, wenn wir Jesus und auch die Hinterbliebenen in dieselbe Liebe einschließen, die zur Einsamkeit führen könnte. Kürzlich war ich bei einem Freund, der an Knochenkrebs litt. Seine Familie betete täglich mit ihm um Schmerzlinderung, damit er einen klaren Verstand bewahre, um den Tod in Liebe zu erleben. Ihr Gebet wurde erhört. Er verbrachte die letzten Tage damit, die Familie zu versöhnen und seine Beerdigung vorzubereiten. Abends schickte er seine Frau heim, um ihre Ausbildung als Krankenschwester abzuschließen, damit sie sich mit der gleichen Liebe um die Kranken kümmern konnte wie um ihn. Heute, ein Jahr später, ist seine Frau nicht depressiv, sie ist nicht gebrochen, sondern eine leidenschaftlich engagierte Krankenschwester, deren Dienste überall gefragt sind. Sie hat eine besondere Begabung, mit Todkranken zu arbeiten und ihnen die Angst zu nehmen, daß die Liebe mit dem Tod endet.

Durch die Verstorbenen möchte Jesus uns wie Maria Magdalena fragen: „Frau, warum weinst du? Wen suchst du?“ (Joh 20,15) Sagen wir ihm, was in uns vorgeht, dann wird Jesus uns beim Namen nennen und uns bitten, nicht an dem Geliebten festzuhalten, sondern jene zu lieben, die er geliebt hat. In uns werden wir die heilenden Worte des Auferstandenen hören: „Friede sei mit euch! Wie mich der Vater gesandt hat, so sende ich euch ... Empfangt den Heiligen Geist. Allen, denen ihr die Sünden erlaßt, sind sie erlassen; allen, denen ihr sie nicht erlaßt, sind sie nicht erlassen“ (Joh 20,21–23).

Gebet
Jesus, nachdem du gestorben bist, kehrtest du zurück, um zu sagen: Friede sei mit euch! Fürchtet euch nicht! Der Vater hat mich gesandt, und so sende ich euch. Empfangt den Heiligen Geist, um zu vergeben und euch vergeben zu lassen. Du wolltest nicht, daß deine Liebe mit dem Tod endet, sondern daß sie durch uns allen zuteil wird, die du geliebt hast.

Jesus, ich gebe dir meine Liebe, die mich einsam macht und die nach dem Heimgegangenen schreit, er soll wiederkommen. Der Schmerz soll mich drängen, jene zu lieben, die er geliebt hat, und zu tun, was ungetan blieb. Was würde er tun, wenn er noch am Leben wäre? Hilf mir, seine einsamen Freunde zu lieben, und laß es mich aufgeben, Freunde als selbstverständlich hinzunehmen, ohne wirklich mit ihnen zu teilen. Jesus, wer braucht die Liebe, die ich ihm nicht mehr geben kann?